Via Vaticana

Du même auteur

Le Violon d'Hitler, Plon, 2008.

Igal Shamir

Via Vaticana

Roman

PLON
www.plon.fr

ISBN : 978-2-259-21081-2

A la mémoire de mes parents qui ne m'ont pas vraiment connu.

Il ne faut jamais oublier de prévoir l'imprévu.

O. L. Barenton

1

D'une ultime caresse de son archet, Gal Knobel émit la note finale. La musique se tut. Le silence qui suivit ne dura qu'une poignée de secondes, instant d'éternité suspendue, avant que retentisse un tonnerre d'applaudissements. Comme un seul homme, le public s'était dressé. Quelques sifflements enthousiastes s'élevaient tels des trilles par-dessus ce grondement qui n'en finissait pas. Surpris par ce déchaînement, ému et vidé, un rien désemparé, seul sur scène, son violon pendant le long de sa jambe gauche, Gal regardait la salle sans vraiment voir ces centaines de visages tendus vers lui et cette écume de mains qui engendraient ce vibrant hommage.

Il venait de jouer pour ses morts. Des compositions qui n'avaient rien d'un requiem mais qui, sous son archet, en prirent presque la couleur. Rossi, compositeur vénitien évanoui dans l'oubli trois siècles plus tôt et qu'en vain il avait voulu ramener dans la lumière, le cardinal de Morillon, disparu pour avoir voulu raviver son souvenir, et Eve surtout, l'atout cœur, l'agent secret grâce à qui il avait reçu l'aide des services secrets israéliens. Eve sacrifiée dans une guerre sans nom. Eve dont il avait à peine eu le temps de goûter aux baisers et dont il projetait déjà de partager l'existence. Un véritable coup de foudre. Mais la promesse de cet amour avait été emportée par le souffle d'une explosion dans un faubourg de Séville. Guerre de l'ombre aux contours flous et aux ennemis masqués. Son combat pour la liberté avait coûté à la jeune femme sa vie, et à lui le goût de vivre.

Son jeu s'en était ressenti, plein de cette émotion déchirante qu'il avait su transmettre à la foule ignorante de sa souffrance. Ce public anonyme qui par sa reconnaissance et ses encouragements le soulageait d'un peu de sa douleur. Il ignorait que la source de son inspiration était si tragique. Ce public anonyme et insatiable qui allait réclamer un bis, qui le réclamait déjà à force de cris chaleureux. Et comme chaque fois, Gal n'en revenait pas, émerveillé qu'un aussi petit instrument que son violon produise un tel effet. Il était fourbu mais ne pouvait ni ne voulait se soustraire. La musique et le public étaient toute sa vie et se révélaient d'autant plus précieux en période troublée, en période de deuil. Après, il lui faudrait réapprendre à vivre, malgré sa blessure encore à vif. Avec le souvenir d'Eve qui longtemps allait le hanter, avant de rejoindre la cohorte des autres disparus chers à son cœur qui marquaient son existence dangereuse et mouvementée depuis son enfance.

Alors, toujours seul sur l'immense scène dominée par la corbeille et les balcons de la grande salle à l'italienne chargée de stucs et de dorures, il leva son Stradivarius, le cala entre son épaule et sa mâchoire et, tandis que l'auditoire s'était rassis dans les fauteuils d'orchestre au velours rouge, entama un dernier morceau. Aussitôt le son de son violon réverbéré par la coupole de verre emplit l'espace et plus rien d'autre n'exista. Et l'assemblée se mit à respirer au rythme du violon.

Au fond de la salle, insensible à l'émotion générale, un homme se dirigea vers la sortie. Il ne semblait pourtant pas pressé, pas comme si un emploi du temps chargé ne lui permettait pas de goûter quelques instants de musique supplémentaires. Mais ce qui se lisait dans son attitude et son regard, pour qui y aurait prêté attention, pour qui n'aurait pas été captivé par le violoniste tentant sur scène de ranimer le souvenir de ses fantômes, c'était une détermination inflexible. Inflexible et inquiétante.

Une ombre tournant le dos à la scène et filant entre les travées. L'ombre de la mort.

Cet homme n'était pas venu en mélomane, il était venu en assassin.

2

Enfin parvenu place du Châtelet, le vieil homme leva la tête vers la façade du théâtre puis pénétra dans le bâtiment. Il était essoufflé. Il avait eu peur d'arriver trop tard et, dans l'embouteillage monstre, avait préféré abandonner le taxi devant la Samaritaine pour continuer à pied sur le quai de la Mégisserie. Sur le trottoir encombré de fleurs, de plantes vertes, de volières, de vivariums à tortues et de cages à lapins des différentes animaleries, il s'était faufilé nerveusement entre les badauds. Il n'était ni dans sa ville ni dans son pays. Et il avait l'anxiété d'un étranger aux abois dans un endroit peu familier.

Une fois dans le hall, il avisa un employé en uniforme et, avec un fort accent, lui demanda où se trouvait la loge de Gal Knobel. Le plus simple était de passer par la salle de concert au premier, ce qui pour l'heure était impossible, le violoniste jouait toujours. Alors, suivant les indications, il ressortit sur la place, laissa sur sa gauche la fontaine aux sphinx, d'un pas pressé contourna l'édifice par l'avenue Victoria et gagna la rue Edouard-Colonne où se trouvait l'entrée des artistes.

Là, il sut montrer patte blanche en exhibant sa carte de visite à l'huissier assis derrière son guichet et put enfin pénétrer dans le sérail. La loge se trouvait au troisième étage.

Le son du violon filtrait à travers les murs de l'édifice qui avait accueilli tant de musiciens, de danseurs et d'artistes lyriques. Ce temple chargé d'histoire, de fantômes, de notes et de mélodies. Un des temples de la musique qui, pour certains dont il faisait partie, jalonnaient le monde. Depuis sa fondation, sous le Second Empire, celui-ci s'était toujours distingué par l'éclectisme de sa programmation, de la musique la plus exigeante à la plus populaire, de Tchaïkovski et Mahler, qui y dirigèrent leurs propres œuvres, aux opérettes comme *Le Chanteur de Mexico* ou *Monsieur Carnaval* auquel il avait lui-même assisté près de trente ans plus tôt. Sans oublier les Ballets russes de Diaghilev qui avait révolutionné l'art de la chorégraphie. Avec un peu d'attention et de sensibilité on pouvait deviner et ressentir la présence de tous ces esprits en ces lieux. La musique était immortelle, et même lorsque retombait le silence, elle continuait d'imprégner l'atmosphère. Il en restait toujours quelque chose. Il soupira. Comme les années avaient passé…

Il reconnut un adagio de Bach. Rien qu'à l'oreille il était prêt à parier que Knobel jouait sur son Stradivarius au son cristallin si caractéristique. Il ne se trompait jamais. Celui de Knobel avait longtemps « vécu » en Chine où il avait appartenu à un père jésuite. Presque tous les « Strad » avaient une histoire et une personnalité, et lui-même, qui en avait eu tellement entre les mains, qui en connaissait la moindre courbe, en parlait toujours comme s'il s'agissait d'êtres doués d'une vie propre. Mais ne recelaient-ils pas forcément un peu de vie, de celle que leur avait insufflée leur créateur, pour véhiculer tant d'émotion ?

Une fois dans le foyer désert, le tueur se repéra aussitôt et s'engagea dans l'étroit couloir à la moquette rouge qui conduisait à la scène et aux coulisses côté jardin. Une porte fermée en interdisait l'accès. Après s'être assuré que personne ne venait derrière lui, il sortit d'une de ses poches un petit pied-de-biche et la força. A peine un léger craquement métallique, et pas une éraflure. Du travail d'orfèvre.

La porte poussée, le son du violon fut aussitôt amplifié. Il était là où le public n'a jamais accès, dans l'envers du décor. Le sol et les cloisons étaient peints en noir. En levant la tête, il vit des câbles et tout un ensemble de mécanismes et de machineries qui se perdaient très haut dans l'obscurité.

Par une ouverture, il aperçut la silhouette du virtuose sur la scène. Sous cet angle, il avait l'air plus seul encore que depuis l'orchestre. Trop loin pour assurer son coup. Et puis, curieusement, il ne pouvait se résoudre à l'abattre tandis qu'il jouait.

C'était plus fort que lui. Dans la salle déjà il avait flanché. Contre toute attente cette musique l'avait bouleversé. Et contrairement à ses intentions premières, il avait renoncé à faire un exemple en l'exécutant sur la scène et s'était résolu à agir dans sa loge.

Cette sensibilité ne lui ressemblait pas. Jamais jusqu'alors il n'avait reculé. En aucune circonstance, même la fois où sa « cible » était une femme de quarante-cinq ans qui refusait de monnayer son silence. Il faudrait qu'il se reprenne à l'avenir. Ou bien il n'aurait plus qu'à changer de métier.

Il se rassura : d'ici quelques minutes à peine, sans son violon, Gal Knobel redeviendrait un contrat comme un autre, et aucun affect ne viendrait le troubler.

Le son du violon le poursuivait comme sa mauvaise conscience. Ses semelles de caoutchouc ne faisaient aucun bruit. La salle qu'il traversait était encombrée d'éléments de décor : un arbre à la ramure imposante, un navire à la proue ornée d'une sirène, des casiers contenant des épées, des râteliers chargés de mousquetons… Au fond, il poussa une porte et quitta cet univers onirique pour se retrouver sur un palier au sol recouvert d'un linoléum bleu. Il avisa un escalier qui montait aux loges et s'y engagea. La musique était étouffée mais lui parvenait toujours, insistante et dérangeante.

Parvenu au troisième étage, il s'enfonça dans un couloir au sol recouvert du même revêtement bleu qui réfléchissait les ampoules des lustres au plafond. Il n'était pas seul. Certaines portes étaient ouvertes. Il entendait des rires et des bribes de conversation. Dans une pièce il entrevit deux femmes penchées sur des fers à vapeur en train de repasser de grandes robes de velours, dans une autre, tout encombrée de perruques, un coiffeur s'affairait.

Personne ne l'avait remarqué. Mais il allait devoir agir avec la plus grande discrétion, sans un bruit, et filer ensuite sans demander son reste. En évitant d'être repéré, de donner la possibilité à quiconque d'établir un portrait-robot, c'est-à-dire sans courir, en ayant l'air naturel, ce qui n'est pas toujours évident. L'habitude n'empêchait pas l'afflux d'adrénaline ni l'accélération des battements cardiaques. Tuer ne le laissait jamais indifférent.

Au même moment, à mesure qu'il gravissait les escaliers, le vieil homme reprenait son souffle. A travers les fenêtres, il pouvait apercevoir les vitrines et les stores verts d'un pépiniériste qui avait sa devanture sur le quai. Il était soulagé. Il avait tout de même fait le voyage exprès d'Italie quand il avait appris que Gal Knobel jouait aujourd'hui au Châtelet. Les occasions de le trouver n'étaient pas fréquentes.

Si près du but la nostalgie l'assaillait. Le temps… ce qui, avec l'âge, manquait le plus cruellement. Une généralité qui lui paraissait d'autant plus vraie maintenant qu'il en avait tellement besoin pour accomplir ce qu'il lui restait à faire. Son grand œuvre. Ce qui en soi justifierait toute une vie. Ce qu'il était sur le point de découvrir allait lui permettre de finir en apothéose.

Le secret des Stradivarius enfin percé. Combien de générations avant lui s'y étaient essayé ? A force d'hypothèses, de conjectures et de tentatives. Sans jamais y parvenir. Lui possédait enfin la clef. Une clef que, sans le savoir, il avait toute sa vie eue à portée de la main, dans son atelier, parmi les archives familiales. Le genre de vieux papiers qu'un beau jour on est tenté de jeter au feu, histoire de faire du rangement. Un miracle qu'ils aient été conservés. Enfin une clef… une énigme plutôt, qu'il restait encore à déchiffrer. La raison pour laquelle il avait besoin de Knobel. Car lui seul saurait en venir à bout et ne pourrait refuser sa proposition. N'était-il pas celui qui avait su découvrir Salomone Rossi derrière le grand Monteverdi ? L'obscur compositeur demeuré dans l'ombre derrière l'œuvre de celui que l'on considérait encore trois siècles plus tard comme l'inventeur de l'opéra ?

Même si un manque de preuves avait empêché que la nouvelle éclate au grand jour, le tumulte occasionné par cette révolution dans l'univers de la musique était parvenu jusqu'à ses oreilles. Si bien qu'il avait tout naturellement pensé à Gal Knobel pour l'aider à percer le secret de fabrication des Stradivarius. Un concertiste doublé d'un ancien agent de renseignements israélien, le « 007 du violon », comme la presse l'avait surnommé. Une étiquette qu'il ne devait pas apprécier, réduisant l'excellent violoniste qu'il était à un animal de foire. Le genre de publicité qui attirait le public pour de mauvaises raisons.

Il parvint au troisième étage. Une costumière faisant rouler un portant chargé de robes se dirigeait vers l'ascenseur. « La loge de Gal Knobel ? », demanda-t-il avec son fort accent. La femme lui désigna le fond du couloir dans lequel il s'engagea. Certaines portes ouvertes révélaient l'effervescence des préparatifs précédant un spectacle. Il avait toujours aimé ce genre d'ambiance, l'atmosphère de ruche et la gaieté qui s'en dégageait. Il avait vu l'affiche. Il s'agissait de *Cyrano*.

Après avoir dépassé plusieurs portes, il fut devant la loge de Gal Knobel. Le couloir était désert. Dans quelques minutes il serait encombré par toute une foule d'auditeurs venus féliciter le virtuose. Il avait bien fait de se hâter.

Comme il était fatigué par sa course et qu'il n'y avait aucun endroit où s'asseoir, il actionna la poignée de la porte qui céda sous sa pression. Il eut à peine fait quelques pas dans la pièce qu'il fut ébloui par le spectacle de la Seine et des façades qui se dévoilait sous ses yeux, les toits pointus des tourelles de la Conciergerie et à gauche les tours de Notre-Dame. Il n'eut pas le temps d'en profiter : un voile imperceptible lui passa devant le visage et il éprouva une douleur atroce à la gorge tandis qu'une pression contre sa colonne vertébrale l'empêchait de reculer. Dans son dos, il crut entendre la porte se refermer en même temps que la pression se relâchait. Il en profita pour crier. Un glapissement étranglé. « Ce n'est pas… » Il crut percevoir une certaine confusion chez son agresseur invisible, une infime hésitation. Aussitôt, à la sensation de cisaillement vint s'ajouter celle d'étouffement. Dans un dernier sursaut, il voulut saisir le fil qui l'étranglait, mais il était entré trop profondément dans sa chair. Ses mains étaient couvertes de sang. Malgré la douleur il pouvait entendre le souffle de l'assassin dans son dos.

Et puis sa vue se brouilla, il sentit ses dernières forces l'abandonner, et il n'eut soudain plus conscience de rien.

On frappait ! Quelqu'un était derrière la porte et attendait une réponse ! Alors qu'il se trouvait aux prises avec le corps. La personne allait finir par entrer. Ce qui deviendrait totalement ingérable. La panique le gagnait. Il ne pouvait pas rester ici.

Le corps de sa victime qu'il tenait toujours avec son filin coincé sous le menton, debout le dos contre son torse, lui pesait.

Il se relâcha et le corps du vieil homme s'affaissa davantage. En glissant, ses talons produisirent un crissement sur le linoléum.

La porte s'ouvrit. Un pompier de service apparut. En faisant sa ronde il avait dû être alerté par les bruits provoqués par la lutte et les grognements.

– Tout va…

L'assassin eut juste le temps de relâcher le vieil homme dont le corps s'affala sur le sol et de se ruer sur le pompier trop surpris pour réagir, qu'il assomma d'un coup de tête. Dans un ultime réflexe, il retint sa chute pour éviter qu'il ne fasse trop de bruit en tombant. Il devait déguerpir, ça devenait trop dangereux.

La main sur la poignée de la porte, prêt à se risquer dans le couloir, il se retourna pour constater le carnage : le vieux gisait inerte dans une mare de sang qui formait un collier écarlate autour de son cou, mais sa poitrine se soulevait encore faiblement, signe qu'il était toujours vivant ; quant au pompier, le nez brisé, complètement groggy, il commençait tout juste à reprendre ses esprits. Dans une minute à peine, il serait assez vaillant pour appeler au secours.

D'un pas vif il s'engagea dans le couloir vers la sortie. Au détour du coude, il pénétra dans la zone animée par les préparatifs du spectacle. Une jeune femme sortit d'une loge et il s'effaça pour la laisser passer en espérant qu'elle ne « photographie » pas son visage. Sur le palier, il eut juste le temps de voir s'ouvrir la porte de l'ascenseur et le violoniste accompagné de deux personnes en sortir. Une fraction de seconde, leurs regards se croisèrent.

Tandis que le violoniste s'engageait dans le couloir, il disparut dans l'escalier vers le rez-de-chaussée. D'ici quelques secondes, Knobel découvrirait le carnage. Une fois l'alerte donnée, il aurait moins de deux minutes pour gagner la sortie avant que le théâtre soit entièrement bouclé. Il réfléchissait vite, en dévalant l'escalier. Deux options s'offraient à lui : l'entrée des artistes ou… Des hurlements au-dessus de lui interrompirent sa réflexion. Trop tard pour l'entrée des artistes qui se situait juste en bas de l'escalier. Le guichetier était en compagnie de deux pompiers et il ne pouvait prendre le risque de forcer le passage. Il sentit la panique le gagner.

Au premier étage, il poussa une porte ouvrant sur l'arrière-scène. Il passa sous les branches de l'arbre, contourna le navire et opta pour la scène par où il pourrait gagner la salle que le public, dont le brouhaha parvenait à ses oreilles, n'avait pas tout à fait désertée.

Une petite centaine de personnes s'y trouvait encore. Il se mêla à leur groupe. Devant le goulot d'étranglement d'une porte ouvrant sur le foyer, la plupart échangeaient des impressions sur ce qu'ils venaient d'écouter, d'autres demeuraient silencieux. Il épongea la sueur qui perlait à son front. Il avait vérifié : aucune trace de sang ne maculait ses vêtements.

Pris dans le flot des mélomanes, il se retrouva devant le foyer et, avec un groupe plus restreint, emprunta l'escalier qui descendait jusqu'au vaste hall du théâtre où étaient le vestiaire et les guichets.

Tandis qu'il allait poser le pied sur le dallage de marbre, à quelques mètres à peine de la sortie, son cœur se glaça : des huissiers bloquaient les portes latérales et dans la rue, derrière les vitres, quatre gardiens de la paix descendaient de deux voitures de police pour se diriger vers le théâtre.

Lorsque Gal Knobel pénétra dans sa loge, un pompier au nez brisé reprenait ses esprits tandis qu'un homme âgé gémissait, allongé sur le sol, la poitrine et le cou maculés de son sang. Après avoir exhorté Lépidon, son agent, à aller chercher des secours, son violon dans son étui toujours en main, Gal s'agenouilla au-dessus de l'inconnu.

Le vieil homme ouvrit les yeux. Des yeux écarquillés où se lisait un ultime espoir. « Gal Knobel ? » parvint-il à demander au prix d'un effort d'une rare intensité.

Impressionné par la profondeur de l'entaille qui lui cerclait le cou, ne comprenant toujours rien à la situation, il hocha la tête. L'homme agonisait. Gal doutait que les secours puissent faire quoi que ce soit. Et le spectacle de cet homme rendant l'âme dans sa loge, juste après avoir joué pour ses propres morts, le tétanisait. Une foule de questions l'assaillaient : Qui était-ce ? Que faisait-il là ? Qui l'avait « arrangé » ainsi ? Et pour quelle raison ? Il pressentait que les ennuis n'allaient pas tarder à pleuvoir.

Une main agrippa son poignet droit. A la sensation provoquée par des doigts crochetés comme les serres d'un rapace s'ajouta celle d'un papier qu'on frottait contre sa peau. Il baissa la tête. Avec tout ce qui lui restait de forces, le vieil inconnu s'accrochait à lui, et sa main tenait une enveloppe. Il croisa à nouveau son regard et crut y lire un encouragement : elle lui était destinée.

L'homme voulut parler. Mais aucun son ne sortit de sa bouche. Alors Gal se pencha davantage sur son visage crispé par la souffrance et approcha l'oreille de ses lèvres. « Le secret, comprit-il enfin malgré le filet de voix étranglée. Le secret du violon. » Et ce fut tout. Il était mort. Au moment où Lépidon, accompagné de deux pompiers, faisait irruption dans la pièce, Gal se saisit de l'enveloppe et la glissa dans une de ses poches.

Il s'était redressé, son étui au bout de son bras gauche. Les deux secouristes l'avaient remplacé au côté de l'inconnu, l'un d'entre eux pratiquait un massage cardiaque, mais après plusieurs tentatives, il se redressa. C'était fini. Et Gal, atterré, contemplait le corps de cet inconnu venu le trouver pour lui parler d'un secret et qui avait été assassiné tandis qu'il achevait un concert à la mémoire de ses disparus.

La mort de cet homme était-elle liée à ce secret qu'il était venu lui transmettre ? Une question supplémentaire qui s'ajoutait aux autres et l'embrouillait davantage. Au-delà de ces mystères, le violoniste était surtout abasourdi par l'omniprésence de la mort dans son existence.

– J'avais entendu une sorte de gémissement. Et quand je suis entré dans la pièce, j'ai tout juste eu le temps de voir un homme lâcher ce malheureux et se ruer sur moi. Après, plus rien.

L'ensemble des personnes présentes dans la loge se tourna vers le pompier qui reprenait ses esprits.

– Comment était-il ? demanda Gal.

– Rapide, parvint à dire le pompier que la douleur faisait grimacer. Quarante ans maxi. Les cheveux bruns, je dirais... Et après...

– Il doit toujours être dans le théâtre, on va peut-être le coincer, puisqu'on a donné l'alerte, hasarda Lépidon.

Gal fit une moue dubitative : étant donné la façon dont l'homme avait étranglé le malheureux, avec un fil à couper le beurre, et assommé le pompier sans lui laisser la moindre chance, il s'agissait d'un professionnel. Il y avait peu de chance qu'il se laisse prendre aussi facilement. Il avait bien aperçu une silhouette en sortant de l'ascenseur, une ombre passée dans son champ de vision à laquelle il n'avait pas fait attention. Le tueur ? Il devait déjà être dehors…

Le tueur se retourna une dernière fois vers la façade du Châtelet et s'engouffra dans le métro. Il était sorti quelques secondes avant que les gardiens de la paix bloquent le passage. Il n'aurait plus manqué qu'il se fasse coffrer… Avec ce qu'il avait sur lui (si l'idée de s'en débarrasser en traversant la salle lui avait effleuré l'esprit, il avait fait le pari de conserver son Glock), même avec les meilleurs avocats, son cas aurait été difficile à défendre.

Parvenu devant les guichets, il inséra un ticket et passa le portillon puis emprunta le dédale d'escaliers et de couloirs encombrés de voyageurs qui le mèneraient à la ligne 1. Pour l'instant il lui fallait s'éloigner au plus vite de ce lieu maudit où rien n'avait fonctionné comme prévu. Par réflexe, il baissait la tête avant de pénétrer dans le champ des caméras de surveillance. Il ne pensait pas avoir été repéré mais mieux valait être prudent.

Après le soulagement viendraient les questions et les remises en cause. Elles le taraudaient déjà. Il fallait que la musique du violoniste l'ait vraiment perturbé pour que tout parte en vrille de cette façon. S'il s'en était tenu à son plan initial, l'abattre sur scène, ce serait une affaire réglée.

Knobel allait se méfier à présent. Une telle occasion ne se présenterait pas de si tôt. Qui sait s'il n'allait pas bénéficier d'une protection pour peu qu'il comprenne à quoi il avait échappé…

Mais il avait le temps. Ce n'était pas comme ces témoins qu'il est impératif d'éliminer avant l'ouverture d'un procès. Ce contrat-là correspondait plutôt à des représailles, à une vengeance, d'après ce qu'il avait compris. Il n'y avait pas d'autre impératif que le résultat. Il pouvait donc être honoré dans une semaine, dans un mois, dans un an…

Il ne lui laisserait pas une seconde chance. Cette fois, la musique ne le sauverait pas.

La rame était arrivée dans la station. Il monta dans le premier wagon et, après la fermeture automatique des portes, il fut emporté en direction de la Défense.

3

Gal n'avait qu'une envie : rentrer chez lui, prendre un verre pour se calmer les nerfs et s'affaler sur son canapé. Devant la télévision peut-être, regarder une émission, un match ou un reportage qui lui permettrait de se vider la tête, d'oublier tout ça. Ce concert à la mémoire des siens l'avait éprouvé et, tandis qu'il était encore sous le coup de l'émotion, il avait fallu qu'il tombe sur un homme agonisant. Un homme qui avait rendu son dernier souffle dans ses bras, emportant avec lui son secret dans les ténèbres.

Au-delà de ce mystère, l'omniprésence de la mort dans sa vie le terrassait. Même lors d'un concert au Châtelet, cette dernière se manifestait de la façon la plus violente qui soit. Comme si la mort elle-même lui signifiait que son violon ne le mettrait pas à l'abri, ou pis encore, qu'elle était intimement liée à son violon et à sa musique.

Le violon qui, tout au long de son existence, avait été pour lui une sorte de sésame universel, lui permettant d'accéder aux cercles les plus fermés, et qui, pour cette raison, avait intéressé les services de renseignements. Ce violon merveilleux grâce auquel il avait pu approcher et contribuer à faire arrêter certains criminels de guerre nazis. Grâce auquel il avait pu gagner la confiance d'industriels et de financiers pour qui le Troisième Reich n'était pas mort… Avait-il trahi la musique et ce don pour le violon qu'il avait reçu à la naissance ? Comme si la musique ne pouvait être utilisée que pour elle-même, ou pour relier les hommes entre eux, comme un vecteur de paix… A plusieurs reprises, il s'était posé la question. Devant ce qui lui apparaissait comme une fatalité incompréhensible, il se sentait fatigué, las et impuissant.

Rentrer chez lui était pourtant la dernière chose envisageable. Pour l'heure, il lui fallait répondre aux questions de la police, parce qu'un inconnu avait été tué dans sa loge. Sans le soupçonner, on lui attribuait une part de responsabilité. On considérait qu'il devait au moins être en mesure de fournir une explication, savoir pourquoi cet homme avait été tué… en l'attendant lui, Gal Knobel.

Respectueux mais opiniâtres, le commandant Stains et le lieutenant Roger, de la brigade criminelle, n'en démordaient pas, et le violoniste, qui n'était pas préparé à un feu roulant de questions après son concert, prenait sur lui pour conserver son calme. Débarqués vingt minutes seulement après la découverte du cadavre (le 36, quai des Orfèvres était à deux pas), dans la catégorie « casse-pieds », les deux policiers avaient prié les admirateurs habitués à faire le siège des loges de passer leur chemin.

Au grand dam de la production de *Cyrano* obligée d'interrompre les préparatifs, l'étage était bouclé. Transformée en scène de crime, la loge de Gal était photographiée et passée au peigne fin par des techniciens en identification criminelle, sans oublier le médecin légiste venu procéder aux premières constatations sur le cadavre.

– Vous êtes certain de ne pas connaître ce Goffriller ? J'ai pourtant cru voir une certaine surprise sur votre visage en entendant son nom…

Gal soupira tout en s'efforçant de ne pas accorder trop d'importance à cette déplaisante impression de suspicion. Tous les flics du monde se ressemblent, et soumis à leurs questions, on a toujours le sentiment d'être coupable.

Les flics avaient découvert l'identité de la victime en lui faisant les poches. Le jeune lieutenant avait trouvé un passeport italien au nom de Vittorio Goffriller. Un nom qui avait provoqué la surprise de Gal Knobel. Mais pour des raisons que ces deux-là étaient loin de pouvoir imaginer.

– Les Goffriller étaient de célèbres luthiers vénitiens à leur époque, c'est-à-dire entre le XVIIe et le XVIIIe siècle, expliqua-t-il.

Matteo et Francesco. Leurs violons sont contemporains des Stradivarius. D'où ma surprise.

– Eh bien nous y voilà ! s'exclama, non sans une certaine ironie, le commandant de police.

Gal secoua la tête.

– J'ignorais qu'il existât encore des Goffriller aujourd'hui. Et je n'avais jamais entendu parler de ce Vittorio.

– Mais s'il est lié au violon, ça peut expliquer sa présence dans votre loge, s'entêta le commandant.

Gal regarda le flic en dissimulant sa lassitude. Malgré son air débonnaire, ce commandant Stains n'était pas né de la dernière pluie et le mode opératoire de l'assassin imposait de prendre l'affaire très au sérieux. D'où cette façon de revenir constamment à la charge, sans respect pour la fatigue du musicien. Il devait battre le fer tant qu'il était chaud, Gal lui-même ne pouvait qu'en convenir.

– Et si c'était vous la cible ?

Le gros Stains se tourna vers son jeune lieutenant sans pouvoir masquer sa surprise. Ce dernier en aurait presque rougi. Il venait pourtant de formuler la première hypothèse digne d'intérêt, songea Gal, celle à laquelle lui-même avait assez vite pensé.

– En admettant que le tueur visait bien Vittorio Goffriller, poursuivit le lieutenant en guettant la réaction de son supérieur hiérarchique, pourquoi l'aurait-il suivi jusqu'ici ? Je veux dire qu'il aurait très bien pu s'en charger ailleurs, dans un endroit plus discret.

– Logique, commenta le commandant.

– Ce serait logique si quelqu'un avait des raisons pour m'assassiner, intervint Gal. Or je vois mal qui pourrait m'en vouloir suffisamment pour se lancer dans une entreprise aussi compliquée et risquer la prison. A part un mari jaloux peut-être ?

Le lieutenant s'esclaffa tandis que le commandant se contentait d'un sourire, manifestement impressionné par le sang-froid du musicien.

– Ma plaisanterie est un peu déplacée, mais la mort me rend nerveux. D'autant plus que je crains, hélas, de ne jamais savoir pourquoi ce pauvre homme est venu me trouver dans ma loge. Et pour ne rien vous cacher, je suis assez fatigué… Jouer est un exercice éprouvant.

– Dans ce cas nous allons vous laisser… A condition que vous restiez à notre disposition. Pour les besoins de l'enquête, jugea utile de préciser le commandant.

Lorsque Gal sortit de la loge du coiffeur où les deux policiers l'avaient interrogé, deux brancardiers sortirent de la sienne avec la dépouille de Vittorio Goffriller et se dirigèrent vers l'ascenseur.

Cette vision lui rappela l'enveloppe que le vieil homme lui avait remise. Son dernier geste conscient avant de passer l'arme à gauche. Il n'en avait pas fait mention aux flics de la Criminelle. Parce qu'il n'avait pas eu le temps de l'ouvrir. Parce qu'il s'agissait d'une histoire de violon à laquelle la police n'entendrait rien. Parce qu'il avait toujours tenu la police et la justice à l'écart de ses affaires.

Par respect pour les dernières volontés du vieil inconnu également, qui portait ce nom oublié mais qui, à une certaine époque, avait compté dans l'univers de la lutherie. Il s'était adressé à lui en dernier recours.

Il parvint au rez-de-chaussée qu'il avait gagné par l'escalier en même temps que sortaient de l'ascenseur les deux brancardiers avec la housse zippée qui contenait le corps. Rue Edouard-Colonne, qu'une ambulance et divers véhicules d'intervention bloquaient, Gal se retourna vers le théâtre du Châtelet où venait de se produire ce drame. L'édifice en avait vu d'autres et la représentation prévue pour le soir même n'en pâtirait certainement pas. « *The show must go on* », se dit-il en affirmant sa prise sur la poignée de son étui à violon avant de se diriger vers les quais d'où il longerait la Seine pour rentrer chez lui à pied.

Il eut une dernière pensée pour cet inconnu dont le décès lui avait peut-être sauvé la vie. Même involontaire, ce sacrifice valait bien qu'il respecte ses dernières volontés.

4

Excédé, Gal se décida enfin à raccrocher son téléphone. Ça n'avait pas manqué : il avait fallu que Jean-Grégoire Lépidon, son agent, tente d'exploiter le drame de la veille. L'idée était de provoquer un surcroît d'attention de la presse et du public sur le violoniste et d'en profiter pour décrocher de nouveaux contrats. Comment pouvait-on être opportuniste à ce point ? Et comment avait-il pu confier ses intérêts à un tel individu ? Et pourtant leur association perdurait, même s'il lui fallait de temps à autre remettre son agent à sa place. C'est tout de même à lui qu'il devait ce surnom de « 007 du violon ». Et pour quel résultat ? L'agent affirmait que cela lui avait permis de décoller, mais lui-même n'en était pas du tout convaincu. Cela avait surtout provoqué une curiosité qui n'avait pas grand-chose à voir avec la musique. Alors, depuis, il se montrait intraitable. Lépidon avait beau geindre et lui reprocher son inconscience, lui promettre des lendemains difficiles et la fin prochaine de ses engagements, il se remettait toujours de ces rebuffades et revenait à la charge. C'était une vieille histoire entre eux.

Après les récriminations de son agent, le silence lui sembla particulièrement appréciable. Il avait coupé court aux reproches et aux doléances en lui raccrochant au nez, mais Lépidon ne s'en formaliserait pas : il savait où était son intérêt.

L'épisode du Châtelet l'avait secoué plus qu'il n'avait bien voulu se l'avouer. Il avait joué pour le souvenir du cardinal et d'Eve, mais aussi pour l'oubli, pour pouvoir passer à autre chose, pour que la vie l'emporte malgré tout. Jouer ainsi lui permettait de se délester d'un peu de sa souffrance en la faisant partager à son auditoire. Mais transmettre au public cette émotion lui avait coûté un effort inimaginable, pour conjurer le sort, tenir à distance la mort, et cette dernière l'assaillait alors qu'il venait à peine de quitter la scène.

Au-delà du choc, l'hypothèse formulée par le jeune lieutenant de police le taraudait. Vittorio Goffriller s'était peut-être trouvé au mauvais endroit au mauvais moment, victime à sa place d'un tueur professionnel.

A moins que cet assassinat soit lié à cette histoire de secret ? Cette piste n'était pas à négliger... Peut-être le tueur était-il passé à l'acte pour empêcher Goffriller de transmettre son message. Et peut-être que, dérangé par l'arrivée du pompier, il n'avait pas eu le temps de fouiller sa victime et de trouver l'enveloppe...

Cela pouvait se tenir.

Mais il y avait l'autre hypothèse formulée par le lieutenant, et beaucoup plus inquiétante : Vittorio Goffriller avait très bien pu tomber nez à nez avec l'assassin qui, pour une raison encore obscure, avait dû l'éliminer. Ce qui signifiait que, pour honorer son contrat, il n'allait pas en rester là, et que cette « cible » n'était autre que lui, Gal Knobel...

Il avait eu vingt fois le temps de réfléchir à la question. Les récents événements, en particulier le rôle qu'il avait joué dans l'enlèvement de von Staden, ancien officier du Troisième Reich et membre influent de la mouvance néonazie, mort en Israël, mais toujours disparu aux yeux de son entourage, justifiaient pleinement un contrat sur sa tête. Il avait agi à visage découvert, et son assassinat constituerait un symbole.

Et cette seconde hypothèse, la plus sombre et la plus inquiétante, lui paraissait bien plus vraisemblable.

Gal se résigna à décrocher son téléphone et à composer le numéro du Service des achats, situé boulevard Malesherbes, dénomination datant des années 1960 qui désignait l'antenne française des services de renseignements israéliens. Son unique employeur en réalité, qui l'avait contacté alors qu'il était encore un jeune violoniste sillonnant le monde de scène en scène. Ils avaient vu en lui le correspondant idéal : un violoniste inoffensif vivant en dehors des réalités du monde, derrière lequel se cachait un ancien pilote de chasse dont le sang-froid, les qualités guerrières et les connaissances techniques, tout un passé inconnu du public, rassuraient le Service. Et il avait fait ses preuves en tant qu'agent. Personne ne se méfiait d'un violoniste.

A tel point qu'il avait fini par comprendre que les services de renseignements l'avaient laissé filer, et même encouragé à quitter la chasse israélienne pour embrasser une carrière de violoniste. Pour mieux le récupérer ensuite. Des pilotes de chasse on en trouvait, mais des virtuoses prêts à servir leur pays étaient une denrée beaucoup plus rare. Le jour où cette réalité lui avait sauté aux yeux, il avait eu la désagréable impression d'avoir été, depuis le début, instrumentalisé.

Depuis qu'il avait décidé de faire une croix sur cette vie, faire appel à eux lui répugnait. C'était à ses yeux un aveu de faiblesse, une façon de renoncer à sa liberté. Une fois que l'on avait mis le doigt dans l'engrenage du renseignement et de la guerre de l'ombre, imaginer s'en échapper relevait de la plus grande illusion. On n'en sortait que dans un cercueil, comme Eve.

Mais que pouvait faire un violoniste face à la menace d'un contrat sur sa tête lancé par une organisation tentaculaire ? Il ne pouvait ni se terrer chez lui ni continuer à vivre comme si de rien n'était en attendant patiemment la balle, ou le fil à couper le beurre du tueur. Ce que le Service déciderait, il n'en savait rien, mais au moins cette démarche les mettrait au courant et l'aiderait à retrouver une certaine sérénité.

Et puis après tout, c'était grâce à lui qu'ils avaient découvert ce réseau néonazi et mis la main sur ces inestimables documents révélant l'organigramme dans son ensemble, des plus bas échelons de la hiérarchie jusqu'aux plus hauts responsables. Plusieurs années de grain à moudre pour le Service, et la possibilité d'infliger des coups fatals à l'ennemi. Un trésor qui valait bien un minimum de reconnaissance…

Après une minute d'attente, il fut mis en relation avec Ron, le responsable du Service. Ils avaient travaillé ensemble quelques semaines plus tôt. Ron était un technicien d'une efficacité redoutable entièrement dévoué à la sécurité de sa patrie. Un homme sans états d'âme dont Gal avait pu apprécier le professionnalisme, mais avec qui il ne partageait rien. Ni l'un ni l'autre ne perdirent de temps en formules de politesse, mais Gal savait que sa récente contribution lui vaudrait une attention particulière.

– L'incident du Châtelet, tu as entendu parler ?

– J'aurais dû ?

– Pas forcément, à part que j'y jouais pas plus tard qu'hier.

– Tu as cassé une corde en plein concert ?

– Moi non, mais tu brûles. Puisque tu me parles de corde, tu as entendu parler des trois Parques, Nona, Decima et Morta ? demanda le violoniste sous le coup d'une inspiration soudaine.

– Tu me déranges pour faire un quizz ?

Gal commençait à percevoir la tension de son interlocuteur dont le temps était précieux.

– Selon la mythologie romaine, poursuivit-il sans se préoccuper de l'impatience de Ron, ces trois sœurs présidaient aux destinées humaines toutes symbolisées par un fil. La première tissait le fil de la vie, la deuxième l'enroulait, et lorsque Morta le coupait, cela signifiait la mort de la personne en question. Or un homme a été assassiné dans ma loge, au fil à couper le beurre, précisa Gal en poursuivant dans l'esprit de la métaphore.

– Et alors ? demanda Ron toujours aussi direct et apparemment pas très amateur de mythologie.

– Et alors, j'ai de bonnes raisons de croire que cet homme a été assassiné à ma place.

– De qui s'agissait-il ?

– Vittorio Goffriller, le descendant d'une dynastie de luthiers vénitiens, dit-il en imaginant Ron hausser les sourcils. Italien, soixante-quinze ans, domicilié à Venise selon ses papiers. Mais ne m'en demande pas plus.

– Que te voulait-il ?

– Me confier une enveloppe. Rien qui pourrait t'intéresser, poursuivit-il pour devancer sa curiosité.

– Comment peux-tu être aussi catégorique ? La dernière fois que tu nous as appelés, ça nous a menés assez loin. Mais qui pourrait vouloir ta mort ?

– D'après toi ? Von Staden, le réseau néonazi. Quel est le seul personnage public qui a participé à l'opération et a pu être identifié ?

– Logique, finit par admettre Ron après une seconde d'hésitation. Je suppose que tu n'as aucune intention de te faire oublier quelque temps…

– Où voudrais-tu que je me terre ? La vie est courte.

– En Israël ? suggéra Ron sans grande conviction.

Gal émit un rire bref.

– Tu oublies mes engagements.

– Qu'est-ce que tu attends du Service ?

– A toi de voir.

Pour un peu, Gal aurait entendu l'agent réfléchir à l'autre bout de la ligne. Un tel silence ne lui ressemblait pas. Le cas de conscience devait le mettre mal à l'aise.

– Je vais voir ce qu'on peut faire, finit-il par annoncer. Israël n'abandonne pas ses enfants, surtout s'ils sont méritants, ajouta-t-il en provoquant un sourire ironique du violoniste, qui ne s'était jamais fait aucune illusion sur la reconnaissance des Etats.

5

L'enveloppe avait atterri sur la table basse côté face après avoir été décachetée avec son coupe-papier : un débris de l'aile de son chasseur avec lequel il s'était écrasé près de trente ans plus tôt. Souvenir qui lui rappelait la fuite du temps, la fragilité de la vie et l'existence des miracles.

L'enveloppe ne comportait ni nom ni adresse. Ce qui signifiait que Vittorio Goffriller comptait vraiment la lui remettre en main propre. Ce à quoi il était finalement parvenu.

Sans explication supplémentaire, Gal ne voyait pas ce qu'il allait pouvoir en faire. Elle ne contenait qu'une feuille de papier ancien, très ancien même à en juger par la texture et une certaine usure des bords, sur laquelle était inscrite une unique phrase. L'écriture aussi était ancienne, sans doute aussi ancienne que le papier, aves des pleins et des déliés, vraisemblablement tracé à la plume d'oie.

« *Solo e nudo (niche) resto prigion d'un cor di virtu armato.* »

En décachetant l'enveloppe, à peine rentré du Châtelet la veille, il s'attendait à tomber sur une révélation de nature à révolutionner l'univers du violon, d'après les dernières paroles de Vittorio Goffriller, et il avait découvert cette phrase incompréhensible. S'il ne s'était pas trop égaré dans sa traduction, elle devait signifier à peu près ceci : *Seul et nu, je reste prisonnier d'un corps armé de vertu…* Sans compter ce mot entre parenthèses, *niche*, qui ajoutait au mystère. Cette phrase qu'il avait déjà retournée vingt fois dans son esprit était censée contenir le secret du violon ? Mais quel secret ? Le malheureux Goffriller ne devait pas s'attendre à mourir aussi brutalement. Il devait avoir prévu de lui fournir des explications, de le guider. Ce document ne devait être là que pour appuyer son propos, comme une preuve attestant du sérieux de son histoire. Au lieu de cela, Gal se retrouvait seul face à une énigme incompréhensible, et craignait que la piste ne s'arrête là.

Assis sur le canapé, les pieds sur la table basse et les yeux glissant distraitement sur les instruments à cordes de toutes les provenances et de toutes les époques qu'au fil des ans il avait accrochés aux murs, Gal réfléchissait. Il voulait croire que cet homme ne pouvait pas être mort pour rien. Mais au fond de lui, il savait que, chaque jour, des hommes et des femmes mouraient pour rien, qu'il s'agissait d'une croyance populaire, de l'espoir ultime parce qu'on ne pouvait accepter qu'il en soit autrement.

Il en avait lui-même trop vu pour croire le contraire. Mais il se devait d'aller plus loin. Il ne pouvait pas se contenter d'en rester là, avec cette phrase qui lui trotterait dans la tête, petite musique agaçante, jusqu'à ce qu'elle soit de moins en moins présente puis carrément inaudible. Cet homme était mort dans ses bras en lui confiant ses dernières volontés. Il ne pouvait pas abandonner aussi vite. Ce genre de principe qui lui avait déjà coûté cher participait de sa conception de l'humanité. Il s'était déchargé d'une partie de sa douleur sur son public, mais à peine délesté de ce fardeau le mourant lui en confiait un autre.

Le secret du violon… Qu'avait-il voulu dire ?

Cet homme devait bien avoir une famille… C'était vers ses proches qu'il devait se tourner. Peut-être étaient-ils au courant de ses recherches et sauraient lui fournir d'autres documents, ou des explications… Il habitait Venise… Au moins il était en terre de connaissance à Venise… Il y avait certains amis capables de l'éclairer, à qui il pourrait soumettre cette phrase mystérieuse… Oui, il pourrait entreprendre cette démarche, lorsqu'il serait amené à y retourner, à l'occasion d'un concert, pour respecter les dernières volontés de cet inconnu.

Il en était là de ses réflexions lorsqu'il entendit sonner le carillon de la porte.

Il n'attendait personne. Soudain tendu, il se leva et se dirigea vers l'entrée. En s'efforçant de ne faire aucun bruit, il parvint à coller son œil au judas (assassiner quelqu'un en appliquant le canon d'un pistolet contre l'œilleton après avoir sonné était une technique référencée dans les « manuels » du crime) et eut la surprise de découvrir une femme. Le prisme déformant du dispositif l'empêchait de la détailler, mais cette vision le rassura. Il ouvrit.

– Vous êtes Gal Knobel le violoniste ? Je m'appelle Fiorenza Goffriller, poursuivit-elle avec un accent italien. Mon nom doit vous dire quelque chose... C'est mon père qui est mort hier dans votre loge au théâtre du Châtelet. Les policiers m'ont raconté.

Gal demeura sans réaction tant il était abasourdi.

– Je peux entrer ?

– Mais bien sûr, excusez-moi.

Il referma la porte derrière elle pendant qu'elle attendait pour pénétrer dans le salon. Jeune, pas plus de trente ans, elle avait des traits réguliers et agréables, des lèvres charnues, des yeux sombres mais cernés, sans doute par le chagrin, et une abondante chevelure brune. Son regard embrassa la pièce. Gal la sentait attentive au décor, aux instruments à cordes dont la présence la rassurait sans doute. Elle ne devait pas être dépaysée. Dégageant une certaine inquiétude, une fragilité vraisemblablement accentuée par le deuil, elle attendait. Elle avait fait le premier pas en venant le trouver, c'était à lui de prendre le relais.

– Asseyez-vous, je vous en prie. Désolé pour ce qui est arrivé à votre père.

– C'est affreux, oui.

Elle se posa sur le bord du canapé, gardant sur elle son trench-coat à la ceinture serrée qui soulignait sa taille et mettait en valeur ses seins. Une armure lui permettant de contenir sa douleur, songea aussitôt Gal. Son regard fut un instant arrêté par la finesse de ses jambes croisées dont les mollets étaient rehaussés par ses chaussures à talons hauts.

– Comment m'avez-vous trouvé ?

Il s'en voulait de commencer de façon aussi inquisitrice mais il devait savoir. Il était sur liste rouge et jamais aucun inconnu ne débarquait comme ça chez lui à l'improviste.

– C'est votre agent, M. Lépidon, qui m'a indiqué votre adresse. Je crois qu'il a eu pitié de moi, ajouta-t-elle avec une amorce de sourire. J'ai préféré venir sonner directement plutôt que de vous téléphoner. J'avais peur que vous refusiez de me recevoir.

– Et vous avez pensé me forcer la main en débarquant.

– J'espère que je ne vous dérange pas ?

Gal secoua la tête.

– Votre père est mort dans mes bras, alors que je ne l'avais jamais vu de ma vie. C'était… terrible, dit-il en espérant ne pas être trop brusque.

– Il était encore vivant quand vous l'avez découvert ? demanda-t-elle sans pouvoir masquer sa surprise.

– J'ai recueilli son dernier souffle, répondit Gal, alerté par la curiosité de la jeune femme.

Sans savoir où elle voulait en venir, il comprenait qu'elle était venue le trouver dans un but précis. Cet homme avait été assassiné et avait juste eu le temps d'évoquer un secret. Il y avait un lien, si ce Vittorio était bien visé. Et si elle était venue tenter de récupérer ce secret ? Etait-elle vraiment sa fille ? La laisser avancer la première, se dit-il en remarquant l'enveloppe retournée sous ses yeux.

– Il a eu le temps de vous parler ?

– Quelques mots à peine intelligibles.

– Si je vous demande ça, dit-elle en comprenant qu'elle devait lui en donner davantage, c'est parce que la police m'a remis son portefeuille et tout ce qu'il avait sur lui – sur ce, elle joignit le geste à la parole et lui montra le passeport de Vittorio Goffriller –, mais il manquait un document d'une très grande importance. Vous n'avez vraiment pas compris ce qu'il vous a dit ?

– Il a juste eu le temps d'évoquer le secret du violon. Ce qui me met dans une position étrange. Et maintenant vous voilà…

– C'est l'enveloppe ? demanda-t-elle en désignant du menton le rectangle d'épais papier blanc cassé posé sur la table basse.

Gal était impressionné par le sang-froid de la jeune femme au visage tendu par la douleur, en dépit de ses efforts pour ne rien laisser paraître. Les dernières heures avaient dû être éprouvantes pour elle. Mais il n'avait aucune raison de ne pas lui faire confiance.

– L'enveloppe qu'il m'a remise en m'agrippant le poignet, en effet. Ce qui fait de moi le dépositaire de ses dernières volontés… Je n'ai pas jugé utile de parler de cette enveloppe à la police.

La jeune femme eut l'air soulagé.

– Il était très excité à l'idée de vous rencontrer. On était arrivés la veille à Paris. Il fondait beaucoup d'espoirs sur votre collaboration.

– Ma collaboration ?

Elle sourit, comme pour s'excuser.

– C'est peut-être mon français qui n'est pas bon. Mais mon père était sûr que vous ne pourriez pas refuser.

– Dans ce cas, il va falloir que vous m'éclairiez, parce que j'ignore encore ce que votre père attendait de moi. Et le message qu'il m'a transmis n'a rien fait pour éclaircir le mystère.

– Mon père espérait découvrir le secret de fabrication des Stradivarius. Enfin... Pour y parvenir, il considérait avoir besoin de vous.

Elle avait lâché ça avec le plus grand sérieux et la plus grande détermination. La famille Stradivari avait produit des violons d'une qualité exceptionnelle, unique et jamais égalée. Leur nom à lui seul relevait presque du mythe, de la légende ou du fantasme. Et depuis deux siècles, des générations de scientifiques et de luthiers s'efforçaient en vain de retrouver cette magie. On avait évoqué la qualité des bois utilisés, les arbres dont ils étaient issus, la durée et les conditions de stockage, les procédés d'assemblage et de fabrication, la composition des vernis... Mais personne n'était jamais parvenu à égaler la qualité des Stradivarius, à reproduire ce son cristallin qui en faisait des instruments recherchés par les plus grands virtuoses de la planète. Le secret de fabrication des Stradivarius représentait une sorte de Graal dans l'univers de la musique, cet univers magique, merveilleux et infini. Le mystère de leur origine englobait celui de ce son capable d'atteindre directement l'âme des auditeurs.

Et voilà qu'une jeune femme lui assenait que ce secret et ce mystère étaient sur le point d'être percés, que l'on disposait des éléments pour y parvenir, et que c'était désormais entre ses mains.

– Mon père est... était luthier, se reprit-elle.

Gal sortit de sa rêverie. Elle avait dit ça pour appuyer ses propos.

– J'ignorais qu'il y avait encore des luthiers Goffriller.

– Sa production était très confidentielle. Ces dernières années, il était surtout obsédé par le secret des Stradivarius. Ça occupait le plus clair de son temps.

– Mais qu'attendait-il de moi ? Vous connaissez le contenu de l'enveloppe qu'il m'a remise ? Sorti de son contexte, c'est incompréhensible.

La jeune femme secoua la tête en le regardant dans les yeux. Gal finit par baisser les siens.

– Il gardait la plupart de ses recherches pour lui. Il avait peur, vous comprenez ? Il me faisait surtout part de son enthousiasme quand il pensait avoir fait un grand pas en avant. En ce qui vous concerne, c'est en apprenant vos récentes découvertes sur Salomone Rossi qu'il a songé à vous… Il était fatigué, il pensait ne plus avoir assez de temps, ou d'énergie. Il se sentait diminué. Il souffrait de problèmes cardiaques. Et il s'était persuadé que vous sauriez trouver la solution. J'espère qu'il ne se trompait pas. Sinon ce serait terrible d'être mort pour ça…

Gal déglutit.

– Il était menacé ? Il vous avait parlé d'un danger particulier ces derniers temps ?

Gal voulait encore croire que c'était bien Vittorio Goffriller et non pas lui qui était visé par l'assassin.

La jeune femme toujours sanglée dans son trench-coat secoua la tête en signe de dénégation.

– Mon père n'aurait pas fait de mal à une mouche. Il n'avait pas d'ennemi. Un luthier… Mais je vais devoir vous laisser. Je repars demain pour Venise où il va être enterré. Je dois m'occuper de tout. Son corps va être rapatrié. Mais avant, je voulais vous rencontrer…, dit-elle en se levant. Parce que vous êtes la dernière personne à l'avoir vu vivant…

Elle se dirigeait vers la sortie.

– Si vous vous décidez, je pourrai vous accueillir à Venise. Le bureau et l'atelier de mon père regorgent de documents. S'il était persuadé d'être sur le point de détenir le secret des Stradivarius, c'était le cas. Il pensait que vous seul pouviez l'aider. C'est un beau secret, insista-t-elle. Gardez l'enveloppe. C'est à vous qu'il l'a remise. Et si vous renoncez, vous me la renverrez. Voici mes coordonnées.

Elle lui tendit un petit papier cartonné, lui serra la main et disparut. Elle n'avait pas trop insisté mais en avait fait assez pour l'intriguer. Le secret des Stradivarius…

6

La lagune défilait sous ses yeux. Vaste étendue d'eau parsemée de langues de terre plantées d'ajoncs, entre lesquelles naviguaient de frêles embarcations de pêcheurs. Ici et là, un toit de tuiles roses indiquait une masure perdue sur un îlot. Depuis l'époque des doges, vu du ciel, le paysage n'avait pas bougé. Comme si, depuis cette hauteur, à cet endroit, le temps s'était arrêté. Et ces minuscules silhouettes qu'il distinguait sur leurs barques ravitaillaient toujours la ville en poissons, comme autrefois. Pour eux, le remplacement des rames par le moteur avait été la seule évolution par rapport à leurs ancêtres.

Puis l'avion amorça une courbe et s'inclina pour se mettre dans l'axe de la piste d'atterrissage et, à travers le hublot, Gal découvrit enfin Venise. Ville aux toits roses se détachant sur le bleu de l'eau. Ville fossilisée deux siècles plus tôt, dont le cœur, malgré tout, continuait de battre. Régulièrement, on prédisait qu'elle allait finir par disparaître sous les flots, mais la vie s'y poursuivait comme si de rien n'était. Les Vénitiens y cultivaient toujours cet esthétisme et cet art de vivre uniques au monde, chaque année le carnaval y était célébré avec autant de faste et, comme l'orchestre du *Titanic* au moment de sombrer, les musiciens continuaient d'y jouer. La fête pouvait durer encore plu sieurs siècles.

Venise l'avait entraîné sur les traces d'un violoniste disparu au XVIIe siècle, dont il avait exhumé l'œuvre mais qu'il n'était pas parvenu à arracher de l'oubli où ses contemporains l'avaient volontairement fait tomber : Salomone Rossi, que Monteverdi avait pillé pour composer ses plus grandes œuvres. Gal avait découvert tout cela, et par là même un génie méconnu. Mais pas les preuves suffisantes pour le réhabiliter publiquement.

Tandis qu'il devinait la courbe du Grand Canal et distinguait le campanile de San Marco dominant la cité, Gal eut une pensée émue pour Salomone Rossi. Venise n'avait pas dû être un rêve pour lui trois siècles plus tôt, mais un endroit plein de dangers qui avaient finalement eu raison de sa volonté de vivre et de créer. Et voilà que lui-même y retournait, pour un autre disparu.

Décidément cette ville revêtait pour lui les atours de la mort.

Son bateau-taxi filait dans le chenal délimité par les gros piliers de bois, laissant derrière lui un sillage d'écume fleurissant sur la surface de l'eau d'un bleu dur. D'autres bateaux croisaient, rivas et vaporettos, faisant la navette entre l'aéroport et la cité.

Il avait pris sa décision le lendemain de la visite de Fiorenza Goffriller. On était à la veille des vacances et, pendant deux semaines, il n'avait aucun cours à assurer à la Schola Cantorum : la seule obligation qui, en dehors des concerts, le retenait à Paris. Derrière cette obligation se cachait l'un des plus grands bonheurs de son existence : l'enseignement et la transmission de ce que la vie et le violon lui avaient appris. Parmi tout ce qu'il avait vécu, cette forme de partage unique avec ses élèves venus de tous les horizons était ce qui lui tenait le plus à cœur.

Fiorenza lui avait laissé l'enveloppe et le message confiés par son père. Signe qu'elle n'avait aucun doute sur sa venue, ou meilleur moyen de le faire venir ? Contre toute attente, il avait répondu à son appel, elle était donc parvenue à ses fins. Fine manipulatrice qui avait su jouer la corde sensible ? Sans son apparition impromptue chez lui, jamais il ne se serait rendu aux funérailles du luthier. Il avait évacué la question d'un sourire mais n'était pas tout à fait dupe de l'attrait qu'elle exerçait sur lui.

L'idée de se lancer à la suite de Vittorio Goffriller dans la quête du secret de fabrication des Stradivarius n'aurait peut-être pas suffi à le décider. La tentation de quitter Paris et de mettre le plus de distance possible entre le tueur et lui avait aussi pesé dans la balance. Il était désormais convaincu que c'était après lui que l'assassin en avait. C'était une façon de mettre en pratique le conseil de Ron. A ce jour, l'officier du service de renseignements ne l'avait encore averti d'aucun dispositif mis en œuvre en sa faveur. Et lui-même n'était pas du genre à attendre passivement son assassinat.

Le commandant Stains l'avait appelé la veille. Les analyses effectuées dans sa loge par les techniciens en identification criminelle n'avaient révélé aucune empreinte digitale ni aucun élément permettant d'ouvrir la moindre piste. Le témoignage du pompier agressé n'avait rien donné. On ne possédait du tueur qu'une vague description, la silhouette fantomatique d'un homme d'une bonne trentaine d'années, peut-être quarante, de 1,80 mètre environ, au physique athlétique et aux cheveux courts. Mais on ne disposait d'aucun élément permettant d'établir un portrait-robot. On n'avait qu'une certitude : vu la méthode et le sang-froid dont il avait fait preuve, il s'agissait d'un professionnel.

En résumé, le commandant Stains pataugeait et l'enquête était au point mort. Mais son coup de fil, cette façon gratuite de rendre compte de la situation, tout comme les questions qu'incidemment il avait posées à Gal, n'avaient fait qu'étayer sa conviction : il était la cible. Et le commandant de la Criminelle, qui lui tournait autour pour tenter d'en savoir plus, partageait cet avis. Même si Gal était resté silencieux sur les récents événements et son implication dans la traque d'anciens criminels de guerre nazis, le flic ne pouvait pas totalement ignorer son passé d'agent de renseignements et de chasseur de nazis.

S'agissait-il d'une mise en garde déguisée de la part du flic ? Dans le doute, Gal s'était décidé à réserver un billet pour Venise après avoir raccroché.

L'île qui abritait le cimetière San Michele n'était plus qu'à quelques dizaines de mètres. Derrière les murs de briques rouges se dressaient les silhouettes des cyprès vert sombre. Debout à l'arrière du bateau, les coudes en appui sur le toit de la cabine, Gal observait. Il aimait cet endroit où étaient enterrés Igor Stravinski et Serge de Diaghilev dont l'évocation soudaine le ramena trois jours en arrière, au Châtelet où ce dernier avait produit pour la première fois ses fameux Ballets russes.

Bleu nuit, le bateau-corbillard était amarré à l'embarcadère. A Venise, tout se passait par bateau, des premiers instants de l'existence aux derniers : les femmes sur le point d'accoucher pouvaient se rendre à la maternité en bateau, pour donner naissance à un nourrisson qui, devenu adulte, se rendrait à son mariage en gondole, et dont la dépouille, quelques décennies plus tard, serait conduite sur les flots jusqu'à sa dernière demeure.

Vêtus de noir, quatre employés des pompes funèbres en extrayaient le cercueil surmonté de plusieurs couronnes de fleurs multicolores. Puis ils s'engagèrent dans le cimetière, leur fardeau sur les épaules. A peine avaient-ils disparu que le bateau-taxi accosta à son tour. Gal arrivait à point nommé. En sautant sur le quai, il se dit qu'avec l'omniprésence des flots apaisants, la mort et son décorum ne revêtaient pas un caractère aussi tragique ; et puis il n'avait pour ainsi dire pas connu le défunt…

Le taxi payé, Gal laissa l'église San Michele à la façade en pierre d'Istrie et pénétra dans le cimetière. Une fois passés les cloîtres abritant les tombeaux les plus anciens, dans le vaste enclos de la section catholique cerné de murets, des centaines de pierres tombales et de croix se dressaient vers le ciel azuré. Il fut aussitôt frappé par le silence.

D'un regard circulaire, le violoniste embrassa le cimetière et aperçut enfin sur sa droite, à une cinquantaine de mètres, un petit groupe rassemblé autour d'une tombe : cinq personnes en tout et pour tout, dont le prêtre. Vittorio Goffriller devait mener une existence assez solitaire, à moins que tous ses proches l'aient précédé dans l'au-delà.

Gal s'approcha à pas feutrés sur la pelouse verdoyante. A une quinzaine de mètres, il s'arrêta. Même s'il était le récipiendaire des dernières volontés de Vittorio Goffriller, il considérait que sa présence violerait l'intimité de cette cérémonie. Il posa son sac de voyage et son étui à ses pieds et demeura immobile. L'officiant psalmodiait en latin. Un jeune homme à la voix d'alto. Des bribes de la liturgie lui parvenaient au gré du vent qui agitait le foulard de couleur sombre dont Fiorenza était coiffée. A un moment, elle se retourna, ayant sans doute senti son regard sur sa nuque, et lui fit signe de les rejoindre. Après une seconde d'hésitation, il s'avança, la poignée de son étui dans sa main gauche. A une centaine de mètres, un groupe de touristes débarqués du dernier vaporetto se dirigeait vers l'église San Michele. Le prêtre et trois ancêtres – deux femmes et un homme tous vêtus de noir – lui adressèrent un bref regard avant de le reporter vers le cercueil pour les uns, et vers le ciel pour l'homme d'Eglise. Puis ce dernier éleva la main droite au-dessus de son front et dessina dans l'air un signe de croix.

D'ici quelques minutes les employés des pompes funèbres s'emploieraient à déverser sur le cercueil des pelletées de la terre qui s'élevait en un petit monticule à côté de la fosse, et tout serait fini. Alors Gal ouvrit son étui posé sur le sol et en sortit son violon et son archet. Bien qu'il n'y eût pas songé en quittant Paris, jouer pour accompagner aux cieux l'âme de cet homme mort entre ses bras constituait la meilleure des raisons.

A part Fiorenza, personne n'avait fait attention à lui. Après l'avoir interrogée du regard et reçu son assentiment silencieux, il entama un adagio de Benedetto Marcello, un des plus jolis morceaux pour violon de ce compositeur vénitien du XVIIe siècle, que, en tant que compatriote et luthier, Vittorio devait connaître et apprécier.

La mélodie s'éleva dans l'air du cimetière, harmonieuse et ténue, ensemble de phrases à la fois mélancoliques et joyeuses qui contenaient la fragilité de toute existence. Petite voix vénitienne âgée de trois siècles et pourtant toujours présente, que l'air marin emportait au sommet des cyprès. Jouer pour les défunts à l'occasion de leurs funérailles était une coutume qui s'était naturellement imposée à lui au cours de sa première vie déjà, lorsqu'il avait enterré certains de ses compagnons morts au combat, et à laquelle, au fil des ans, il n'avait jamais dérogé. Quelques minutes de musique à peine, mais qui étaient sa façon de communiquer avec les morts et de leur dire adieu. Un adieu que l'ensemble des personnes présentes autour de la tombe comprenait toujours.

Ne l'ayant pas connu de son vivant, quelques secondes à peine dans ces circonstances aussi tragiques et violentes, il ignorait pour qui il jouait vraiment. Mais les seuls instants qu'ils avaient partagés avaient été d'une rare intensité, et ce qu'il retenait de Vittorio Goffriller, dernier descendant d'une dynastie de luthiers, c'était, au seuil de sa mort, l'intensité de son regard et la pression de ses doigts sur son poignet, qui symbolisaient si fortement son dernier rêve.

Alors ses pensées se dirigèrent vers la dernière volonté de Vittorio Goffriller, sa quête ultime, ce vers quoi avait tendu toute son existence : le secret du violon. Ce qui, d'une certaine façon, revenait à vouloir percer le secret du son. Ce qui distinguait les Stradivarius d'entre tous les instruments à cordes, c'était ce son cristallin si extraordinaire qui avait le pouvoir de briser les barrières et d'élever les âmes. Au-delà du mythe et de la valeur attachée aux Stradivarius, c'était en effet le son que ces instruments produisaient qui avait toujours fasciné. Quel était le secret des Stradivari pour avoir conçu des instruments capables de produire un son aussi pur, aussi magique, aussi parfait ?

Cette quête à laquelle le défunt l'avait convié et qu'il venait d'accepter : sa présence dans ce cimetière et les notes qui s'élevaient de son violon constituaient la signature qu'il apposait au bas de ce pacte.

7

Jamais encore Matthias Ruff n'avait connu l'échec. En vingt ans, il avait honoré tous ses contrats. Après avoir retourné le problème dans sa tête pendant des heures, décontenancé par ce premier accroc dans un parcours jusque-là sans faille, il en avait conclu que c'était à cause de la musique.

Le violon dans la salle de concert du Châtelet l'avait envoûté, attendri, il en avait perdu la détermination nécessaire pour mettre en joue sa cible et faire feu. Cela avait été une erreur que d'aller écouter Knobel et penser l'abattre tandis qu'il jouait sur scène. Contre toute attente, il n'avait tout simplement pas pu. Cette mélodie mélancolique que Knobel tirait de son violon l'avait bouleversé. Les sentiments qu'elle exprimait étaient tellement contraires aux ressources qu'il avait besoin de puiser en lui-même pour donner la mort. Il ne se savait pas si sensible. Ce constat l'inquiétait.

Alors il s'était dirigé vers les coulisses avant la fin du concert avec l'intention d'exécuter Knobel dans sa loge, une fois que son violon se serait tu. Mais tout était allé de travers. Et il devait tout reprendre de zéro.

Le lendemain, il s'était rué sur la presse pour essayer d'y voir plus clair. La plupart des quotidiens faisaient état du fait divers. Un meurtre dans les loges du Châtelet était un événement assez extraordinaire pour intéresser les médias.

C'est dans les quotidiens qu'il apprit le nom de la victime : Vittorio Goffriller, sujet italien, luthier, qui habitait à Venise. Mort dans la loge du violoniste. La présence d'un luthier pouvait s'expliquer... Les commentaires allaient bon train, les journalistes émettaient les hypothèses les plus folles. Et lui s'était accroché à ce nom de Goffriller comme à une piste supplémentaire qui pouvait le conduire au violoniste. Egorgé dans sa loge. A son grand soulagement, la police ne disposait d'aucun élément sur l'assassin et avait lancé un appel à témoins.

Pour ne pas perdre de temps, il était passé chez Gal Knobel vêtu d'une blouse de fleuriste, avec des lunettes aux épaisses montures d'écaille, une moustache postiche, les cheveux teints en noir et un grand bouquet de roses blanches sous le bras derrière lequel disparaissait le bas de son visage. Sa mère en personne aurait eu du mal à le reconnaître.

Il avait obtenu les coordonnées du violoniste au culot, en se rendant à sa maison de disques. A l'heure du déjeuner, comme il l'avait prévu, les bureaux étaient à peu près déserts, et il avait pu sans peine se faufiler au secrétariat et consulter les fichiers des artistes classés dans une armoire métallique. Les méthodes les plus simples étaient souvent les plus payantes. Cinq minutes au total lui avaient été nécessaires pour trouver l'adresse : rue du Pré-aux-Clercs dans le VIe arrondissement, au cœur de Saint-Germain-des-Prés.

La gardienne de l'immeuble, qui lorgnait son bouquet de roses avec envie, lui avait signifié qu'il était parti en voyage et n'avait aucune idée de la date de son retour. Or, il l'avait vérifié en appelant son agent, un certain Jean-Grégoire Lépidon, le violoniste n'avait aucun concert ni aucun engagement dans les semaines à venir. Il en avait donc déduit qu'il était parti pour Venise : sans doute le violoniste et le luthier se connaissaient-ils. De là à conclure que Knobel avait décidé d'assister aux funérailles, il n'y avait qu'un pas qu'il avait franchi sans hésiter.

Il avait eu le réflexe de rechercher auprès des renseignements téléphoniques internationaux l'adresse du luthier à Venise, qu'il avait mémorisée. Une vieille habitude, cette façon de « photographier » d'un coup d'œil certaines informations qui pouvaient être utiles : plaques minéralogiques, états civils, adresses, numéros de téléphone, de comptes bancaires, visages également, il n'oubliait jamais un visage...

Un don, cette mémoire prodigieuse, comme celui pour les langues qu'il avait hérité de sa mère. Deux dons qui avaient fait de lui un excellent élève. Jusqu'à ses études supérieures, un brillant élément que l'université, sa famille et la société évidemment destinaient à un tout autre avenir que celui de tueur professionnel. C'était compter sans ses aspirations, et cet autre don, le plus développé chez lui, et correspondant le plus à ses goûts : celui qu'il s'était découvert très jeune, de manière accidentelle, à l'âge de vingt ans, pour tuer ses semblables. Rien dans son esprit ne pouvait concurrencer ce pouvoir suprême ni l'ivresse que provoquait chaque fois cet acte consistant à ôter la vie.

Il n'était pas encore question de contacter ses commanditaires : ils lui avaient versé une avance assez élevée pour envisager un voyage en Italie.

En outre, avec le violoniste, il venait de subir un échec cuisant, et il faisait désormais de la mort de Gal Knobel une affaire personnelle.

8

– Le violon sur lequel travaillait mon père avant de s'envoler pour Paris à votre rencontre, lâcha Fiorenza d'une voix neutre à l'intention de Gal qui soupesait le corps d'un instrument auquel le manche était déjà fixé.

Son dernier violon, qui restera inachevé, songea-t-il, tout comme sa dernière quête, à moins que lui-même prenne le relais.

– Je vais nous chercher à boire, fit Fiorenza. Attendez-moi ici, la cuisine est à l'étage, j'en ai pour trois minutes.

Gal la vit disparaître dans l'encadrement de la porte. A l'issue de l'enterrement, il avait suivi le petit groupe à bord d'un bateau-taxi qui les attendait amarré à l'embarcadère devant l'église San Michele. La traversée s'était faite en silence, les pensées de chacun couvertes par le ronronnement du moteur et, une fois sur le quai délimitant la Fondamentanova, les trois vieillards avaient serré avec effusion Fiorenza dans leurs bras avant de s'éloigner, mais ils semblaient plus affectés par la disparition de Vittorio Goffriller que par la détresse de sa fille. Peut-être parce qu'ils étaient eux-mêmes plus proches de cette sombre perspective, s'était dit Gal en les regardant longer le quai. « Des voisins », lui avait simplement dit Fiorenza. La mort de Vittorio Goffriller n'avait pas déplacé les foules. Vieux solitaire reclus au milieu de ses ébauches d'instruments et obsédé par sa quête du son parfait.

Tous deux avaient ensuite marché un bon quart d'heure jusqu'au quartier du Canareggio, à proximité du pont du Rialto, où se trouvait la maison des Goffriller. Son sac dans une main et son étui à violon dans l'autre, se laissant docilement guider à travers le dédale des ruelles, enjambant un certain nombre de canaux sur ces petits ponts de briques et de pierres qui scandent tout trajet à Venise, respectant le silence dans lequel Fiorenza s'était murée, Gal, pour la première fois, avait laissé son regard s'attarder sur la jeune femme, sur ses mollets que des bas sombres dessinaient merveilleusement, sur son profil que marquaient un nez droit, des pommettes saillantes et des lèvres charnues. Et il s'était surpris à la trouver belle.

L'atelier était une pièce relativement spacieuse mais basse de plafond et encombrée de plusieurs tables. Le vieux luthier avait dû y passer le plus clair de son temps ces dernières années. Ça sentait la colle, le vernis et le bois, différentes essences que Gal n'aurait pu reconnaître à l'odeur, mais qu'il savait entrer dans la fabrication des instruments : épicéa, érable, ébène... Son regard passait des dizaines de petits outils rangés au-dessus de l'établi aux planches grossièrement taillées, matière brute en attente de devenir, aux pièces déjà façonnées mais pas encore assemblées ni même vernies : tables d'harmonie, éclisses, chevilliers, coquilles... Autant d'éléments sciés, découpés, rabotés, sculptés et polis par ces mains qui avaient agrippé son poignet avec tant de force avant de se crisper dans la mort. Ces mains auxquelles il aurait très bien pu confier ses violons à réparer, tant, à en juger par la tenue de l'atelier, Goffriller devait apporter de soin à son art.

Au fond de la pièce, des étagères encastrées dans le mur supportaient des piles de documents. Certainement sa comptabilité, des contrats, des dossiers de fournisseurs et de clients, des croquis, des manuels techniques, peut-être aussi le fruit de ses recherches...

A travers les deux fenêtres aux vitres poussiéreuses qui donnaient sur un petit canal, il apercevait parfois une embarcation, gondole ou bateau à moteur. De temps à autre, un air d'accordéon ou le chant d'un gondolier lui rappelait qu'il était à Venise et nulle part ailleurs.

Soudain, il entendit approcher le pas alerte de Fiorenza juchée sur ses talons. Elle apparut dans l'encadrement de la porte avec un plateau sur lequel étaient posés deux verres, un seau à glace et ce que Gal reconnut comme étant du Spritz

Campari, cette boisson pétillante de couleur rouge, célèbre pour sa légère amertume, dont raffolent les Vénitiens.

Tandis qu'elle était occupée à remplir les verres, Gal se dit qu'il y avait quelque chose de surréaliste à se retrouver ainsi à Venise, dans cet atelier de luthier, en présence de cette jeune femme dont ils venaient d'enterrer le père mort trois jours plus tôt dans sa loge au Châtelet.

– Je savais que vous viendriez. Même jusqu'au dernier moment, je m'attendais à vous voir apparaître au cimetière. Votre jeu était très émouvant, ajouta-t-elle plus gravement. Mon père aurait apprécié. C'était tellement triste, avec si peu de personnes. Pauvre papa.

Gal sourit. Sa voix, sans doute affaiblie par les circonstances, était une berceuse. Il attendait qu'elle entre dans le vif du sujet et sortit l'enveloppe de sa poche.

– Je suppose que vous êtes en mesure de m'en dire davantage.

– Vous n'êtes en effet pas venu jusqu'ici pour boire du Campari, répliqua-t-elle. Mais avant tout, je tiens à mettre les choses au point : je suis incapable de vous dire à quoi correspond le contenu de l'enveloppe. C'est pour le savoir que mon père est venu vous trouver.

– Pourquoi moi ?

– A cause de ce que vous avez découvert au sujet du compositeur Salomone Rossi.

– Vous êtes donc au courant…

– Venise reste une petite ville. Et l'univers de la musique baroque est encore plus restreint, ajouta-t-elle avec un air énigmatique. Et puis le cardinal avait des amis…

Gal voulait bien le croire. Inutile de chercher à en savoir davantage. Les gens parlaient tellement. Et puis ce qu'il avait découvert sur Rossi dont il se sentait si proche, il aurait aimé que le monde entier l'apprenne. C'était pure malchance qu'aucune preuve n'ait subsisté…

– Alors dites-m'en plus sur les recherches de votre père.

La jeune femme le regarda. Elle avait l'air de se demander par où commencer.

– Au cours des dix dernières années, se lança-t-elle enfin, il était obsédé par la recherche du son parfait. Pas étonnant pour un luthier, me direz-vous, mais ça occupait toutes ses pensées, il n'y avait plus de place pour quoi que ce soit d'étranger à cette quête.

– D'où l'obsession de percer le secret des Stradivarius...

– Normal de vouloir égaler ce qui s'est fait de mieux dans le domaine. Nos ancêtres Matteo et Francesco Goffriller étaient vénitiens, nous sommes d'ailleurs dans leur maison, ajouta-t-elle avec un regard circulaire embrassant la pièce, mais ils n'en eurent pas moins des contacts réguliers avec la famille Stradivari qui, comme vous le savez, résidait à Crémone. Bien entendu, les Stradivari ont toujours été très jaloux de leurs secrets de fabrication. Mais il se trouve que parmi les documents qui nous ont été légués, et que mon père avait découverts sur le tard, certains l'ont conduit à penser que l'un de ces secrets pourrait remonter à très loin dans le temps.

Le regard de Gal courut sur les outils, les établis et les diverses pièces de bois disposées çà et là dans l'atelier. Au soir de sa vie, le luthier ne s'était plus satisfait de son métier. Il avait voulu transcender son art, mais, au bout du compte, cette quête lui avait coûté la vie. Une seconde, Gal pensa à Icare, qui s'était brûlé les ailes en voulant s'approcher trop près du soleil.

– Il vous tenait au courant de l'avancée de ses recherches ?

Elle secoua la tête.

– Pas exactement, hésita-t-elle. Il était très prudent, très méfiant même, il avait peur qu'on le double, c'était sa hantise. A tel point qu'il n'a pas dû être surpris d'être attaqué, dit-elle un ton plus bas, empreint de gravité. Moi-même je me demande parfois...

– Quoi ? la pressa Gal.

– Vous savez... il vivait dans la terreur qu'il lui arrive quelque chose. Et puis je ne sais pas qui il a pu rencontrer, qui pouvait être au courant... Il a tellement voyagé pour ses recherches. Je ne l'accompagnais pas... Ce que je voudrais juste, c'est terminer ce qu'il avait commencé... Ce serait le meilleur moyen d'honorer sa mémoire, me semble-t-il, et de faire qu'il ne soit pas mort pour rien.

Gal émit un bref sourire. Mourir pour rien. Sans le savoir, Fiorenza Goffriller se faisait l'écho de ses propres réflexions. Pas plus tard que la veille... Dehors, la lumière du jour déclinait et la pénombre commençait à envahir l'atelier. A ce moment, la jeune femme lui apparut dans toute sa fragilité. Seule au monde.

– Vous vivez seule ici ?

Elle hocha la tête.

– Maintenant que mon père est parti… Ma mère est morte il y a quinze ans et je suis fille unique. La dernière des Goffriller, ajouta-t-elle avec un rire désabusé.

– Que comptez-vous faire ? demanda-t-il, conscient, à l'instant où il la posait, de l'indiscrétion de la question.

– Découvrir le secret. Et ensuite tourner la page, ajouta-t-elle avec une certaine dureté.

Elle se leva pour allumer et la lumière chassa ces fantômes.

– Si ça peut vous rassurer, je ne pense pas que votre père était visé. Mes découvertes concernant Rossi m'ont valu des ennemis puissants et déterminés, ajouta-t-il pour répondre à son air interrogateur. Mais vous avez parlé des voyages de votre père… Pouvez-vous m'en dire plus ?

– Le Caire.

– Je vous demande pardon ?

– Et tous les musées réputés pour leur département d'égyptologie : Londres, Paris, Turin…

– Mais quel pourrait être le rapport ?

– A vous de me le dire. Tenez, dit-elle en se dirigeant vers les étagères encastrées dans le mur que Gal avait repérées, mon père avait constitué tout un dossier sur le sujet. J'y ai jeté un œil en rentrant de Paris. Mais, comme je vous l'ai dit, il avait la hantise de se faire doubler, alors il n'y a aucune synthèse ni aucune explication, juste des documents qui, à première vue, n'ont pas grand rapport entre eux… Evidemment, s'il avait été vivant, il vous aurait fourni toutes les précisions nécessaires, mais je suppose que vous devriez vous y retrouver. Sinon il n'aurait pas fait appel à vous…

Fiorenza se retourna et revint vers lui un dossier entre les mains. Dans sa robe noire qui marquait sa taille et mettait en valeur sa poitrine, elle possédait une démarche à la fois féline et innocente. Gal regarda la pile de feuillets, ses doigts longs et fins qui les enserraient, puis ses yeux sombres d'Italienne dans lesquels il crut lire une once de défi teinté d'une lueur d'amusement.

– Je vous laisse consulter tout ça ici, et, pendant ce temps, je prépare le dîner ? Ça vous convient comme programme ?

Etrange comme il ne parvenait pas à discerner si elle était innocence ou provocation, détresse ou détermination. Mais vu la façon dont elle était formulée, l'invitation était impossible à refuser.

– A condition que vous me relâchiez assez tôt pour que je puisse rejoindre ma pension sur le Zattere.

– Alors vous devez être à la *pensione* Seguso…

– On ne peut rien vous cacher, Fiorenza.

Avec une certaine gravité, Gal se saisit de la chemise, curieux de ce qu'elle pouvait contenir. L'Egypte ancienne… Etait-il possible que le secret des Stradivarius remonte aussi loin ?

9

En ouvrant le dossier que Vittorio Goffriller avait patiemment constitué au cours de ces dernières années, Gal eut la surprise de découvrir nombre de documents hétéroclites. Comme Fiorenza l'avait souligné, certains ne devaient avoir qu'un lointain rapport entre eux, voire aucune espèce de lien.

Des récits bibliques d'abord, dont ceux ayant trait à la sortie du peuple hébreu d'Egypte. Ces récits détaillant le pillage de la pyramide, avec le vol du trésor du pharaon en paiement de quatre siècles d'esclavage, cet or égyptien avec lequel sera fondu le fameux Veau d'or, puis les instruments du culte, une fois le peuple enfin installé à Jérusalem. Il était aussi question des trompettes de Jéricho, les sept trompettes des Jubilés dont le son, ajouté au cri de guerre lancé par l'armée d'Israël commandée par Josué, fit s'écrouler les murailles de la ville assiégée ; et de Samuel, désigné par Iahvé pour aller chercher le nouveau roi d'Israël après Saül : David, qui se distinguait de ses semblables parce qu'il jouait d'un instrument à cordes, manière de lier le profane et le sacré.

Vittorio avait également collecté des documents sur le son du tambour, sourd et lancinant, et sur celui du fifre, haut perché, couvrant les hurlements des blessés, qui au cours de nombreux siècles furent utilisés comme un excitant ou une drogue pendant les charges lors des batailles rangées, permettant ainsi de galvaniser les troupes.

Dans un registre voisin, le luthier avait aussi rassemblé des études sur l'exploitation de la musique par le Troisième Reich, la musique utilisée comme un instrument de propagande et de haine, notamment lors des grands rassemblements nazis.

En gros, le vieil homme avait compilé l'essentiel de ce qui avait été écrit sur le pouvoir du son, ses effets sur l'esprit humain : le son galvanisant, euphorisant, apaisant, provocateur de transe, instrument de torture en Chine, jusqu'au son envisagé comme une arme par certains scientifiques…

Le secret du son ne se résumait évidemment pas à celui du Stradivarius. Mais après avoir consacré sa vie au violon, Vittorio Goffriller s'était intéressé aux instruments de la célèbre dynastie de Crémone. Comment aurait-il pu en être autrement ?

De cette compilation de documents ressortait l'impression d'une recherche exhaustive sur la question du son, mais aucune vue d'ensemble, ni aucune direction précise, et à première vue rien de particulier permettant d'approcher le secret des Stradivarius…

Au-delà de ces considérations, ce qui avait troublé Gal, c'était le fait que les préoccupations de Vittorio Goffriller correspondaient aux siennes, à celles que, depuis quelque temps, il nourrissait pour le son. Il avait joué dans le monde entier, dans toutes les circonstances, face à des salles comptant des centaines d'auditeurs particulièrement exigeants ou entouré de quelques inconnus, dans une salle d'attente d'aéroport, dans les salons d'une ambassade, chez des milliardaires ou parmi des soldats en zone de conflit tandis qu'au loin retentissaient les coups de canon et les rafales d'armes automatiques. Et, chaque fois, il avait été frappé par le pouvoir du son, par l'effet qu'il produisait sur ceux qui l'entouraient, sur la façon dont il pénétrait leur esprit, dont il s'immisçait dans leurs pensées et modifiait leur humeur. Le son avait cette faculté rare d'émouvoir, d'attendrir, d'encourager, d'ouvrir les cœurs, de rendre meilleur, d'exciter, de guérir les âmes, mais aussi parfois les organismes… avec ces fréquences qui, comme à Jéricho, pouvaient également abattre des murailles…

Son jeu y était pour quelque chose, la façon dont il pinçait les cordes de son violon, celle dont il maniait son archet, celle dont il se mettait à nu face à ces inconnus, la part la plus intime de lui-même qu'il donnait à la musique et à son auditoire. Mais il n'était pas dupe : toutes les harmonies de la terre et tout son art ne visaient qu'à produire des sons qui, au final, en atteignant le cerveau de chacun, y produisaient une alchimie particulière. Le son s'adressait directement à l'âme. Le son avait une influence directe sur l'homme. Et c'est ce mystère qui le fascinait et qu'au fil des années, inconsciemment, il s'était mis en tête de percer.

Des neurologues et des scientifiques s'étaient déjà intéressés au sujet. Mais dans l'esprit de Gal, parce qu'il était musicien, il ne pouvait être question ni de neurologie, ni de médecine, ni même de science. C'est pourquoi les recherches entreprises par Vittorio Goffriller le captivaient. Fébrilement, il avait parcouru l'ensemble de ces documents, passant de l'un à l'autre avec une certaine urgence, troublé de voir à quel point le luthier l'avait précédé dans cette quête.

A mesure qu'il prenait connaissance de tous ces éléments, Gal s'était senti contaminé à son tour par le virus de la traque, et investi d'une mission nouvelle. Comme si Vittorio Goffriller, cet homme qu'il découvrait seulement, lui avait passé le flambeau et qu'il l'acceptait avec enthousiasme. Même s'il ignorait où cela le conduirait. Il était bien placé pour le savoir : on n'exhume pas un secret séculaire sans rencontrer de sérieux obstacles. D'autant plus que cette histoire avait commencé dans le sang.

Alors il n'avait rejoint Fiorenza que très tard, quatre bonnes heures après avoir ouvert le fameux dossier. La jeune femme l'attendait dans la cuisine, sans impatience : elle avait trouvé un allié, certainement la personne la plus à même de mener à son terme la quête entreprise par son père. Surprise par son arrivée silencieuse, elle l'avait accueilli avec un cri avant de jeter une poignée de spaghettis dans l'eau frémissante.

Quelques verres de chianti aidant, elle s'était montrée charmante, parfois désarmante au détour du récit de quelque épisode de sa vie, troublante même, quand son rire fusait dans la cuisine, ou quand ses grands yeux sombres s'attardaient trop longtemps sur lui.

Après avoir signé un pacte avec le père en jouant au-dessus de sa tombe, il venait d'en signer un avec la fille au-dessus d'un plat de spaghettis et d'une bouteille de chianti.

Et Gal ne s'était décidé que sur le coup d'une heure du matin à s'arracher à cette atmosphère envoûtante pour prendre son sac et son violon, et s'engager dans les rues désertes qui, après la traversée du Rialto, devaient le conduire jusqu'à sa pension.

Au matin, face à la Giudecca qui s'étendait au-delà de la fenêtre de sa chambre de l'autre côté du bras d'eau, sans la présence de Fiorenza dont la fraîcheur et la spontanéité pouvaient la veille avoir exercé une certaine influence sur lui, sa décision de poursuivre la quête de Vittorio Goffriller, qui aurait pu lui sembler tenir du serment d'ivrogne ou du cœur d'artichaut, lui paraissait au contraire plus sage que jamais. Alors il avait passé en revue ses connaissances vénitiennes susceptibles de lui être d'une quelconque utilité et, très vite, il avait pensé à son ami Francesco dont l'érudition avait éclairé les ténèbres entourant l'existence de Salomone Rossi et qui, à nouveau, pourrait se révéler précieuse dans le dossier Stradivarius.

10

La société Shylock avait ses bureaux dans un ancien palais aux fenêtres d'inspiration mauresque cernées de pierre dont la blancheur contrastait avec le brun des briques. Cette impression de faste ancestral était renforcée à l'intérieur par le grand escalier que l'on devait emprunter pour accéder au premier étage.

Chaque fois que Gal s'y rendait, il était épaté par le décalage entre l'ancienneté de l'édifice bâti au temps des doges et la modernité des ordinateurs et du mobilier assemblés dans ces vastes salles qui avaient autrefois accueilli de nombreux bals. Mais ce décor de théâtre ou de carnaval, selon la saison, ne nuisait en rien au professionnalisme des gens qui y travaillaient.

Grand érudit, mélomane averti et fervent amoureux de sa ville natale, Francesco avait monté une structure dont le but était de recenser et d'archiver toutes les œuvres de musique composées par des Vénitiens depuis les origines de la ville. Un immense chantier « archéologique » visant à sauver de l'oubli tout un patrimoine artistique, dans une ville où, pendant des siècles, les compositions n'étaient écrites que pour être jouées une unique fois.

Même s'il n'adhérait pas complètement à l'ambition de son ami (pour lui la musique était avant tout vivante et non pas enfermée dans les archives numériques), Gal la comprenait et la respectait. L'idée que sa maigre contribution à l'histoire de la musique pourrait intéresser quelques inconnus des années après sa disparition n'était pas pour lui déplaire. Il savait surtout trouver en Francesco la personne dont il avait besoin.

Lorsque Gal l'avait appelé, il l'avait enjoint de le retrouver sur-le-champ.

Après l'avoir guidé à travers une vaste salle où ronronnait une colonie d'ordinateurs dont les écrans affichaient d'antiques partitions, Francesco entraîna Gal dans son bureau et en ferma la porte, un double panneau de verre qui avait remplacé le bois mouluré d'origine.

Gal admira la pièce qui, sans le téléphone et l'ordinateur portable, aurait pu donner l'illusion de se retrouver à l'époque de l'édification du palais. Puis il fit les quelques pas le séparant de la fenêtre et apprécia la vue sur une place où se dressaient les quelques étals d'un petit marché. Il se retourna, Francesco le regardait avec un air amusé.

– Que me vaut ce sourire moqueur ?

– Je peux lire dans tes pensées.

Curieux, Gal haussa les sourcils.

– Tu te dis qu'un palais comme celui-ci doit être un cadre idéal pour travailler, mais que tu préfères ta liberté. Ne pas avoir de bureau, l'emporter partout avec soi dans un étui et pouvoir travailler n'importe où, ça c'est le vrai luxe ! Moi, c'est dans les livres, les écrits anciens et le temps que je voyage.

Le violoniste apprécia cette sortie à sa juste valeur. Non seulement son ami était un puits de science, mais il était aussi d'une rare finesse. Et sa liberté avait pour pendant la solitude qui l'accompagnait. Une solitude que bien peu de gens étaient prêts à supporter.

– Que puis-je faire pour toi ? poursuivit Francesco redevenu sérieux.

Gal sortit d'une de ses poches l'enveloppe que lui avait remise Vittorio Goffriller.

– A tout hasard, fit-il en lui tendant l'enveloppe. Si tu pouvais y voir plus clair que moi, tu me rendrais un très grand service. Parce que je n'ai aucune idée de ce que cela signifie.

Francesco s'empara de l'enveloppe, l'ouvrit, en sortit l'unique feuille comportant une unique ligne de texte et entreprit de la déchiffrer. Gal pouvait voir ses lèvres remuer à mesure qu'il lisait la mystérieuse phrase. Chaussé de ses lunettes aux épaisses montures d'écaille, le gros homme, vêtu d'une élégante chemise à rayures rehaussée d'une cravate à motifs cachemire, semblait absorbé par sa lecture : « *Solo e nudo (niche) resto prigion d'un cor di virtu armato.* »

– D'où tiens-tu ce papier ? demanda-t-il sans lever les yeux vers Gal.

– Tu connaissais Vittorio Goffriller ?

– Connaissais ? le reprit Francesco en le regardant. Il lui est arrivé quelque chose ?

Gal lui raconta toute l'histoire, depuis la découverte du luthier agonisant dans sa loge au Châtelet jusqu'à la soirée de la veille dans son atelier avec Fiorenza. A la fin de son récit, Francesco secoua la tête en souriant.

– Dis-moi, on ne s'ennuie jamais avec toi ! s'exclama-t-il enfin. Moi qui pensais que les archives et la culture c'était une affaire tranquille, sans histoires. Plus je te connais, plus j'ai l'impression de m'être trompé. Si ça continue je vais prendre une assurance-décès. Avec ton Salomone Rossi, tu as bien failli mettre Venise, et même le Vatican, à feu et à sang. Avec Stradivari, je me demande ce que tu nous réserves. Cette phrase ressemble à un vers. Je vais la rentrer dans l'ordinateur. Nous disposons d'une base de données recensant toute la poésie italienne. Avec un peu de chance, on devrait avoir la réponse d'ici quelques minutes.

Avec une vivacité étonnante pour sa corpulence, Francesco contourna son bureau et s'assit devant son portable. Gal regardait l'éminent historien s'activer sur son clavier, ses doigts épais frappant les touches à une vitesse ahurissante, quand il se redressa avec un air triomphant.

– C'est un vers de Michel-Ange que t'a remis Goffriller. Tu sais que Michel-Ange a écrit un certain nombre de poèmes ? Il s'agit d'un vers tiré du poème n° 42, le *Sonnet à Tommaso Cavalieri.* Tiens, regarde, dit-il à Gal qui contourna le bureau et se pencha vers l'écran. A gauche, tu as le texte original et, à droite, la traduction française.

Intrigué, Gal parcourut le sonnet qui se déroulait sous ses yeux dans sa version française et s'arrêta sur la dernière strophe :

Si c'est vaincu, captif, que la félicité
M'attend, point de merveille alors que, seul et nu,
Je reste prisonnier d'un corps armé de vertu.

– Un poème d'amour, remarqua Gal en relevant la tête.

– Je pense que nous devons nous focaliser sur le vers recopié, sans nous soucier du reste qui ne doit avoir aucun lien avec l'énigme, poursuivit Francesco. Ce n'est pas un hasard si ce vers, et pas un autre, a été extrait du sonnet. Et pour être plus précis, il s'agit des deux derniers mots de l'avant-dernier vers, « *solo e nudo* » et du dernier vers du sonnet. Un vers auquel curieusement a été ajouté, entre parenthèses, le mot « *niche* ». Qu'est-ce que cela peut bien signifier ?

La question s'adressait moins au violoniste qu'à lui-même. Et Gal savait que sur ce terrain il n'était pas en mesure de rivaliser avec Francesco dont l'existence consistait à creuser le passé et à résoudre ce type d'énigmes. En lui soumettant ce problème, il l'avait mis face à un défi qu'il mettrait un point d'honneur à relever et il avait parfaitement conscience que Francesco ferait preuve de la plus grande ténacité. Savoir s'entourer était un préalable à toute réussite.

– Il s'agit du 42e poème de Michel-Ange, fit remarquer Francesco.

– Et alors ?

– Alors il faut partir du principe que rien n'a été décidé au hasard.

– Mais encore ?

– Eh bien, il se pourrait que le choix de ce vers tiré du 42e poème de Michel-Ange soit une allusion déguisée au Christ qui, d'après la Bible, serait né quarante-deux siècles après Adam… Bien sûr, ce n'est qu'une supposition…

– Qu'est-ce qu'on pourrait en déduire ?

– Je ne sais pas encore, peut-être rien, fit Francesco en s'appuyant au dossier de son fauteuil qui s'inclina en arrière.

– Mais quel pourrait être le lien entre Michel-Ange et le secret des Stradivarius ? s'étonna Gal.

– Dommage que Vittorio Goffriller ne soit plus là pour répondre à cette question. Il avait certainement plus qu'une idée.

A plusieurs reprises dans le passé, Gal avait remarqué que lorsque Francesco fournissait un intense effort de réflexion, il enlevait ses lunettes et en essuyait les verres d'un air absent. C'était précisément ce qu'il était en train de faire. Un pur esprit ce Francesco, familier des vieux papiers et des labyrinthes que réservait presque toujours toute plongée dans le passé. Un pur esprit que seule sa gourmandise légendaire, dont témoignait son ventre proéminent, rattachait au monde matériel.

– Une chose est en tout cas certaine, c'est que Michel-Ange comme Stradivari étaient très religieux, ce qui à l'époque était monnaie courante... Mais ça ne nous avance pas beaucoup...

Gal le regardait avec perplexité. Il avait laissé Francesco avancer tout seul et n'avait pour l'instant rien à ajouter.

– Ecoute Gal, reprit son ami en se redressant vivement, j'ai une réunion importante qui ne va pas tarder à commencer. Mais si tu permets, je vais faire une photocopie de cette feuille et continuer à y réfléchir. Je n'ai pas dit mon dernier mot. Dès que j'ai du nouveau je te fais signe. Où puis-je te joindre ? Toujours à la *pensione* Seguso ?

Gal acquiesça et répondit au sourire de Francesco qui se dirigea vers la photocopieuse installée dans un coin de la pièce. Il en souleva le capot et posa la feuille où avait été recopié, de cette écriture ancienne, le vers de Michel-Ange.

– Je suppose que tu sais ce qui se disait à propos de Vittorio Goffriller, puisque tu es en relation avec sa fille..., avança Francesco tout en faisant sa photocopie, le dos tourné.

– Je t'écoute, répliqua Gal, soudain sur ses gardes. Une inflexion particulière dans le ton employé par Francesco l'avait alerté.

Francesco se retourna enfin, sa photocopie dans une main.

– Alors ?

– Tu sais, je n'aime pas médire des morts...

– Continue, tu en as trop dit pour te taire, insista Gal, sur des charbons ardents.

– Eh bien, il s'est longtemps dit que Vittorio Goffriller fabriquait de faux Stradivarius qu'il vendait ensuite comme s'il s'était agi de vrais. Par des canaux pas très honorables non plus. Une manière pour lui de gagner dix fois plus qu'en vendant un Goffriller daté des années 1980 ou 1990. Il avait la réputation d'être un bon luthier, mais peut-être trop bon, et il se pourrait qu'il ait profité de ses capacités exceptionnelles à des fins pas très honnêtes.

– Ce qui expliquerait son désir de découvrir le secret de fabrication des Stradivarius..., enchaîna Gal. Sauf qu'il était mourant quand il m'a remis cette enveloppe... Et qu'à ce moment il avait forcément conscience qu'il n'en profiterait pas...

– Lui non, mais sa fille...

– Fiorenza ?

Francesco soupira, comme quelqu'un hésitant à transmettre une mauvaise nouvelle.

– Sa fille aussi est luthier. Elle ne pouvait pas être à meilleure école. Elle a dû s'y mettre très jeune. Par conséquent, les soupçons entourant le père entouraient également la fille. Ce qui ne signifie pas qu'elle poursuivra les activités illégales de son père... Maintenant, il faut vraiment que tu m'excuses.

Son téléphone sonnait et quelqu'un faisait des signes à travers la porte vitrée. Abasourdi par ce qu'il venait d'entendre, Gal serra la main de son ami et traversa les vastes pièces encombrées d'ordinateurs qui pulsaient au rythme des notes de musique et des partitions qu'intégraient chaque jour les employés de Shylock.

Dans la rue, il inspira profondément. Jamais Fiorenza n'avait évoqué le fait qu'elle-même était luthier. Alors qu'ils avaient bien passé une heure tous les deux dans l'atelier. Et pourtant il ne pouvait mettre en doute Francesco qui ne parlait jamais à la légère et dont les lumières venaient d'éclairer considérablement le mystère auquel il était confronté. Mais Vittorio Goffriller un faussaire ? Qui plus est secondé par sa fille ? Il avait du mal à y croire. Ou plus exactement refusait d'y croire.

Avec la désagréable impression d'avoir été trahi, espérant qu'au moins Francesco se trompait sur le compte de Fiorenza, il se dirigea vers la maison des Goffriller. Chez Fiorenza, rectifia-t-il mentalement, puisqu'elle était désormais l'unique héritière du nom, de la maison et du... savoir-faire ?

11

Sa visite à Francesco était loin d'avoir été infructueuse. Elle s'était même révélée pleine de surprises. Trop à son goût. Son ami était un puits de science, mais aussi une mine d'informations concernant le présent... Tout au long du trajet menant du palais investi par la société Shylock à la maison des Goffriller, de l'autre côté du Grand Canal, Gal avait tourné dans tous les sens les révélations fournies par son ami. Dans ces ruelles encombrées de touristes battant le pavé avec nonchalance et de Vénitiens plus pressés, de livreurs poussant des empilements de cageots et de cartons en équilibre sur des diables, il avait essayé de faire le point.

Entre Michel-Ange et Stradivari, même si rien ne permettait encore de faire le lien entre les deux génies, Francesco ne lâcherait pas l'affaire. Gal s'était adjoint un allié de choix.

Mais Vittorio Goffriller faussaire ayant fabriqué des Stradivarius... En tout cas pas satisfaisants à son goût, puisqu'il avait terminé son existence obsédé par le secret de leur fabrication.

Qu'est-ce qui clochait dans ces faux Stradivarius ? Le son, forcément le son, sur lequel il avait rassemblé toute cette documentation. Et qui avait-il pu tromper, avec ses faux Strad au son imparfait ? De riches collectionneurs ne sachant que faire de leur argent. Certainement pas des violonistes capables de se payer de tels instruments. Approcher l'apparence d'un instrument vieux de plusieurs siècles était une véritable performance. Il fallait des outils et des morceaux de bois anciens, des vernis spéciaux, un tour de main particulier... Autant d'éléments à la portée d'un luthier comme Vittorio Goffriller. Mais il ne pouvait écouler lui-même ses « produits ». Sans aller jusqu'au risque pénal, il en allait de sa réputation, ce qui était capital pour un artiste comme lui. Quelle sorte d'association avait-il mise sur pied pour organiser un tel trafic ?

Et pourquoi Goffriller, qui portait un des noms reconnus de la lutherie, avait-il renié ce nom pour produire sous une autre « marque » ? Pour l'appât du gain ?

Parmi les révélations de Francesco, la plus troublante concernait Fiorenza. Elle lui était apparue drapée dans sa douleur et son innocence d'orpheline et voici que les allégations du musicologue l'éclairaient sous un autre jour : une manipulatrice aux ambitions beaucoup plus prosaïques et intéressées que ce qu'elle avait voulu laisser paraître. Francesco avait peut-être entrouvert une fenêtre sur une piste riche de promesses, mais il avait également instillé le doute dans son esprit.

Sur le pont du Rialto, Gal s'accorda quelques instants, appuyé contre le parapet pour contempler le spectacle qu'offrait le Grand Canal : la courbe dessinée par les façades des palais, le trafic des gondoles et des vaporetti, le bleu-vert de l'eau... Puis il se remit en route, appréhendant la confrontation qui l'attendait.

Après cinq minutes de marche, longeant un petit canal sur sa gauche où avançait un bateau chargé de sacs de ciment, il se trouva devant la maison des Goffriller, précisément sous les fenêtres de l'atelier. Mû par une impulsion soudaine, il mit ses mains en œillères et regarda à l'intérieur. Après que son regard se fut accoutumé à la relative pénombre qui y régnait, il découvrit Fiorenza penchée sur l'établi, occupée à travailler une pièce de bois à l'aide d'une gouge. Il frappa au carreau. Fiorenza se retourna et ne put réprimer un léger sursaut en le reconnaissant. Ils n'allaient pas faire l'économie d'une explication.

12

– Tu as vu ton ami Francesco ? lui demanda Fiorenza en lui ouvrant la porte.

– Il faut qu'on parle, répondit Gal froidement en pénétrant dans la maison.

L'heure n'était pas au compte rendu, mais à la mise au point.

– Que se passe-t-il ?

Elle referma derrière lui. Son ton l'avait alertée. L'inquiétude pouvait se lire sur ses traits. Gal se dirigea vers l'atelier et elle lui emboîta le pas. Parvenu dans la pièce, il distingua sur l'établi un chevillier qu'elle était manifestement en train de sculpter à son arrivée. Il se retourna pour la regarder.

– Pourquoi ne m'as-tu pas dit que toi aussi tu étais luthier ? Que tu travaillais avec ton père ? insista-t-il avec une certaine agressivité.

– Mais je…

Son affolement renforça ses soupçons.

– Jusqu'où allait ton travail avec ton père ?

– Je ne comprends pas.

– Ne me mens pas. On a passé plus d'une heure dans cet atelier et à aucun moment tu n'as fait allusion à ton travail, au fait que toi aussi tu fabriques des instruments ! Avoue que c'est surprenant…

– …

– Explique-toi !

– Mais parce qu'à aucun moment il n'a été question de moi ! Nous n'avons parlé que des recherches de mon père sur le son et le secret des Stradivarius ! Qu'est-ce que j'aurais été faire dans tout ça ?

Elle avait les larmes aux yeux. Elle paraissait aux abois. Pourtant Gal voulait encore la croire. Elle était là, à sa portée dans cette pièce mal éclairée, exsangue, plus désirable que jamais. Ce n'était pas le moment de céder à son charme.

– Ecoute-moi bien, la prévint-il d'une voix sourde. L'assassinat de ton père a dû être un choc pour toi. Tu m'as demandé de venir à Venise et je suis là. Mais si tu veux que je poursuive ces recherches, il va falloir jouer franc jeu.

– Je ne comprends rien ! Qu'est-ce qu'on t'a raconté ? C'est ton ami Francesco, c'est ça ?

Elle le regardait, l'air abasourdi et affolé. Si elle jouait la comédie, elle était sacrément douée. Il en avait plus qu'assez de cette situation, il devait y mettre un terme au plus vite.

– Ecoute-moi bien, répéta-t-il. Je vais te poser une question, et si, par hasard, j'ai ne serait-ce qu'un soupçon sur l'honnêteté de ta réponse, je passe la porte et c'est la dernière fois que tu me vois. Libre à toi ensuite de trouver quelqu'un d'autre pour t'aider dans ta quête. Il n'est pas question que je me lance dans une recherche pareille uniquement pour servir les intérêts de trafiquants. Tu m'as bien compris ?

Elle hocha la tête comme une enfant prise en faute à qui l'on donne une ultime chance de se rattraper.

– Est-ce que ton père a fabriqué de faux Stradivarius ?

Fiorenza était pétrifiée. Il la regardait attentivement. Elle semblait à la torture, comme si la question ravivait des souvenirs particulièrement déplaisants.

– Fais bien attention à ce que tu vas répondre, gronda-t-il.

Elle secouait la tête de droite à gauche en un geste de dénégation, des larmes roulaient sur ses joues.

– Laisse-moi t'expliquer, supplia-t-elle.

Gal se frotta le visage des deux mains. Ainsi Francesco avait raison... Il la regarda avec amertume, lui qui avait fui le monde du renseignement parce qu'il ne supportait plus ce double jeu auquel il fallait s'astreindre en permanence. Et voilà que ça recommençait. Subitement, il attrapa le corps du violon inachevé par la manche qu'il tint comme un marteau et décrivit un rapide mouvement pour en frapper l'établi, avant de freiner son geste juste au moment où la caisse allait se fracasser contre l'épaisse planche de bois.

– Excuse-moi, fit-il en reposant l'ébauche d'instrument intacte. Je t'écoute. Tu as intérêt à être convaincante.

– Ça remonte à une vingtaine d'années, commença-t-elle d'une voix blanche. Je n'étais alors qu'une enfant. Un homme est venu trouver mon père et lui a demandé de lui fabriquer un violon qui aurait tout l'air d'un Stradivarius. En échange, il lui offrit une somme qui ne pouvait pas se refuser. Ne me demande pas pourquoi, sans doute avait-il des problèmes financiers à l'époque, peut-être était-il désemparé après la mort de ma mère, mais il a accepté. Et à partir de ce moment, il avait mis le doigt dans un engrenage qu'il ne maîtrisait pas.

– C'est-à-dire ?

– L'homme lui en a demandé d'autres et mon père ne pouvait plus refuser. Il était pieds et poings liés.

– Cet homme… Tu sais de qui il s'agissait ?

– Il appartenait à la mafia.

– La mafia ? Dans le violon ? s'étonna-t-il.

– Elle est partout. Je me demande s'il y a un secteur d'activité qui échappe à son emprise en Italie.

– C'était toujours le même ?

– Ces dernières années, oui.

– Tu l'as rencontré ?

Elle hocha la tête.

– Et toi ?

– Quoi moi ?

– Toi aussi tu as fabriqué des faux pour le compte de la mafia ?

D'un mouvement de la tête, Fiorenza nia avec véhémence.

– Je n'ai jamais été mêlée à ça, siffla-t-elle agressivement. Mon père est mort et c'est terminé à présent.

– Cet homme ne pourrait pas être tenté de te demander la même chose qu'à ton père ?

– Il ignore que je suis luthier.

Gal ne la quittait pas des yeux. Elle soutint son regard avec un air où se lisait du défi.

– Mais tu en serais capable ? Techniquement ? ajouta-t-il comme elle ne semblait pas comprendre.

– Evidemment !, lâcha-t-elle avec mépris. J'espère surtout que ton ami Francesco t'a appris autre chose.

Elle avait repris du poil de la bête et s'autorisait une certaine agressivité.

– Laisse Francesco tranquille. Je ne lui serai jamais assez reconnaissant pour ses révélations sur ton père et sur toi. Sans lui, nous n'aurions jamais eu cette explication et j'ignorerais toujours que je me trouve face à quelqu'un capable de réparer des violons… Quant au reste…

– Quant au reste ?

Elle avait posé cette question avec une certaine avidité. Elle sentait qu'elle l'avait convaincu et n'était plus du tout la petite fille prise en faute qui lui faisait face quelques minutes plus tôt.

– Je n'ai jamais rien voulu te cacher, reprit-elle, sentant que la partie n'était pas tout à fait gagnée. Mais je n'allais pas te raconter ces commandes de la mafia comme ça. Tu serais parti en courant !

Gal la regardait sans broncher.

– Avant tout, mon père était un artiste, reprit-elle d'une voix plus grave. D'une certaine façon, ce trafic l'avait mis sur la voie du Stradivarius, du son parfait… Et il a voulu aller plus loin… Il s'agissait pour lui d'une manière de sortir par le haut de cette sordide histoire de chantage… C'est à ça qu'il espérait t'associer. Maintenant qu'il est mort, ce risque de trafic est définitivement éloigné. Et c'est à cette quête du son parfait que je veux moi aussi t'associer. A sa mémoire. Tu comprends ?

Le regard qu'elle lui adressait était désarmant. Ils étaient toujours debout l'un en face de l'autre, elle appuyée contre l'établi sur lequel elle travaillait tout à l'heure. Gal comprenait. Il comprenait surtout qu'il était inutile de résister plus longtemps. Il fit les deux pas qui les séparaient et l'embrassa. La première seconde de surprise passée, elle lui rendit son baiser. Il la plaqua davantage contre l'établi et resserra son étreinte.

13

Dans un crissement de pneus, l'avion toucha le sol et, malgré les vibrations qui secouaient toute la carlingue, parvint à maintenir sa trajectoire rectiligne sur la piste. A travers les hublots, on pouvait voir le paysage défiler à une vitesse vertigineuse, puis devenir plus net à mesure que l'appareil décélérait. Enfin l'Airbus roula au pas vers le terminal et Matthias Ruff soupira de soulagement. La veille, une catastrophe aérienne avait fait la une des journaux. Deux cent dix-sept personnes avaient péri dans un New York-Londres au-dessus de l'Atlantique. Des Américains et des Européens pour l'essentiel, des gens parmi lesquels il aurait pu figurer, et dont les corps éparpillés au fond de l'océan ne seraient jamais retrouvés.

On évoquait plusieurs explications, comme la foudre, une formation de givre trop importante sur le fuselage, voire un acte de terrorisme. Tant qu'on n'aurait pas retrouvé les boîtes noires, on ne serait certain de rien. Et après ? Pour être rassuré, l'être humain a besoin d'explications, de causes logiques et raisonnables. Mais serait-ce si rassurant d'apprendre qu'un avion peut être foudroyé, recouvert de givre au contact de certains nuages, au point de perdre tout contrôle de sa trajectoire, être victime d'une panne fatale malgré toutes les vérifications d'usage, ou que les mesures de sécurité les plus draconiennes n'ont pu empêcher qu'une bombe soit introduite à bord ?

Curieusement, lui, dont l'activité consistait à ôter la vie, était très impressionné à l'idée que, d'une seconde à l'autre, au cours d'un vol aussi éprouvé que Paris-Venise par exemple, tout pouvait s'arrêter, qu'il pouvait basculer dans le néant. Le fait de tuer ne l'avait pas familiarisé avec la mort. Parce qu'en ce qui le concernait, il ne s'agissait ni de destin ni de hasard ou de fatalité, mais de business. Les personnes qu'on lui désignait, pour ce qu'elles avaient fait ou s'apprêtaient à faire, en témoignant devant un tribunal par exemple, ou parce qu'elles représentaient un obstacle, méritaient de mourir.

De ce point de vue, ses proies étaient responsables de leur propre mort. Partant de là, leur disparition était beaucoup moins choquante que ces morts purement accidentelles fauchant à l'aveugle des dizaines de victimes, sans distinction de sexe ni d'âge.

Gal Knobel, par exemple. En participant à l'identification et à l'enlèvement de Herr von Staden, ce qui avait entraîné la découverte d'un listing particulièrement confidentiel, il avait menacé la survie de l'un des plus importants réseaux œuvrant dans l'ombre à la renaissance du Troisième Reich. Et la menace pesait désormais sur des dizaines de responsables identifiés par ce listing. Pour eux, Gal Knobel méritait cent fois la mort. Elle montrerait que le Troisième Reich était encore vivant, capable de frapper à nouveau, une puissance avec laquelle il fallait compter.

Lui-même n'était que leur bras armé, un simple instrument à louer, certes l'un des meilleurs de sa catégorie, du moins en Europe, mais un simple instrument ; même s'il y prenait un plaisir inégalé, que la difficulté et le prestige ou la personnalité de la cible augmentaient.

Encore impressionné par le récent crash aérien, Matthias Ruff sortit de l'avion avec une réelle satisfaction. C'était par nécessité qu'il avait voyagé par avion et non en train : il devait suivre la piste du violoniste tant qu'elle était fraîche. En train, il aurait pu voyager avec son Glock, ce que les contrôles dans les aéroports rendaient impossible : ce pistolet avait beau être essentiellement composé de matière plastique, il ne pouvait passer au travers des détecteurs de métaux et des rayons X. Mais son arme favorite voyageait avec lui : glissé dans les passepoils de son sac, le filin d'acier était intégré à la structure du bagage, invisible. Quant aux cylindres de bois qui faisaient office de poignées, aucun douanier n'y avait jamais prêté la moindre attention. C'était un des avantages d'oser aller au contact de ses cibles : on pouvait passer les frontières avec son outil de travail.

Une fois sorti de l'aéroport, avec son sac de voyage qu'il avait conservé en cabine pour ne pas perdre de temps, il prit la direction de l'embarcadère où il se mêla au groupe embarquant à bord d'un vaporetto. Quelques minutes plus tard, bondé de touristes, le bateau filait dans le chenal vers la Cité des doges.

Bercé par le ronronnement du moteur, Matthias Ruff prêtait une attention distraite au spectacle de la ville dont la silhouette se précisait au loin.

14

De retour à la *pensione* Seguso le lendemain à l'aube, Gal trouva un message de Francesco qui lui demandait de le rappeler. L'érudit avait essayé de le joindre la veille au soir ; stimulé par l'énigme et l'implication de Michel-Ange et Antonio Stradivari, il n'avait pas perdu de temps.

Tandis que lui passait la soirée en compagnie de Fiorenza dans la maison des Goffriller… Ils avaient failli faire l'amour dans l'atelier, contre l'établi, avant qu'elle l'entraîne au deuxième étage jusqu'à sa chambre. Une pièce au sol en *terrazzo* et aux murs nus, occupée par un grand lit aux draps blancs qu'éclairait un lustre en verre vénitien. Par la fenêtre ouverte montaient les rires et les cris d'enfants qui jouaient au ballon sur la placette. Sans un mot, elle l'attira sur son lit et déboutonna sa chemise pendant qu'il dégrafait sa robe bleu nuit, découvrant une peau mate et des seins opulents aux aréoles brunes. Ses mains aux doigts fins couraient sur son torse et ses reins pour l'enlacer et l'enserrer davantage entre ses cuisses. Sans qu'il s'en rende compte, elle l'avait déshabillé et tous deux s'ébattaient complètement nus dans un corps à corps fébrile. Il y avait dans cette première étreinte une urgence, un mélange de violence et d'extrême douceur, comme si chacun cherchait à effacer cette désastreuse première impression de trahison, et parce que, confusément, ils pressentaient qu'ils venaient de s'engager dans une quête difficile et peut-être dangereuse.

Enfin ils s'étaient détachés l'un de l'autre, côte à côte sur le grand lit dans cette pièce aux murs blancs, attentifs à leur respiration dans le silence de la chambre, tandis que de la placette montaient toujours les cris et les rires des enfants.

Redescendu à l'atelier, Gal en avait profité pour compulser une nouvelle fois les documents rassemblés par Vittorio. Des heures durant, il s'était étonné de l'intérêt du luthier pour des épisodes aussi anciens que la sortie d'Egypte du peuple hébreu ou la désignation de David au prophète Samuel pour succéder au roi Saül. Quel rapport pouvait-il y avoir avec le secret du son ? Avec celui du Stradivarius ? L'épisode égyptien n'avait rien à voir, ni de près ni de loin, avec le son ou la musique, quant à celui de David, hormis le fait qu'il jouait d'un instrument à cordes, il ne voyait pas non plus le rapport… Il y avait là un mystère de nature à exciter sa curiosité et à exacerber son intérêt pour l'affaire. Ce secret pouvait-il avoir un lien avec la religion ? Francesco n'avait-il pas suggéré que Michel-Ange et Antonio Stradivari étaient tous deux très religieux ?

Par prudence, toujours par crainte d'être doublé, Vittorio Goffriller n'avait laissé aucune note explicite dans ce dossier. Peut-être en avait-il caché ailleurs ? Avec Fiorenza, Gal avait passé plusieurs heures à fouiller l'atelier et les pièces susceptibles de receler des cachettes. En vain.

Vittorio aurait-il conservé ces informations dans sa tête uniquement ? Avait-il cherché à s'adresser à Gal pour se décharger d'un fardeau devenu trop lourd pour ses épaules ? Tout était envisageable. Mais ni son dossier ni le vers de Michel-Ange ne permettaient de supposer que le secret fût si près d'être percé. Sa disparition était une lourde perte. S'il ne s'était pas su lui-même visé, Gal aurait pu penser que le luthier était bien la cible du tueur.

Il avait donc rappelé Francesco, qui lui avait donné rendez-vous devant la Douane de Mer, ce bâtiment en pointe cerné par les flots et idéalement placé entre la place San Marco et l'église Santa Maria della Salute. Au téléphone, l'érudit ne s'était pas montré loquace, mais, au ton de sa voix, Gal avait compris qu'il avait du nouveau. Lui aussi était contaminé par la fièvre de la traque, et le chasseur qui sommeillait en lui s'était réveillé.

Il l'attendait à la pointe, dominé par la statue dorée de la Fortune perchée sur son globe. Gal reconnut de loin sa silhouette imposante et, tout en pressant le pas, il sourit en constatant combien Francesco paraissait chez lui à cet endroit, sur ce quai battu par les flots, dans cette ville unique au monde. Venise était un musée autant qu'un trésor attirant chaque année des millions de touristes venus du monde entier. Quant à ses habitants, ils ne pouvaient faire abstraction de cet écrin où le temps s'était arrêté près de deux siècles plus tôt. Francesco avait tout compris : entretenir et cultiver le passé de Venise, c'était le meilleur moyen de préparer la cité à affronter l'avenir.

Les deux hommes se donnèrent l'accolade. Au passage, Gal sentit l'eau de Cologne de Francesco qui était toujours aussi élégant. Il portait une veste beige dont les pans flottaient légèrement dans l'air du large.

– Tu n'as pas perdu de temps, lui dit simplement Gal sans autre préambule.

– Le problème que tu m'as soumis m'a stimulé. C'est pour résoudre ce genre d'énigme que je me suis engagé dans cette voie de l'histoire et, tu t'en doutes, de ce niveau, elles ne sont pas si fréquentes. Mais venons-en au fait.

– Je suis tout ouïe, répliqua Gal impatient d'apprendre ce que Francesco avait découvert.

– Deux choses. La première, c'est que le vers de Michel-Ange a été recopié par Matteo Goffriller, un contemporain d'Antonio Stradivari. Les deux hommes se sont bien connus, à Crémone. J'ai pu m'assurer que cette ligne était bien de la main de Goffriller, ce qui faisait partie de mes hypothèses de travail, parce que les archives de ma société comptent des écrits de Matteo Goffriller, comme de Stradivari, Amati ou Guarneri et des principaux luthiers.

Cultiver le passé pour préparer l'avenir… Cela ne pouvait être mieux illustré, se dit Gal, que la découverte de Francesco survoltait.

– La musique, toujours la musique, poursuivit Francesco amusé de voir l'excitation du violoniste. Comme la plupart des artisans et des artistes, ces gens-là communiquaient entre eux ou avec leurs clients, tes prédécesseurs. Et Matteo Goffriller a certainement pris quelques techniques et tours de main, comme ça se faisait régulièrement, chez Antonio Stradivari. Se pourrait-il que, de manière indélicate, il ait tenté de récolter plus que quelques trucs, et carrément le secret de Stradivari en recopiant à son insu ses notes ? C'est tout à fait envisageable, sa réputation ne prêche pas en sa faveur. Réputation dont son descendant avait d'ailleurs hérité.

– Sans pour autant percer le secret, intervint Gal, sinon les Goffriller auraient le même timbre que les Stradivarius…

– D'accord avec toi. Mais ça n'a pas empêché Vittorio de tomber sur les écrits de son ancêtre plus de trois cent cinquante ans plus tard et de se persuader que le secret était à sa portée. Reconnais que c'était tentant.

Il n'avait pas à convaincre Gal. Le secret des Stradivarius. Au XVIIe siècle déjà, ces violons étaient considérés comme révolutionnaires. Stradivari était un élève de Niccolo Amati, dont les violons pourvus d'une table et d'un fond bombés, aux ouïes gracieuses et épaisses, étaient réalisés dans un bois à la fibre très fine. Mais l'élève avait dépassé le maître : Antonio Stradivari avait porté à la perfection l'art de l'école crémonaise. En modifiant les proportions des instruments. Et sans doute aussi en utilisant un vernis particulier… Le vernis… Se pourrait-il ? La sirène d'un paquebot sur le départ, dont on apercevait les cheminées, l'arracha à ses pensées.

– Tu m'as parlé de deux découvertes…

Francesco éclata de rire.

– Tu ne perds pas le nord. Tu as raison. Il ne s'agit pas exactement d'une découverte, mais d'une nouvelle hypothèse. Il me semble t'avoir dit que Michel-Ange et Stradivari étaient tous deux très religieux.

De plus en plus intéressé, Gal acquiesça. Les hypothèses de Francesco reposaient généralement sur ses intuitions. Or, quel que soit le domaine, artistique, médical, astronomique, scientifique, la plupart des grandes découvertes étaient le résultat d'intuitions que leurs auteurs avaient cherché à vérifier.

– Eh bien, il me semble que tous deux étaient habités par l'idée de vie après la mort, poursuivit Francesco, par l'idée d'éternité. Qui, à mon sens, n'a pas grand-chose à voir avec l'ambition commune à tous les artistes de laisser une marque de leur passage sur terre.

Tandis que les deux hommes longeaient le quai d'un pas tranquille, en croisant de temps à autre un groupe de touristes, Gal s'arrêta et prit le bras de Francesco pour manifester son incompréhension.

– Je m'explique. Je ne te parle pas des marbres de Michel-Ange, parce que le marbre a la caractéristique de résister aux ravages du temps. Mais qu'il s'agisse des violons de la famille Stradivari ou des fresques de la chapelle Sixtine… Quel est leur point commun ? Les uns et les autres ont traversé les siècles en conservant leur éclat. Et les uns comme les autres provoquent toujours autant d'émotions aujourd'hui. C'est là qu'on touche la notion d'éternité, ou de vie après la mort : d'une certaine manière, Stradivari et Michel-Ange ont survécu à leur propre mort, à travers leurs œuvres.

– Ce qui est vrai pour toute œuvre de l'esprit, comme un texte ou une composition musicale, fit remarquer Gal.

– C'est exact. Mais pour une pièce de théâtre ou une symphonie, le support papier n'est qu'un média. A part pour les bibliophiles et autres collectionneurs, il n'entre en rien dans la valeur artistique des œuvres. Alors que dans le cas des Stradivarius comme des fresques, il s'agit d'œuvres originales conçues pour résister au temps. Or, quel peut être le point commun entre un violon et une fresque ? demanda Francesco en regardant Gal.

– Le vernis ? hasarda celui-ci.

– Exactement !

– C'est donc dans le vernis que réside le secret des Stradivarius, constata le violoniste qui réfléchissait tout haut. En effet, la forme comme la façon sont certainement ce qu'il y a de plus facile à imiter pour un luthier un tant soit peu talentueux. Le bois… Stradivari était réputé pour avoir utilisé des bois d'arbres qui avaient subi des hivers extrêmement rigoureux. Ces grands froids avaient eu des conséquences sur la croissance des arbres et la densité du bois, qui a elle-même une influence sur la qualité du son… Il est certainement possible de se procurer du bois provenant de ces arbres… Reste en effet le vernis. Mais que vient faire là-dedans le vers de Michel-Ange ?

– *« Solo e nudo resto prigion d'un cor di virtu armato »*, récita Francesco de mémoire, sans oublier ce *« niche »* entre parenthèses qui n'a certainement pas été rajouté gratuitement.

– Le mystère reste entier.

– Sauf qu'il est probable que, d'une manière ou d'une autre, même si évidemment ce n'était pas l'intention de Michel-Ange lorsqu'il a écrit ce poème, ce vers renvoie au vernis.

– Tu veux dire qu'Antonio Stradivari aurait choisi ce vers parmi des centaines, voire des milliers d'autres, afin de crypter le secret de fabrication de son vernis ?

– Ce vers en particulier, mais également parce qu'il s'agit d'un vers de Michel-Ange. Le 42e poème de Michel-Ange…, murmura soudain pensivement Francesco. Comme le nombre de siècles selon le Nouveau Testament séparant le Christ d'Adam. Tu te rappelles ?

Gal hocha la tête.

– Qu'a-t-il pu vouloir signifier ? poursuivit Francesco.

Ils s'étaient immobilisés, comme si la marche avait nui à la réflexion. A cette heure où le jour commençait à décliner, le Grand Canal était encore le siège d'une intense circulation. Vaporetti, gondoles et rivas se croisaient sur les flots que ce trafic agitait. Pour rien au monde, Gal, qui trouvait la ville un peu trop morbide à son goût, n'y aurait vécu, mais le spectacle de ces palais des Mille et Une Nuits qui avaient l'air de s'enfoncer dans l'eau, certains à l'abandon, d'autres transformés en palaces pour touristes fortunés, était unique.

– Un moyen mnémotechnique ? suggéra-t-il.

– Où veux-tu en venir ? demanda Francesco, persuadé que le violoniste avait une idée derrière la tête.

– Un moyen mnémotechnique pour se rappeler, au cas où, que l'indice se trouvait dans le poème 42…, hésita Gal. Dis-moi…, fit-il, tout à coup plus alerte, comme si une idée venait de le frapper.

– Je t'écoute ?

– Se pourrait-il que le vernis utilisé par Antonio Stradivari pour ses violons soit celui dont se servait Michel-Ange pour enduire ses fresques et les protéger ?

– C'est tout à fait envisageable. Le bois des violons comme les couleurs des fresques sont des matériaux organiques et le vernis permet de les isoler de l'air et de les figer en quelque sorte. Pour que les premiers ne perdent pas leur texture dont dépend le timbre et que les secondes ne pâlissent pas avec le temps.

– Dans ce cas, on pourrait considérer que le secret viendrait de Michel-Ange, et non pas d'Antonio Stradivari qui l'aurait tout simplement récupéré pour l'appliquer à ses instruments…

Je suppose que Michel-Ange devait jalousement garder le secret de son vernis.

Francesco adressa au violoniste un regard admiratif.

– Reste à savoir comment Stradivari aurait pu récupérer ce secret. Artiste du Cinquecento, Michel-Ange est mort en 1564 tandis qu'Antonio Stradivari est né en 1644, si ma mémoire est bonne. Ce qui nous laisse un laps de temps d'environ un siècle entre la mort de Michel-Ange et la maturité professionnelle de Stradivari. Et pourtant le second aurait eu accès au secret du premier...

– Peut-être par la voie ecclésiastique, suggéra Gal, puisque tous deux ont été très proches de l'Eglise...

– Le Vatican ? La piste paraît intéressante. Trouver le secret de la chapelle Sixtine pour percer celui du Stradivarius... Non, mais tu te rends seulement compte ?

Gal éclata de rire devant la fierté qui émanait du musicologue : en bon Italien soucieux du patrimoine culturel de sa ville, mais aussi plus généralement de son pays, Francesco se rengorgeait de l'importance de ses compatriotes de génie qui, tous deux, avaient contribué au patrimoine artistique de l'humanité.

– Mais tu sais, reprit Francesco qui n'était pas près de lâcher prise, je doute fortement que Matteo Goffriller n'ait recopié que cet unique vers. Même avec la meilleure volonté du monde, on ne devrait rien en tirer de révolutionnaire. Tu n'as rien trouvé chez les Goffriller ? D'autres documents qui auraient un rapport ?

Gal secoua la tête.

– On a fouillé la maison avec Fiorenza. Je pense que Vittorio Goffriller était devenu paranoïaque. Il avait peur de se faire doubler et ne devait avoir conservé que le moins de documents possible. Tout dans sa tête. Et il avait certainement beaucoup de choses à me dire avant de mourir...

Les deux hommes étaient d'accord. Vittorio Goffriller avait emporté dans sa tombe l'essentiel de ce qu'il avait découvert. Restait à trouver un moyen de percer le secret sans son aide.

– A propos, tu as pu faire la lumière sur la rumeur dont je t'ai fait part l'autre jour ?

– Goffriller et les Stradivarius ? Il n'y a jamais de fumée sans feu. C'est ce qu'on dit, n'est-ce pas ? Il semblerait donc que cette rumeur ne soit pas totalement infondée.

Francesco lui adressa un sourire entendu.

– Mais il semblerait également que les choses ne soient pas aussi simples qu'elles en ont l'air.

– Et la fille ?

– La fille me semble étrangère à tout ça, répliqua-t-il un peu trop vivement pour être tout à fait honnête.

Il évita le regard ironique de Francesco, qui n'était pas né de la dernière pluie.

– Tu sais ce qu'on raconte à son propos ? Goffriller, qui n'avait pas eu d'enfant, l'aurait adoptée sur le tard. Allez, je ne t'embête pas plus avec ça ! enchaîna-t-il sans lui laisser le temps de réagir. Viens plutôt dîner à la maison. Et ne t'avise pas de refuser. La cuisine d'Isabella est excellente et on a encore plein de choses à se dire !

Gal lui emboîta le pas. Il pourrait toujours prévenir Fiorenza qu'il ne repasserait pas ce soir.

15

Une heure, constata Gal en consultant sa montre une fois dehors. Il n'avait aucune envie de rentrer à son hôtel et de retrouver sa chambre. Pas après le dîner que leur avait préparé Isabella et la conversation qui s'était ensuivie, agrémentée d'un excellent cognac et, pour Francesco, d'un grand corona dont une fumée lourde et grise s'échappait paresseusement par la fenêtre ouverte.

L'air était frais mais suffisamment agréable pour une promenade nocturne. Venise, la ville des chats. Surtout la nuit lorsque la foule n'arpentait plus le labyrinthe. A intervalles réguliers, l'un d'entre eux filait entre ses jambes pour disparaître au détour d'une ruelle. Parfois, des cris effrayants déchiraient la nuit : des combats de chats certainement plus bruyants que les gens qu'autrefois l'on assassinait dans ces coupe-gorge. Ses pas, résonnant entre ces murs endormis, témoignaient de sa solitude dans ces passages médiocrement éclairés. Mais en cette fin de xxe siècle, les risques étaient nuls par rapport à ceux encourus au temps des doges, où l'on pouvait se faire saigner à mort par des spadassins, pour une histoire de femme, une dette de jeu, une simple querelle. On pouvait désormais traverser Venise à la nuit tombée et lorsque les rues étaient désertées sans craindre de se faire assassiner. A moins que…, se rappela soudain Gal, qui ressentit pour la première fois la fraîcheur de la nuit.

Il n'avait eu aucune nouvelle du Service des achats du boulevard Malesherbes à Paris. Considéraient-ils que, sous prétexte qu'il avait quitté Paris, le danger était écarté ? Se pouvait-il que le tueur du Châtelet ait découvert qu'il s'était envolé pour Venise ? Il se sentit soudain moins rassuré qu'en sortant de chez Francesco.

En reconnaissant le fronton d'une église, il se rendit compte qu'il avait emprunté le chemin le plus court pour se rendre chez Fiorenza. Il sourit intérieurement : il n'avait en effet pas envie de se coucher… Mais tandis qu'il progressait toujours dans la direction de la maison des Goffriller, une idée lui traversa l'esprit, aussi glaçante qu'un vent arctique : avant de disparaître dans le dédale du Châtelet, le tueur avait pu vérifier l'identité de sa victime. Il avait pu supposer qu'il se rendrait à l'enterrement de Vittorio Goffriller… Une suite logique pour qui cherchait à remonter jusqu'à lui. Partant de là, se rendre chez Fiorenza sans la moindre précaution pouvait revenir à se jeter dans la gueule du loup.

Au bord d'un petit canal, il repéra une gondole, silhouette caractéristique entre toutes, qui s'avançait en silence à cette heure tardive. Debout à l'arrière de son embarcation, le gondolier manœuvrait avec une tranquillité spectrale. Il le héla et, dans son italien le plus appliqué, lui demanda s'il pouvait l'accepter à son bord. Sans un mot, l'homme, coiffé d'un canotier comme sur une carte postale, l'invita à embarquer. Impressionné par son silence, Gal chuchota pour lui donner l'adresse des Goffriller et s'enfonça dans les coussins.

Sur les canaux déserts, à l'onde aussi lisse qu'un miroir, la gondole avançait avec la discrétion d'un fantôme. Même le gondolier dans son dos ne faisait aucun bruit. Entouré de part et d'autre par les murs de brique des habitations vénitiennes, Gal se déplaçait dans la ville comme cela se faisait plusieurs siècles plus tôt, et rien dans le décor n'aurait pu contredire cette impression.

Enfin il reconnut les fenêtres de l'atelier des Goffriller. Aucune lumière ne filtrait à l'extérieur. Fiorenza devait dormir. Gal leva la main et la gondole se rapprocha doucement du quai. Il se hissa à terre et, comme une ombre, se dirigea vers la maison. Parvenu à la porte, il tenta de la pousser mais elle était solidement fermée. Rassuré, il fit le chemin en sens inverse et sauta dans la gondole.

Il n'avait pas travaillé dans le renseignement pour rien et les réflexes acquis au cours de ces années l'étaient pour la vie.

Après avoir vécu une longue période menacé de mort, on contractait généralement quelques habitudes de prudence dont on ne se défaisait jamais par la suite, ou qui réapparaissaient à la moindre alerte.

C'est pourquoi, plutôt que de se faire déposer sur le Zattere devant la *pensione* Seguso, avait-il préféré descendre sur le Grand Canal au pied de l'Academia pour ensuite filer dans le dédale des ruelles en éliminant tout risque d'être suivi tant il connaissait bien les lieux.

Une fois dans sa chambre, il avait surmonté sa répugnance à réveiller Fiorenza et, par acquit de conscience, l'avait appelée. Une voix endormie lui avait répondu et il s'était juste excusé avant de raccrocher. Il était rassuré.

16

Une ombre traversait la placette à 0 h 45. Assis sur un banc enveloppé d'obscurité, Matthias Ruff n'avait pas fait attention à son apparition, mais après l'avoir vu s'éloigner de la maison des Goffriller, il avait reconnu la silhouette du violoniste. Cette silhouette massive et souple qu'il avait eu le temps d'enregistrer au Châtelet. Sous l'effet de la surprise, il avait manqué sortir de la pénombre protectrice et être repéré. Et lorsqu'il s'était décidé à le prendre en filature, il n'avait eu que le temps de le voir sauter dans une gondole et disparaître dans la nuit.

Difficile de suivre une gondole dans Venise. Surtout lorsqu'on n'a pas une connaissance intime de la ville. Le réseau des rues n'a rien à voir avec celui des canaux et ces derniers ne sont pas toujours bordés de quais. Il faut alors rebrousser chemin et tenter d'aller dans la même direction que l'embarcation, en espérant la retrouver un peu plus loin.

Il portait des chaussures de sport qui lui permettaient de courir sans un bruit et des vêtements sombres qui le rendaient presque invisible dans la nuit. Une première fois, après trois minutes de course, il retrouva la gondole qui continuait d'avancer dans le silence le plus parfait sur les eaux noires et aussi planes qu'un miroir. Le violoniste était toujours assis à bord, ne se doutant manifestement pas une seconde de sa présence. Puis le gondolier prit sur la gauche où aucun quai ne permettait de longer le canal et il les perdit à nouveau de vue. Mais ils se dirigeaient vers le Grand Canal, cette fois il en avait la certitude. Restait à espérer qu'ils ne le traverseraient pas, ou que lui-même déboucherait à proximité d'un pont.

Lorsqu'il arriva sur le bord du Grand Canal, il vit la gondole accoster sur l'autre rive et Gal Knobel en descendre. A quelques mètres du pont de l'Academia... Pour l'atteindre, il devait reprendre la rue par où il était arrivé puis sans doute emprunter la première sur sa droite. Il piqua un sprint.

Parvenu au sommet du pont de bois de l'Academia, Matthias Ruff s'arrêta quelques secondes pour constater que la gondole avait disparu et qu'évidemment le violoniste ne l'avait pas attendu sur le quai. Par réflexe, il descendit jusqu'à l'autre rive, mais il doutait d'avoir une chance de le rattraper. A cet endroit, plusieurs rues s'enfonçaient dans la ville. A tout hasard, il s'engagea dans l'une d'elles. Mais, après trois minutes dans un boyau désert, il ralentit et finit par rebrousser chemin.

A nouveau au sommet du pont de l'Academia, Matthias Ruff se laissa aller à contempler le ciel étoilé qui dominait la ville, puis le spectacle magique qu'offrait le Grand Canal, les façades des palais tellement fantasmatiques à cette heure que l'on aurait dit un décor de théâtre, et le reflet des lumières sur l'eau plane. Il sourit : il avait peut-être perdu sa trace ce soir, mais il l'avait surtout retrouvée. Son intuition était la bonne : il s'était bien rendu à Venise pour l'enterrement du vieux Goffriller.

Surtout, il venait de découvrir son talon d'Achille : en se rendant ainsi à une heure aussi tardive devant la maison du luthier, pour s'assurer que tout allait bien, Gal Knobel venait de lui avouer sa faiblesse pour la fille de Goffriller.

Cette précaution signifiait aussi qu'il avait peur pour elle, et donc qu'il craignait d'avoir été suivi jusqu'à Venise. Un nouveau sourire se dessina sur le visage de Matthias Ruff : un homme averti en vaut peut-être deux, mais lui-même n'était jamais autant stimulé que par la difficulté.

17

Un soleil radieux brillait sur la lagune et le bleu du ciel se reflétait dans l'eau que la brise de mer parsemait de moutons. Par la fenêtre de sa chambre, Gal scrutait le quai du Zattere à l'affût de la moindre anomalie. Son escapade nocturne de la veille lui avait fait prendre conscience des risques qu'il encourait. S'être déplacé à Venise ne les avait pas éliminés, et il n'y avait rien de tel pour se faire avoir que de relâcher sa vigilance. C'est toujours une fois que le danger était considéré comme écarté que les gens menacés finissaient par tomber. Cela avait été le cas de nombre de criminels de guerre nazis qui, après des années sous une identité nouvelle à l'autre bout du monde, avaient fini par se croire hors d'atteinte. Le désir de vengeance ne disparaissait jamais sans que celle-ci ait été assouvie. Et l'oubli encore moins.

Et il n'avait toujours aucune nouvelle de Ron ni d'aucun membre du Service censé assurer sa protection… Allait-il en être réduit à les solliciter à nouveau ? Si la vengeance est un plat qui se mange froid, la reconnaissance, hélas, ne se déguste que sortant du four.

Il allait donc devoir redoubler de vigilance : faire attention à ses arrières, fermer à clef la porte de sa chambre, ne jamais emprunter le même trajet ni indiquer à un chauffeur de taxi son adresse précise mais se faire déposer à quelques centaines de mètres comme il l'avait fait la veille avec le gondolier, porter une attention particulière aux silhouettes et aux visages dans la rue comme dans les lieux publics, regarder dehors avant de sortir… Tout cela sans verser dans la paranoïa.

A cette heure matinale, on voyait surtout des Vénitiens descendus par grappes des vaporetti en provenance de la Giudecca pour se rendre à leur travail. Ceux-là ne vagabondaient pas le nez en l'air. C'était ce comportement qui, plus que tout le reste, les distinguait des touristes. Gal aimait particulièrement cet endroit à Venise parce que l'on y respirait, que le vent y soufflait sans obstacle et que le bras de mer qui s'étendait sous sa fenêtre reléguait au loin l'aspect morbide que dégageaient parfois les canaux aux odeurs tenaces.

De sa fenêtre, les abords immédiats ne présentaient aucune anomalie. Personne n'avait l'air de guetter sa sortie. Ni sur le Zattere ni sur les pontons de bois déserts alors que le soleil était encore trop bas pour qu'on profite de ses rayons.

Il reporta son attention vers sa chambre. Son violon reposait sur le lit. Cet instrument léger comme une plume grâce auquel il avait fait le tour du monde, mené une vie comme il n'en avait jamais rêvé et rencontré des gens auxquels jamais il n'aurait eu accès autrement. Cet instrument qui lui avait valu l'intérêt des services secrets de son pays et l'avait entraîné malgré lui dans une spirale qui l'avait dépassé. Pendant toute une période, la musique n'avait plus été qu'une servitude et n'avait plus joué le rôle de refuge qu'elle avait tenu dans sa vie. Son jeu s'en était ressenti. Trahissant les autres, il s'était trahi lui-même. La musique ne supportait ni le mensonge ni les faux-semblants. Alors il avait souhaité y revenir. Mais on ne décide pas du jour au lendemain de claquer la porte des services secrets. Avec lui, ils perdaient un élément précieux, et en matière de séparation ils étaient plus jaloux et rancuniers qu'une épouse bafouée.

Sa décision avait débouché sur une période de solitude au cours de laquelle il avait dû reconquérir son public. Son public et son violon. Petit instrument coincé entre son épaule et son menton, sur le manche duquel devaient courir les doigts de sa main gauche. Ses doigts pinçant les cordes tandis que l'instrument repose sur sa paume. Ses doigts, parfaits auxiliaires de la musique, de son esprit, tandis que la main droite commande à l'archet qui tantôt glisse, tantôt frotte, agresse ou tombe sur les quatre cordes, quand ce n'est pas la main droite elle-même qui s'en empare et les frappe et les pince, pour en tirer ces harmonies lancinantes, déchirantes, envoûtantes. La reconquête de son instrument passait par un travail en profondeur sur lui-même. Une tâche ardue et, à certains égards, douloureuse, sans l'adrénaline provoquée par le danger de certaines missions, ni celle apportée par la scène.

Au bout du compte, il avait découvert que l'ascèse du violon réservait des vertiges autrement plus forts que ceux du renseignement, et qu'aucune cause ne valait que l'on abaisse la musique au rang d'instrument.

A force de travail, il était parvenu à la reconquérir, cette maîtresse qui donnait tant mais exigeait plus encore. Mais les compétences qu'il avait développées au cours de ses années au service du renseignement, cette capacité à enquêter dans les passés les plus enfouis, à exhumer des secrets bien gardés, n'étaient pas oubliées pour tout le monde. Le cardinal de Morillon avait fait appel à lui pour découvrir qui se cachait derrière l'œuvre de Monteverdi. Et après le cardinal, Vittorio Goffriller avait sollicité son aide pour découvrir le secret des Stradivarius. Le malheureux en était mort. Comme le cardinal… A ceci près que le cardinal avait vécu jusqu'à ce que la vérité soit découverte, tandis que le pauvre Goffriller n'avait pas eu cette chance.

Voilà pourquoi on n'échappait jamais à son passé : parce que d'autres s'ingéniaient à vous y replonger. Suprême ironie du sort, dans le cas de Rossi comme dans celui des Stradivarius, il s'agissait de raisons liées à la musique. La musique pour laquelle il avait replongé dans ce passé trouble et dangereux que, pour elle, il avait fui.

Gal n'avait pas dérogé à son immuable règle et s'était imposé ses exercices de violon après avoir bu son thé et pratiqué ses mouvements de yoga. Tirer quelques notes et harmonies de son instrument tous les matins participait de son hygiène de vie la plus élémentaire : gymnastique de la main qui lui déliait les doigts autant que le son qu'il en tirait – parce qu'il s'obligeait à interpréter les intentions des compositeurs – lui déliait l'esprit. Mais ce matin, il avait l'esprit ailleurs. Après le dîner chez Francesco puis sa promenade à travers Venise endormie, la nuit avait été particulièrement fructueuse. Il avait retourné les informations emmagasinées la veille, les assemblant dans tous les sens comme il avait l'habitude de le faire jusqu'à ce qu'émerge une idée.

L'avancée la plus spectaculaire était l'hypothèse selon laquelle Antonio Stradivari, par quelque biais que ce soit, devait le secret de son vernis à Michel-Ange. Ce qui le ramenait vers le Vatican où Michel-Ange avait séjourné de mai 1508 à octobre 1512. Il avait appris des années plus tôt, au cours de l'un de ses nombreux voyages en Italie, comment le génie avait procédé pour honorer la commande passée par le pape Jules II : travaillant couché sur le dos, au sommet d'un échafaudage monté dans la chapelle papale. Des dizaines d'études et de cartons avaient précédé la réalisation finale des neuf scènes tirées du livre de la Genèse, parmi lesquelles la Création d'Adam, la Tentation, la Chute d'Adam et Eve et le Déluge universel. Une œuvre monumentale qui avait révolutionné la peinture et la représentation du corps en Occident. Et dont les couleurs pourtant vives avaient si bien résisté aux assauts du temps… La seule menace pesant sur les fresques, c'était les millions de visiteurs qui, chaque année, défilaient dans la chapelle.

Cela condamnait Gal à retourner au Vatican où il ne disposait plus de l'appui du cardinal. Quelle relation lui restait-il au Vatican ? Emilio Pardi, l'ancien secrétaire d'Alphonse. Mais le jeune prêtre ne pouvait avoir ni le pouvoir ni l'influence du prélat. Saurait-il seulement lui obtenir un accès aux archives où se trouvait peut-être la clef du mystère ? Pour l'heure, il ne voyait pas d'autre carte dans son jeu…

Gal avait ensuite réfléchi aux œuvres les plus célèbres de Michel-Ange.

La *Pietà*, œuvre de jeunesse sculptée dans un seul bloc de marbre alors qu'il n'avait pas vingt-cinq ans… L'une des œuvres d'art les plus célèbres de tous les temps.

Le *David*, ce géant de marbre de plus de quatre mètres de haut réalisé dans les toutes premières années du XVIe siècle. Alors que la *Pietà* figurait une parfaite image de la *mater dolorosa*, le *David* représenté sa fronde sur l'épaule, dans l'instant précédant sa victoire sur Goliath, symbolisait l'invincibilité de la République florentine.

Enfin le *Moïse* de l'église Saint-Pierre-aux-Liens à Rome, initialement prévu pour le tombeau de Jules II. Cette représentation altière et majestueuse du fondateur de la nation d'Israël, qui a fait couler tant d'encre à cause des cornes émergeant de la chevelure du patriarche, et pour lesquelles l'interprétation la plus souvent retenue était liée à l'Esprit saint descendu sur Moïse et symbolisé par ces dites cornes.

Le *David* et le *Moïse*, curieusement, trouvaient une certaine résonance dans la documentation amassée par Vittorio Goffriller. Le *Moïse* en effet ne pouvait que renvoyer à la fuite du peuple hébreu hors d'Egypte, et le *David* à l'épisode du jeune berger remarqué par le prophète Samuel pour la pureté de son jeu sur son violon…

Déjà, avec Francesco, Gal avait émis l'hypothèse que le secret des Stradivarius remontait à Michel-Ange. A présent, il était près de supposer que le secret remontait à des temps beaucoup plus reculés, à l'Egypte ancienne plus précisément. Tous les éléments ne convergeaient-ils pas dans cette direction : l'intérêt de Vittorio Goffriller pour les départements d'égyptologie, la fuite d'Egypte ?

Et pourquoi pas l'épisode du jeune David musicien ? Il s'agissait là de l'hypothèse la plus audacieuse : et si l'instrument de David qui, à l'époque, ne pouvait être un violon tel que ceux fabriqués par les Stradivari, mais un instrument à cordes tout de même, muni d'une caisse de résonance, avait bénéficié du même secret ? S'il avait été enduit du même vernis que celui utilisé ensuite par Michel-Ange pour ses fresques et par Antonio Stradivari pour ses instruments ?

L'hypothèse était audacieuse, mais Gal connaissait la valeur d'un Stradivarius. C'était tout simplement une question de son. Seul le Stradivarius produisait un son aussi pur, aussi éclatant, aussi cristallin… et un effet sur l'auditoire aussi magique. Toute la mythologie et la valeur attachées aux Stradivarius venaient de ce son. Le reste n'était que légende.

Il n'était pas absurde de supposer que l'instrument de David avait, lui aussi, la même magie que les Stradivarius, pour avoir permis au jeune pâtre d'envoûter Samuel et d'accéder à la royauté d'Israël. Et le secret des Stradivarius remonterait soudain à des temps très anciens… A des temps bibliques, très exactement.

18

Quelques légers coups contre sa porte retentirent dans la pièce. Gal fronça les sourcils et, à pas feutrés, se dirigea vers l'entrée. Il n'attendait personne et cette intervention soudaine s'accordait trop bien à ses pensées les plus récentes pour ne pas être inquiétante. D'un autre côté, un assassin prendrait-il la peine de frapper avant d'entrer ? Dans le doute, il entrouvrit, un pied faisant butoir au cas où. Le ravissant visage de Fiorenza apparut dans l'entrebâillement de la porte.

– Pourquoi m'as-tu appelée en pleine nuit ? Tu avais peur que je t'oublie ? Mais j'espère que je ne te réveille pas ?

Le rire de la jeune femme était communicatif.

– Personne à la réception ne t'a demandé où tu allais ?

– Bien sûr que si ! On m'a demandé si j'allais voir le violoniste ! Pourquoi ?

– Parce qu'on ne m'a pas prévenu.

– Normal, je voulais te faire la surprise, dit-elle en se lovant dans ses bras.

Gal la tint contre lui en la regardant.

– On ne t'a pas suivie ?

Toujours enlacée, elle éclata à nouveau de rire.

– Me suivre, moi ? Tu oublies que j'ai passé mon enfance à jouer à cache-cache dans ces rues. Pour parvenir à me suivre ici, il faudrait se lever de bonne heure ! Mais qui pourrait bien vouloir me suivre, d'abord ? Et de quoi as-tu peur au juste ? Tu as découvert quelque chose ?

Gal secoua la tête. Son argument était rassurant : en effet, ce ne devait pas être facile de la suivre dans le dédale vénitien, surtout qu'il l'avait mise en garde. Maintenant, il lui devait une explication, mais ne voulait pas trop lui en dire. Ni sur lui-même, ni sur ses recherches. C'était trop tôt, beaucoup trop tôt.

– Une simple inquiétude.

– Dis-moi pourquoi..., le pressa-t-elle avec une moue à faire fondre le pape en personne.

– C'est à cause de la mort de ton père... Je ne suis pas très tranquille depuis.

– Et si c'était toi qui étais menacé ?

– Qui pourrait en vouloir à un simple violoniste ?

Elle le regarda avec un air espiègle.

– C'est vrai. Qui pourrait vouloir attenter à la vie d'un simple violoniste sur le point de percer le secret des Stradivarius ? poursuivit-elle avec la même ironie.

Cette fois, Gal se contenta de sourire.

– Ça ce n'est pas un Strad, fit-elle en désignant le violon sur son lit après s'être dégagée.

– Quand je n'ai pas de concert, je préfère le laisser à Paris. Je l'ai déjà cassé une fois. Un désastre. Si je vous avais connus à l'époque, ton père et toi, je vous l'aurais donné en réparation.

– Alors c'est un Amati, dit-elle en s'en emparant. Tu joueras pour moi ?

– Tu m'as déjà entendu.

– Oui, mais c'était pour mon père. C'est pour moi que j'aimerais que tu joues maintenant.

– Pourquoi jouerais-je pour toi ? Puisque tu as déjà succombé à mon charme ?

– Mufle ! dit-elle en riant, après avoir reposé l'instrument sur le lit, son rire cristallin emplissant toute la pièce.

Il la regarda. La voir ainsi rire était un spectacle merveilleux.

– Evidemment que je jouerai pour toi...

– C'est joli la vue d'ici, fit-elle après s'être approchée d'une des deux fenêtres. On distingue parfaitement la Giudecca.

– Je jouerai pour toi à une condition, poursuivit Gal dans son dos, ses mains lui enserrant la taille.

– Laquelle ? demanda-t-elle sans se retourner.

– Devine.

L'une de ses mains enveloppait son sein gauche dont le mamelon durcissait déjà entre ses doigts, tandis que l'autre descendait entre ses cuisses.

– Je ne vois vraiment pas.

Il pouvait deviner son sourire comme il la sentait frémir sous son souffle et ses caresses. A présent, ses deux mains avaient remonté sa robe et descendaient sa culotte jusqu'à ses chevilles. Elle leva un pied pour l'aider à la glisser sur sa chaussure et put enfin écarter légèrement les jambes.

Lui tournant toujours le dos, le regard perdu sur la rive en face, elle entreprit de défaire sa braguette. Le nez plongé dans son cou pour sentir son odeur, il la laissa le guider lorsqu'il la sentit se cambrer et l'accueillir. Avec ses talons, elle était à une hauteur parfaite. Une délicieuse tiédeur enveloppa son sexe tandis que la douceur de ses fesses contre son ventre décuplait son plaisir. Cette jeune femme était merveilleuse. Ils n'avaient fait l'amour que trois fois, et pourtant il avait l'impression de la connaître depuis toujours.

En contrebas sur les quais, les Vénitiens continuaient de passer avec des airs affairés, auxquels s'ajoutaient désormais quelques touristes dont le nombre augmentait à mesure que la matinée avançait.

– Tu pourrais jouer pour moi maintenant ? lui chuchota-t-elle à l'oreille.

– Que voudrais-tu que je te joue, *amore* ?

– Ce que tu veux.

– En échange je ne te demande qu'une chose.

– Je t'écoute…

Le ton soudain plus sérieux de sa voix l'avait alertée, elle s'était raidie.

– Je voudrais que tu fasses vraiment attention à toi.

– Mais oui, soupira-t-elle. Que veux-tu qu'il m'arrive ?

– Je ne sais pas… Je n'ai pas toujours porté chance, ajouta-t-il en pensant à sa femme et à Eve, toutes deux mortes dans des circonstances violentes.

Elle se retourna et le regarda droit dans les yeux.

– Mais tu es triste ! Je ne veux pas que tu sois triste ! Joue plutôt quelque chose.

Il ne pouvait pas l'assombrir. Elle était si gaie.

– D'accord. Mais je préfère te prévenir tout de suite…

– De quoi ?

– Tu vas aussitôt en redemander…

– Mais je n'attends que ça...

Il étouffa son rire par un baiser appuyé.

En mourant dans sa loge, Vittorio Goffriller lui avait sans doute sauvé la vie, mais il lui avait surtout fait découvrir sa fille. Cette jeune femme qui avait l'incroyable pouvoir de lui faire oublier Eve.

19

Signe de la fréquence des *aqua alta*, le rez-de-chaussée du palais était vide de tout mobilier. Gal imaginait le sol de mosaïque englouti sous les flots lorsque, chaque hiver, le Grand Canal se répandait sur les places, dans les rues et les bâtisses et clapotait contre les murs et les premières marches des escaliers de marbre. Un petit bateau recouvert de poussière était entreposé dans le vaste hall. Avec la montée des eaux, il devait flotter dans la pièce, à moins qu'on l'amarre au ponton attenant au palais.

– En hiver, il faut souvent enfiler des bottes pour traverser le hall. Ça a un côté plutôt théâtral. Et quand les eaux se retirent enfin, il faut tout nettoyer à fond. Mais on est à Venise ! C'est aussi ce qui en fait le charme…

Gal imita son hôte et leva la tête vers le plafond voûté pour apercevoir une fresque rongée par l'humidité : les angelots qui s'y épanouissaient étaient affublés de taches évoquant la peste noire, quant au ciel, il était constellé de nuages vert-de-gris.

– Suivez-moi plutôt. A l'étage, nous sommes préservés de l'humidité.

Gal emboîta le pas à Ricardo Mediani dans l'escalier. Après avoir poussé une porte, ils se retrouvèrent dans un grand salon aux murs tendus d'un brocart par endroits très défraîchi. Des tapis élimés et un lourd mobilier fin XIXe encombraient la pièce, tout comme une bibliothèque chargée à craquer de livres anciens reliés de cuir, entourant une cheminée au manteau de marbre de Carrare.

– Grandeur et décadence ! s'exclama Ricardo Mediani avec une certaine grandiloquence. Mais, avec ma femme, nous sommes convenus de conserver la pièce en l'état. Elle perdrait tout son charme si on commençait à y installer des meubles modernes. Vous voulez un café ?

Gal acquiesça et son hôte appuya sur le bouton d'une sonnette que l'on entendit retentir au loin. Une vieille femme apparut pour disparaître aussi vite avec les instructions de son patron.

– Dites-moi ce que je peux faire pour vous. Au téléphone, vous sembliez vouloir m'entretenir d'une question biblique, poursuivit-il tandis que Gal et lui s'asseyaient de part et d'autre de la table basse à côté de la cheminée. De quoi s'agit-il ?

– Du trésor du Temple.

– Le temple de Jérusalem, je suppose…

– S'il ne devait y en avoir qu'un, confirma Gal.

A ce moment, une porte dérobée s'ouvrit au fond du salon et la vieille gouvernante réapparut pour traverser la pièce un plateau entre les mains. On pouvait entendre le doux cliquetis du service de porcelaine. Elle posa le plateau sur la table basse et remplit les tasses. Gal en profita pour détailler son interlocuteur.

Ricardo Mediani était considéré comme l'un des meilleurs historiens du judaïsme. Il s'était notamment illustré avec la publication de l'ouvrage de référence sur le ghetto de Venise, lequel détenait le triste privilège d'être le premier ghetto de l'histoire. Il avait épousé la descendante d'une des grandes familles juives de Vénétie, d'où le somptueux palais dont l'aspect légèrement défraîchi flattait son goût pour l'histoire.

Ricardo Mediani avait un crâne dégarni qui agrandissait son front et accentuait son air intelligent renforcé par son regard vif abrité derrière des lunettes aux fines montures de titane. Gal avait immédiatement pensé à lui pour essayer de trouver une confirmation à l'une de ses intuitions. L'historien était réputé pour être l'un des plus fins connaisseurs de la Torah et du Talmud. A défaut de pouvoir confirmer ses intuitions sans doute très audacieuses, il serait au moins en mesure de l'arrêter s'il les jugeait absurdes.

– Dites-moi tout, l'encouragea le petit homme avec la bienveillance d'un professeur à l'égard d'un élève appliqué.

Gal se racla la gorge comme s'il hésitait avant de se lancer.

– Il s'agit du violon de David. Si l'on peut appeler violon l'instrument à cordes dont il a joué devant Samuel, se reprit-il.

– Eh bien ?

– Se pourrait-il qu'il s'agisse d'un instrument issu de la pyramide qui aurait été emporté avec le reste du trésor du pharaon lors de la sortie d'Egypte ?

Ricardo Mediani éclata d'un rire silencieux.

– Dites-moi juste si je fais fausse route, le supplia Gal que cette réaction mettait mal à l'aise.

– Pas du tout, mon cher ! Je ne me permettrais pas. C'est juste, comment dire... la nature de votre hypothèse qui me surprend. Mais si vous me disiez plutôt où vous voulez en venir ? A moins que vous préfériez rester discret sur ce qui vous amène ici. Ce que je pourrais comprendre, bien sûr...

En réalité, son interlocuteur brûlait de savoir ce qui l'amenait à l'interroger sur un sujet aussi inattendu. D'autant qu'il ne pouvait pas ignorer les récentes recherches de Gal sur Salomone Rossi. Ricardo Mediani était comme Francesco : un historien doublé d'un chercheur, un érudit qui avait consacré sa vie à la connaissance. Et bien qu'il préférât que la nature de ses recherches soit le moins ébruitée possible, Gal ne pouvait espérer bénéficier de leurs lumières sans rien leur donner en échange. Les sphères intellectuelles n'échappaient pas à la loi du troc. De sa réaction dépendait la bonne volonté de Ricardo Mediani qui attendait en souriant. Il devait pouvoir compter sur sa discrétion.

– Je suis à la recherche du secret des Stradivarius.

– Et vous voulez remonter aussi loin ? s'exclama le petit homme.

Et Gal de lui détailler le cheminement de sa pensée, à partir des documents laissés par Vittorio Goffriller : ceux relatifs à la sortie du peuple hébreu d'Egypte ainsi qu'à David désigné par Samuel pour succéder au roi Saül essentiellement grâce aux sons et harmonies qu'il tirait de son instrument. Des sons aussi magiques que ceux produits par un Stradivarius. Comment expliquer autrement que le luthier se soit intéressé à ces deux épisodes bibliques, s'ils n'avaient aucun rapport avec le secret des Stradivarius ?

Ces déductions qu'il avait été obligé de tirer seul, sans l'aide de Vittorio Goffriller, les confirmerait-il s'il était toujours en vie ? Il était même certainement parvenu beaucoup plus loin, après des années d'enquête.

Quand il eut terminé son récit, Ricardo Mediani le regardait avec des yeux ronds. Ce qu'il venait d'entendre dépassait tout ce à quoi il avait pu s'attendre. Et ce pont lancé entre le présent et un épisode aussi éloigné que la sortie d'Egypte, c'est-à-dire vers 1250 avant Jésus-Christ, semblait le laisser pantois.

– Et vous dites que ce Vittorio Goffriller a été assassiné ?

– A ma place, précisa Gal.

– Comment ça ?

Ricardo Mediani était au spectacle. Mais Gal émit un sourire traduisant qu'il préférait ne pas en parler, avant de poursuivre :

– Ce qui ne signifie pas que cette quête soit sans danger. Vittorio Goffriller prenait assez de précautions pour protéger le résultat de ses recherches. Et on peut comprendre qu'un tel secret soit très convoité... Ce qui suppose de votre part la plus grande discrétion, se permit-il d'ajouter.

– Inutile de le préciser, répliqua Ricardo Mediani avec un sourire diplomatique. Mon Dieu, on se croirait revenu aux temps les plus sombres des doges... J'ignorais que la vie d'un violoniste pût être aussi dangereuse.

Gal rit plus de l'effet produit sur l'historien que de son trait d'esprit. Il tremblait, mais au fond il était ravi de constater que sa science, l'histoire, pouvait se révéler aussi trépidante. Ce devait être grisant, confortablement assis dans un somptueux palais, même branlant sur ses fondations et promis à l'engloutissement sous les eaux de la lagune.

– Dites-moi juste si je fais fausse route, insista Gal qui n'était pas venu pour le divertir.

– Que vous fassiez fausse route ou pas, ce n'est pas à moi de le dire, repartit Ricardo Mediani qui avait abandonné son air stupéfait. A ma connaissance, aucun élément dans la Torah ni dans l'histoire ne permet d'affirmer que le violon de David ait pu provenir de la pyramide. Mais aucun élément ne permet non plus d'en préciser l'origine. Dans ces conditions, pourquoi pas ?

Gal respira. C'était déjà une étape de franchie. Même s'il n'était pas beaucoup plus avancé.

– En revanche, poursuivit l'historien soudain beaucoup plus à son affaire, pour peu que votre hypothèse soit exacte, il est fort probable que cet instrument, s'il n'a pas été détruit ou s'il n'a pas succombé aux ravages du temps, se trouve au Vatican.

– Au Vatican…, répéta Gal sous le coup de la surprise. Cette fois, c'est à vous de préciser.

Il n'arrivait pas à s'expliquer pourquoi cet instrument pourrait se trouver au Vatican, même si cette éventualité coïncidait étrangement avec les liens attachant Michel-Ange à cette affaire.

Ricardo Mediani inspira comme s'il allait s'attaquer à un gros morceau.

– Tous les objets du culte, et ce que l'on a coutume d'appeler le trésor du Temple, étaient réputés avoir été fondus avec l'or égyptien qui, auparavant, avait été utilisé pour le Veau d'or. Un instrument aussi étroitement lié à l'intronisation de David a dû être précieusement conservé avec les autres objets dont la valeur pour le peuple hébreu est inestimable. Mais, c'est là que ça se complique, poursuivit Ricardo Mediani. Tous ces objets faisaient partie du butin rapporté à Rome par l'empereur Titus après la défaite des Sicaires sur le mont Massada, en 70 après Jésus-Christ. On trouve d'ailleurs à Rome l'arc de triomphe que Titus fit bâtir et sur lequel sont représentés les captifs hébreux apportant avec eux à Rome après la destruction du temple de Jérusalem la menora et les objets liés au culte. Depuis cet événement, le trésor du Temple n'aurait jamais quitté Rome.

– Pourquoi le conditionnel ? s'étonna Gal.

– Parce qu'en 410 les Wisigoths, conduits par leur roi Alaric, ont pris et pillé Rome pendant trois jours. On raconte qu'ils auraient emporté avec eux en Gaule le fameux trésor.

– Alors ça c'est extraordinaire ! s'exclama Gal.

– Qu'y a-t-il de si extraordinaire ?

– J'ai donné il y a quelques années un concert à la collégiale de Saint-Aignan dans le Cher. Sur place, j'ai été frappé par un bas-relief représentant le roi David couronné jouant d'un instrument à cordes. Et pour le coup, je peux vous assurer que l'instrument ressemble étrangement à un violon. Il s'agirait de l'unique représentation du roi David jouant du violon. Et personne n'a jamais été capable de m'expliquer précisément la raison de cette sculpture en ce lieu. Or, si le trésor du Temple a transité par la Gaule, certaines personnes en ont forcément gardé le souvenir, comme en témoigne cette sculpture. Mais alors, comment le trésor aurait-il pu à nouveau se retrouver à Rome ?

Ricardo Mediani eut un sourire énigmatique.

– Il semblerait que l'on se trouve là face à l'un des grands mystères que réserve encore l'histoire. Comme si la présence du trésor à Rome répondait à une nécessité supérieure... Mais une version paraît digne de foi.

En conteur averti, Ricardo Mediani ménageait son effet :

– Les Wisigoths ont très vraisemblablement entreposé le trésor dans un village autrefois appelé Rhede, situé près de Carcassonne en France, et aujourd'hui nommé Rennes-le-Château. Ils l'y auraient mis à l'abri après leur défaite contre Clovis à la bataille de Vouillé, en 507, soit près d'un siècle après le sac de Rome. Certains excentriques sont persuadés que le trésor s'y trouve encore aujourd'hui. Mais laissons-les à leurs élucubrations.

– Comment le trésor du Temple aurait-il pu à nouveau être rapporté à Rome ?

– Là encore, longue histoire, qui passe par Avignon où la papauté a séjourné pendant soixante-dix ans, sous l'impulsion du roi de France Philippe le Bel qui y installa le pape Clément V en 1309. Cette époque que les Italiens ont surnommé la « seconde captivité de Babylone », en référence aux soixante-dix années que les Juifs passèrent en captivité à Babylone, sourit Ricardo Mediani.

– J'ai un peu de mal à vous suivre.

– C'est sous Philippe le Bel, qui avait constamment besoin d'argent pour mener à bien sa politique, que les persécutions à l'encontre des Juifs ont commencé en France. Les Lombards, les Juifs et les Templiers à qui le règne de Philippe le Bel a été fatal. Ce « bon roi » se servait partout. Un grand nombre de Juifs ont trouvé refuge autour de la cité papale.

– Vous êtes toujours très énigmatique, se permit Gal qui ne voyait toujours pas où l'historien voulait en venir.

– Parce que j'ai gardé le meilleur pour la fin. A la destruction du Temple après son sac, en 70 après Jésus-Christ donc, une société secrète s'est formée avec pour objectif de veiller sur le trésor, même à distance, de ne jamais le perdre de vue, de manière à toujours savoir où le récupérer dès que l'occasion se présenterait.

– Et cette société secrète aurait donc récupéré le trésor dans ce village de Rhede...

– Aucun document en témoignant n'a été retrouvé. Mais on peut supposer qu'ils l'avaient déjà récupéré quand les persécutions à l'encontre des Juifs ont commencé en France, en 1306. Ce que l'on tient pour certain, c'est qu'en l'absence d'Etat d'Israël, devant le sort réservé aux Juifs en France mais aussi dans toute l'Europe, devant la fragilité de leur situation, les membres de cette société secrète ont trouvé plus sage de confier le trésor du Temple à la papauté au moment où celle-ci a décidé de regagner Rome, c'est-à-dire en 1377.

– Et le Vatican conserverait ce trésor depuis ce temps, intervint Gal. Un choix stratégique plutôt malheureux, dites-moi.

– Pas si l'on se place sur le très long terme..., rétorqua Ricardo Mediani. L'important était avant tout de sauvegarder l'intégrité du trésor, d'éviter sa dispersion. Vu sous cet angle, parier sur la stabilité du Vatican était au contraire un coup de génie. Et le surveiller au sein du plus petit Etat du monde était aussi un moyen de se faciliter la tâche.

Gal était soudain songeur.

– Israël est un tout jeune Etat qui n'a pas cinquante ans, reprit l'historien emporté par son élan. Qu'est-ce qu'un demi-siècle au regard des deux millénaires ou presque d'errance de ce trésor en dehors d'Israël ? Les membres de cette société ont su faire preuve de patience.

– Parce que vous pensez que cette société existe toujours ? s'exclama Gal, stupéfait.

– Si on part du principe que cette société créée en 70 existait toujours en 1377, c'est-à-dire treize siècles plus tard, il y a tout lieu de penser qu'elle veille toujours sur le trésor. Les gardiens du Temple. Songez seulement au symbole que représente le trésor, et vous comprendrez la raison d'une telle longévité. Le Temple a été rasé, mais il ne s'agissait que de murs. En revanche, la menora, le mobilier de Salomon orné de pierres précieuses, les trompettes en argent, la table d'oblation en or et tous les objets du culte autour desquels s'étaient recueillis les fondateurs de la nation d'Israël... Tant que ces objets symbolisant l'esprit et l'alliance de ce peuple avec Dieu étaient préservés, tous les espoirs de survie et, au-delà, de renaissance d'Israël, étaient permis. Cette société a trouvé les ressources pour y veiller depuis près de deux mille ans. Fascinant, n'est-ce pas ?

– Je suppose qu'elle a un nom, cette société secrète.

– Le meilleur moyen de ne pas avoir d'existence est de ne pas avoir de nom. Mais il se dit qu'elle s'appelle Shai, répondit l'historien qui en savait manifestement plus que ce qu'il voulait bien laisser paraître. Il s'agirait de la contraction de *shomer*, qui, comme vous le savez, signifie « gardien » en hébreu, et d'Israël. Le gardien d'Israël, donc, dont le rôle consiste à veiller sur le symbole de l'alliance entre le peuple hébreu et Dieu. Or *shai* signifie également « cadeau ».

« Tous les avis éclairés convergent, reprit Ricardo Mediani en tirant Gal de ses rêveries : l'Eglise de Rome aurait finalement récupéré le trésor du Temple, qui, à l'heure actuelle, après tant de siècles, se trouverait toujours dans les sous-sols du Vatican.

– Je dois justement m'y rendre dès demain, intervint Gal qui avait pris rendez-vous avec Emilio Pardi, l'ancien secrétaire de feu le cardinal de Morillon.

Ricardo Mediani secoua la tête.

– Cela ne résout pas votre problème, puisque, officiellement, le Vatican nie depuis toujours être en possession de ce trésor. En réalité, c'est là que ça se complique, le Vatican le considère comme une sorte de monnaie d'échange dans ses tractations avec Israël sur Jérusalem et ses lieux saints sur lesquels il voudrait avoir la mainmise. Dès lors, je vois mal comment vous pourriez avoir accès au violon de David. Car telle est votre intention, n'est-ce pas ?

Telle était en effet l'intention de Gal qui, avec le violon de David, espérait découvrir le secret des Stradivarius. Mais comment demander à voir un instrument dont son détenteur nie l'existence depuis des siècles ?

– J'apporterai mon violon, répondit Gal en se levant pour mettre un terme à l'entretien. Vous n'imaginez pas le nombre de portes qu'il a pu m'aider à ouvrir. Cet instrument est un véritable sésame.

Ricardo Mediani sourit poliment. Mais l'un comme l'autre savaient que la partie était loin d'être gagnée et que même la plus émouvante des musiques aurait du mal à infléchir ce qui était une raison d'Etat.

Gal suivit Ricardo Mediani jusqu'à l'escalier qu'il descendit à son côté. Il le dominait d'une demi-tête et pesait sans doute une bonne vingtaine de kilos de plus que lui, mais l'historien avait l'air d'un vieux chat : malgré son embonpoint, il se déplaçait avec l'élégance et la discrétion d'un félin. Un Vénitien du sérail qui, tel un gros matou, regardait avec sérénité filer le monde depuis son palais.

Gal ne savait que penser de cette entrevue. L'historien ne l'avait pas contredit, ce qui aurait réduit à néant l'échafaudage sur lequel étaient bâties ses hypothèses, mais il n'était toujours pas fixé sur l'existence du violon de David. Qu'espérait-il ? Un instrument vieux de plus de trois mille ans… Que pouvait-il en rester ? S'il n'était pas tombé en poussière…

Et puis ce qu'il venait d'apprendre n'ouvrait que sur une impasse. Comment avoir accès à cet instrument qui devait dormir depuis des siècles dans les souterrains surprotégés de la cité papale ? Et même s'il allait très probablement jouer devant une assemblée d'ecclésiastiques, puisqu'au téléphone Emilio Pardi lui avait demandé de venir avec son violon, il voyait mal comment son jeu pourrait lui ouvrir la porte du coffre. A moins d'un miracle…

N'était-ce pas justement l'affaire du Vatican, les miracles ?

Quant à cette société secrète… Elle paraissait tellement secrète qu'il voyait mal comment entrer en contact avec elle.

Parvenu au rez-de-chaussée, sous le plafond voûté aux anges rongés par l'humidité, Ricardo Mediani retint Gal par le bras avec une vivacité de chat :

– Je n'y pense que maintenant, mais c'est drôle que vous me parliez du trésor du Temple. Parce que vous êtes au moins deux à vous y intéresser…, ajouta-t-il en cultivant le mystère.

Gal se demandait où il voulait en venir.

– Connaissez-vous Evgueni Plotnik ?

Comme tout le monde, le violoniste avait entendu parler du milliardaire d'origine russe qui, avec un certain nombre d'oligarques, avait profité de l'éclatement de l'empire soviétique et du démantèlement de l'arsenal militaire pour amasser une fortune colossale. Installé depuis quelques années en Israël, il s'efforçait de se faire un nom dans le paysage politique local, à grand renfort de millions. En résumé, un personnage dont l'irruption fracassante dans la vie publique israélienne n'était pas du goût de tous.

– Rachel, ma femme, et moi assistions, il y a six mois environ, à une conférence donnée à Tel-Aviv sur le trésor du Temple, justement. L'idée défendue était, en substance, que la réapparition du trésor représenterait un symbole suffisamment fort qui permettrait enfin la reconstruction du temple de Jérusalem.

Gal émit un petit sifflement admiratif.

– Rien que ça en effet. Vous imaginez bien l'écho qu'un tel projet peut rencontrer en Israël. L'hypothèse selon laquelle les objets du culte se trouveraient au Vatican avait d'ailleurs été évoquée. Eh bien, figurez-vous que l'événement était organisé sous l'égide d'Evgueni Plotnik dont les ambitions politiques se verraient évidemment favorisées par un tel coup. Il serait considéré comme un héros national. Cela dit, je ne vois pas de quels arguments il peut disposer pour convaincre le Vatican de lui céder le trésor. Et je vois encore moins le Vatican abandonner un tel atout pour une somme d'argent, aussi importante soit-elle.

– Merci infiniment pour vos lumières, fit Gal en prenant congé au seuil de la porte qui donnait sur la rue.

Une fois immergé dans la foule, Gal réfléchit à cette discussion. Mais il ne se voyait pas contacter Plotnik, ils vivaient sur deux planètes trop éloignées l'une de l'autre. Et ce n'était pas non plus maintenant qu'il allait commencer à se laisser dicter sa conduite. Pour l'instant il avait rendez-vous au Vatican et cette perspective monopolisait toute son énergie.

20

Gal avait à peine eu le temps de se poser à Venise qu'il était déjà à Rome, après un voyage de quelques heures par les « poétiques » chemins de fer italiens. Cette mobilité permanente ne le gênait pas, même si son sort lui évoquait parfois celui du Juif errant. Cette légende souvent utilisée à des fins antisémites racontait l'histoire d'un Juif ayant refusé à Jésus-Christ le droit de se reposer sur le pas de sa porte tandis qu'il portait sa croix jusqu'au mont du Calvaire. Pour cette raison, il avait été condamné à errer sur terre jusqu'au retour du Messie, personnifiant ainsi le destin du peuple juif.

Avant de gagner son hôtel, il fit un détour par l'arc de triomphe érigé par Titus à son retour de Jérusalem après la destruction du Temple. Avec les commentaires fournis par Ricardo Mediani, les hauts-reliefs romains étaient explicites et Gal y distingua les captifs hébreux transportant les objets du culte, dont la fameuse menora, le chandelier à sept branches en or. Près de deux millénaires plus tard, avec l'érosion de la pierre, la représentation du drame avait perdu de son intensité, mais la sculpture n'en symbolisait pas moins l'éclatement de la nation d'Israël jusqu'en 1948, date de refondation de l'Etat, l'exode et la diaspora de tout un peuple victime de persécutions à un moment de son histoire.

Le monument valait toutes les preuves du monde : le trésor du Temple avait bien été apporté à Rome, et le fait que le violon n'y était pas représenté ne signifiait pas qu'il ne faisait pas partie du butin.

Gal et Fiorenza, demeurée à Venise, étaient convenus de se retrouver le plus vite possible, mais il l'avait suppliée de rester prudente : à la menace que représentait le tueur s'ajoutait celle liée au secret dont Vittorio avait entouré ses recherches. Le secret des Stradivarius pouvait provoquer bien des appétits.

Une Alfa Romeo l'attendait devant l'hôtel d'Angleterre, situé au-dessus de la place d'Espagne. La vitre de la portière avant descendit et il reconnut Emilio Pardi derrière le volant. Gal s'engouffra dans la voiture et lui serra la main.

Emilio avait changé depuis la mort du cardinal. Ses tempes avaient légèrement grisonné, il avait vieilli. L'élimination d'Alphonse de Morillon – car, en dépit de la version officielle, c'en était une – avait brutalement fait prendre conscience au jeune prêtre des sombres réalités de l'existence, des extrémités auxquelles pouvaient avoir recours certains de ses confrères et du mal qui ne s'arrêtait pas toujours aux portes du Vatican. Avoir une vague connaissance de ce genre de réalité à travers les livres d'histoire et certains récits et la vivre directement avec la mort d'un ami étaient deux choses radicalement différentes. Emilio Pardi avait payé pour le découvrir. Il savait désormais au plus profond de lui-même que la vie était un combat, que le mal se trouvait partout, qu'il pouvait avoir les visages les plus inattendus.

Bienvenue au club, songea Gal en serrant instinctivement son étui à violon sur ses genoux. Son instrument, et sa musique qui seuls lui avaient permis de conserver une certaine innocence dans ce monde où tous les coups étaient autorisés. « La fin justifie les moyens », avait dit Machiavel. Gal aussi avait payé pour savoir qu'aucune assertion n'était plus vraie. Lui aussi avait donné des coups et fait certaines choses dont il n'était pas fier, mais le fait de jouer, qui exclut tout mensonge, tout faux-semblant, lui avait toujours permis de retrouver, au moins le temps d'un concert, une certaine fraîcheur, une certaine harmonie.

Le changement qu'il distinguait chez Emilio lui faisait plaisir : le jeune prêtre était prêt à affronter le mal.

– Vous êtes très attendu au Saint-Siège. Qu'avez-vous prévu de jouer ?

– Le Cantique des cantiques de Salomon. Il s'agit de la reconstitution d'une mélodie de la Bible que l'on doit aux travaux de Suzanne Haïk-Ventura, la mathématicienne. Et la première sonate de Bach, dont l'ouverture est un adagio très solennel.

– Parfait, commenta Emilio concentré sur sa conduite au milieu de l'anarchique circulation romaine. Vous jouerez devant quelques dizaines de personnes. Mais la plus importante pour l'affaire qui vous concerne, c'est le cardinal Baruso, le préfet de la Maison pontificale, dont je dépends.

– Et vous, Emilio, que savez-vous de l'existence de ce trésor ?

– Je ne suis pas dans le secret. Mais comme tous les lieux de pouvoir, le Vatican en recèle beaucoup, de secrets. L'endroit où le trésor serait détenu est inaccessible. Des chambres fortes ont été creusées dans la roche sur laquelle le Vatican est bâti. Comme tout est très cloisonné, vous vous doutez que les visites organisées y sont rares.

Gal regarda Emilio avec amusement. Son ton avait changé depuis la dernière fois. Et il avait acquis une véritable distance à l'égard du Vatican.

On approchait. L'enceinte fortifiée qui cernait l'ancien quartier du Borgo autour de la basilique, devenu depuis les accords du Latran, en 1929, l'Etat-cité du Vatican, était désormais bien en vue et Gal sentit son cœur se serrer. C'était ridicule, il ne risquait rien, mais il avait gardé de ce lieu un souvenir particulièrement déplaisant. De plus, le faste de l'endroit lui était désagréable. On pouvait s'émerveiller de la splendeur des œuvres d'art, de la beauté des jardins et de la magnificence des édifices, mais l'ensemble était trop écrasant et ne pouvait que rejaillir sur le gouvernement et les hommes qui y siégeaient.

A l'entrée, Emilio montra ses papiers au garde suisse, revêtu de l'uniforme d'apparat à rayures jaune et bleu, en faction et la voiture pénétra dans l'enceinte vaticane. Un autre garde sur la droite était armé d'une hallebarde. S'il ne le voyait pas depuis l'habitacle d'une voiture, Gal aurait pu avoir l'impression d'avoir remonté le temps jusqu'au XVIIe siècle.

– Nous venons de passer la frontière qui sépare l'Etat du Vatican de celui d'Italie, fit remarquer avec légèreté Emilio qui avait senti la tension émanant du violoniste. Cela peut paraître dérisoire, mais ça ne l'est pas tant que ça. Le Vatican est un véritable Etat indépendant.

Gal serra une fois encore son étui contre lui. Il songea à la flûte enchantée, la légende de cet instrument aux pouvoirs magiques. A plusieurs reprises son violon lui avait fait cet effet, tant il lui avait permis d'obtenir des résultats qu'il n'avait pas même osé espérer au cours de ses différentes missions pour les services secrets. Mais, cette fois, il craignait d'avoir été présomptueux. Sans compter qu'en laissant son Stradivarius à Paris, il n'avait pas mis toutes les chances de son côté.

– Ne vous en faites pas, l'encouragea Emilio, dès l'instant où vous aurez votre violon et votre archet entre les mains, vous serez le maître.

Tandis qu'il emboîtait le pas d'Emilio, une pensée lui arracha un sourire : cette société secrète appelée Shai qui, à distance, veillait sur le trésor du Temple depuis bientôt deux mille ans, et devait avoir constamment un œil sur le Vatican. Peut-être étaient-ils déjà au courant de sa venue et l'observaient-ils en ce moment même ? La simple idée d'une société secrète ayant survécu près de deux millénaires était peut-être improbable, mais Ricardo Mediani s'était montré suffisamment convaincant pour qu'il y prête foi. Les Goffriller père et fille l'avaient entraîné sur une voie plus tortueuse et plus encombrée qu'ils n'auraient pu l'imaginer.

21

Emilio avait raison. La musique balayait tous les obstacles. Au moins le temps du jeu, le temps occupé à pincer les cordes de son violon et à faire glisser son archet dessus, à les caresser, à les frapper, le temps de cette danse tellement physique avec son instrument, cette danse à laquelle il donnait tout et dont il sortait vidé.

Dès qu'il avait empoigné son violon, l'appréhension qu'il avait ressentie face à cet aréopage de princes de l'Eglise, dans cette salle au plafond supporté par de hautes colonnes de marbre, s'était dissipée. Il n'y avait plus que lui et la partition. Comme le roi David, il devenait un lien entre le profane et le sacré et n'était plus impressionné par qui que ce soit. Le roi David dont le violon était certainement quelque part entre ces murs, dans les sous-sols creusés dans la roche, depuis des siècles à l'abri des soubresauts de l'Histoire.

Ricardo Mediani n'avait pas tort : l'idée de confier le trésor du Temple à l'Eglise de Rome n'était pas mauvaise, peut-être même la meilleure. Qui sait ce que le trésor serait devenu quand les nazis faisaient main basse sur toutes les œuvres d'art et tous les objets de valeur détenus par les Juifs ? Il aurait été dispersé, il aurait transité par Berlin avant d'être entreposé dans quelque réserve à Moscou. Ou pis, il aurait été détruit, écrasé, l'or en aurait été fondu, pour éradiquer ce symbole insupportable pour le régime nazi. Alors que, à présent, le trésor dormait toujours dans une chambre forte, presque à portée de main. Le trésor et le violon qui lui permettraient de percer le secret des

Stradivarius. Cette idée lui avait permis de sublimer son jeu, et quand la dernière note de la première sonate de Bach s'éteignit, les hommes d'Eglise se levèrent et applaudirent avec une chaleur qu'il n'aurait jamais soupçonnée.

Gal était fatigué et ému. Il avait tout donné et, une fois de plus, son violon avait rempli son office en faisant sauter toutes les barrières et les préventions qu'il avait ressenties.

Il salua et les applaudissements redoublèrent. S'il avait quelque chose à demander à l'un d'entre eux, jamais il ne serait en meilleure posture. Il fallait en profiter.

Emilio s'avança avec un cardinal d'apparence énergique. D'après la description qu'il lui en avait faite, Gal reconnut le cardinal Baruso. C'était un homme d'environ 1,80 mètre environ à la silhouette mince avec un visage aux mâchoires carrées, surmonté par un front haut et des cheveux grisonnants en brosse, le tout éclairé par des yeux clairs au regard franc.

– Dites-moi, vous utilisez votre violon comme une arme ! dit-il à Gal en lui donnant une poignée de main ferme.

Le violoniste éclata de rire. Le cardinal était le premier à oser cette comparaison, mais c'était juste. Son violon était une arme pacifique, inoffensive mais beaucoup plus efficace que tous les fusils d'assaut. Gal Knobel et son violon, le *sabra.* L'idée lui plaisait, comme lui plaisait déjà celui qui l'avait énoncée.

– Le père Pardi m'a dit que vous étiez un ami de notre regretté Alphonse, enchaîna le cardinal Baruso. Lui et moi nous connaissions depuis le séminaire, ce qui, à nos âges, représente presque toute une vie. Nous étions très proches. Sa mort est tout à fait regrettable.

– Pas pour tout le monde, se permit Gal à qui cette disparition était restée en travers de la gorge.

– Vous êtes un homme libre. Le père Pardi m'avait prévenu, j'apprécie. La mort d'Alphonse n'est pas regrettable pour tout le monde en effet, acquiesça sombrement le cardinal. Un jour, tout cela rentrera dans l'ordre. Il paraît que vous avez une requête à formuler.

Gal hocha la tête, décidément séduit par cet homme qui allait droit au but.

– D'après ce que j'ai compris, il s'agirait d'une affaire délicate, si délicate que je doute de pouvoir grand-chose pour vous.

Mais on ne sait jamais. Passez me voir demain. Aujourd'hui, je n'ai pas une minute et je dois déjà vous quitter, mais demain dans la matinée, je serai à vous. Nous verrons ce que nous pouvons faire…

Gal le regarda s'éloigner. Le cardinal ne s'était pas embarrassé de détails mais Emilio s'en chargerait. La salle ne devait pas compter que des partisans de sa présence entre ces murs, mais le cardinal Baruso semblait n'en tenir aucun compte. Tout dans sa démarche attestait de son indépendance d'esprit. Et même si accéder au trésor du Temple lui paraissait toujours aussi improbable, il se dégageait de cet homme une telle assurance et une telle énergie que tous les espoirs étaient permis.

– Vous avez joué de façon merveilleuse. C'est la deuxième fois que j'entends le Cantique des cantiques de Salomon, mais là c'était extraordinaire.

– Je vous présente le cardinal Hauser qui est président du Conseil pontifical pour la Promotion de l'Unité des Chrétiens et président de la Commission pour les relations religieuses avec le judaïsme, intervint Emilio qui jouait à la perfection son rôle de cicérone.

Gal serra la main que le petit homme replet au crâne largement dégarni lui tendait, mais déjà celui-ci s'éloignait. Il était juste venu lui serrer la main et le regarder de plus près. Pourtant, le responsable des relations avec le judaïsme était forcément au courant de l'enjeu et de l'atout que représentait pour le Vatican le trésor qu'il détenait dans ses sous-sols. Mais lui montrer ce violon, c'était avouer être en possession de ce trésor, ce qui semblait inenvisageable.

La salle était presque vide. Les cardinaux et les autres prêtres s'étaient égaillés comme une volée de moineaux. Au moins ne l'importunaient-ils pas avec des demandes d'autographes. Le contraire l'aurait étonné…

22

Dormant fenêtre et rideaux ouverts, Gal avait été réveillé par le jour et la rumeur naissante de la ville. Le chant des oiseaux, très vite remplacé par quelques coups de klaxon encore sporadiques à cette heure matinale, des sirènes, le bourdonnement aigu des Vespa. Tout juste levé, il se rendit à la fenêtre d'où il put contempler la vue et le vaste ciel romain dans lequel virevoltaient des martinets.

A présent, ses mouvements de yoga effectués, douché et habillé, il faisait comme chaque matin ses exercices. Les notes qui s'envolaient dans la chambre couvraient les cris des martinets. Il avait dix minutes. Après quoi il descendrait rejoindre Emilio dans son Alfa pour retrouver le cardinal Baruso avec qui il avait rendez-vous à 9 heures. Il exécutait un morceau particulièrement difficile de Bach lorsque la sonnerie du téléphone retentit. Son violon et son archet dans une main, il décrocha.

– Vous avez écouté les nouvelles à la radio ?

Emilio semblait agité.

– Je ne suis au courant de rien.

– Retrouvez-moi dans vingt minutes place d'Espagne. D'ici là, vous serez au courant. Le rendez-vous avec le cardinal est annulé. Et, à propos, essayez de ne pas être suivi, on ne sait jamais.

Et il raccrocha.

Interloqué, Gal se dirigea vers le poste de radio. Qu'avait-il pu se passer pour que le cardinal annule ainsi leur rendez-vous ? Soudain, il craignit qu'il ne lui soit arrivé quelque chose. Emilio avait l'air si affolé… Aussi affolé que lorsqu'il lui avait annoncé, quelques mois plus tôt, par téléphone, qu'Alphonse avait eu une attaque. Soudain il eut peur que l'histoire ait la sinistre tendance à se répéter.

La radio dissipa ses pires craintes. Les journalistes étaient survoltés. Ça sentait la nouvelle extraordinaire : deux gardes suisses avaient été tués par balle dans l'enceinte du Vatican. Le genre d'événement que les princes de l'Eglise ne pouvaient maquiller en accident, en maladie, en double suicide, voire carrément passer sous silence. Toutes les rédactions italiennes devaient être en pleine ébullition. Qu'avait-il pu se passer ? Les victimes étaient le colonel Ritter, commandant de la garde, et son adjoint. Rien que ça. Les morts semblaient dater du matin même. A part cette information brute, on ignorait tout. Suicide ? Double homicide ? Règlement de compte ? Les gardes suisses étaient réputés pour leur professionnalisme et l'enceinte du Vatican était un lieu particulièrement inaccessible.

Les aiguilles tournaient. Il allait être en retard à son rendez-vous. Inutile de se perdre en conjectures. Emilio saurait l'éclairer. Lui qui justement l'enjoignait à la méfiance. Cette exhortation était peut-être un effet de la panique d'Emilio, peu habitué à ce genre de situation. Il rangea son violon dans son étui, ferma la porte de sa chambre derrière lui et descendit à la réception.

En sortant de l'hôtel, Gal regarda à droite et à gauche puis fila dans la direction opposée à la place d'Espagne. Se retrouver en haut de l'escalier lui permettrait peut-être d'avoir une vue d'ensemble, mais surtout d'être repéré.

Après dix minutes de marche à pas soutenus dans les rues en pente, il parvint enfin sur la place encore tranquille à cette heure. Emilio, qui l'attendait à côté de la fontaine, lui fit signe d'avancer tout droit et le rejoignit tandis qu'il s'engageait dans la rue opposée. Le jeune prêtre semblait vraiment mal à l'aise.

– Vous êtes au courant, maintenant ? lui demanda-t-il sans cesser de marcher et sans même le regarder.

Gal acquiesça.

– La rumeur voudrait qu'il s'agisse d'une histoire de dépit homosexuel, commença Emilio légèrement essoufflé. Les deux gardes suisses ont été retrouvés dans la chambre de l'adjoint du colonel qui aurait tué son supérieur hiérarchique avec son arme de service avant de se donner la mort.

– Ralentissons, voulez-vous ? Je n'ai pas été suivi. Quant à vous, j'en doute. Et puis rien ne nous empêche de nous voir, n'est-ce pas ?

Emilio hocha la tête et ralentit le pas non sans se retourner.

– Cessez de vous retourner ainsi, c'est le meilleur moyen de se faire repérer, l'exhorta Gal que ce comportement agaçait.

– Je suis un peu nerveux, excusez-moi. Il semblerait que les choses se soient déroulées comme ça. D'après les premières constatations du médecin légiste, les deux hommes ont été tués avec la même arme, le pistolet de service de l'adjoint. Le dépit amoureux homosexuel semble en revanche infondé. Il s'agirait plutôt d'une explication trouvée à la va-vite pour masquer quelque chose de beaucoup plus grave.

– Plus grave que la mort par balles des deux plus hauts gradés de la garde suisse ? Expliquez-vous, Emilio.

– Il s'est passé quelque chose d'exceptionnellement grave hier au Vatican.

Gal soupira et s'arrêta tout en retenant Emilio par le bras.

– Installons-nous dans un café, à une table à l'écart d'où nous pourrons surveiller les allées et venues. Rassurez-vous, je maîtrise parfaitement ce genre de situation, et vous allez tout me raconter.

De l'autre côté de la rue, le café Rosetti les attendait. Ils traversèrent entre deux voitures et pénétrèrent dans une vaste salle qui comptait une trentaine de tables de bois sombre, mais pas un client. D'autorité, Gal se dirigea vers celle qui se trouvait le plus loin de la porte et s'assit dans un coin dos au mur. Emilio prit place en face de lui. Un serveur à l'air fatigué s'approcha et ils commandèrent deux espressos. Après qu'il fut revenu avec la commande, Gal embrassa la salle du regard, s'attarda sur le comptoir qui disparaissait sous les vitrines chargées de paninis, de beignets, de brioches et de diverses pâtisseries, puis reporta son attention sur Emilio.

– Et maintenant, racontez-moi ce qui s'est passé d'exceptionnellement grave au Vatican hier pour que le cardinal Baruso annule notre rendez-vous.

Emilio sembla hésiter.

– Un cambriolage, lâcha-t-il enfin.

Gal haussa les sourcils.

– Les chambres fortes creusées dans la roche où sont conservés les biens les plus précieux du Vatican ont été visitées. Ces fameux coffres réputés inaccessibles et inviolables ont été ouverts.

– Qu'est-ce qui a été volé ?

– Rien n'a été volé.

Le jeune prêtre soutenait son regard sans sourciller. L'art du mensonge faisait-il partie de la formation des ecclésiastiques ?

– Là, je ne vous suis plus du tout, Emilio. Quelqu'un se serait donné la peine de mettre sur pied un coup aussi complexe et audacieux, une préparation qui a certainement nécessité des mois, avec, je suppose, les bonnes personnes à soudoyer, ce qui au Vatican est peut-être moins simple qu'ailleurs… Autant de temps, d'argent dépensé et de risques pris pour rien ?

Emilio demeurait impassible.

– Soyons raisonnables, le pressa Gal qui prenait sur lui pour conserver son calme. Personne ne monterait une opération pareille sans convoiter quelque chose de précis ni savoir exactement où trouver cette chose. Et ne me dites pas qu'ils ont été dérangés parce que je ne vous croirais pas.

– Faites un effort, souffla Emilio qui semblait à la torture.

Le jeune prêtre paraissait extrêmement mal à l'aise. L'histoire à laquelle il était mêlé le dépassait. Soudain, Gal comprit, et il eut instantanément l'impression que tout son sang refluait de son visage. C'était pire que tout ce à quoi il s'était attendu.

– Vous avez enfin saisi, constata Emilio avec amertume. Rien n'a été volé parce que ce qui était recherché n'a jamais été en la possession du Vatican.

– Le trésor…

– Je ne vous ai rien dit, le coupa Emilio avec une sécheresse que le musicien ne lui connaissait pas. Cette conversation n'a jamais eu lieu.

23

Le café Rosetti était toujours désert. Gal digérait l'information.

– Je vous ai connu plus direct, Emilio et, comment dire… moins soucieux des consignes émanant de votre hiérarchie.

Le jeune prêtre soupira.

– Je vous en prie, mettez-vous à ma place.

– Dites-moi, reprit Gal dont le cerveau travaillait à plein régime. Il existe forcément un lien entre le casse et le double homicide des gardes suisses… Ce genre de coïncidence n'existe pas. A propos de personnes à soudoyer justement, un des plus hauts responsables de la sécurité au Vatican… Le rapprochement semble trop évident pour ne pas être tenté.

Emilio hocha la tête en guise d'assentiment.

– C'est l'hypothèse retenue. Il n'y a encore aucune preuve, mais le plus probable serait que le commandant de la garde, le colonel Ritter, ait découvert la trahison de son adjoint, le lieutenant-colonel Lamy. Se sachant confondu, celui-ci n'aurait trouvé d'autre porte de sortie que d'abattre son supérieur hiérarchique pour ensuite, voyant l'impasse dans laquelle il était, se tirer une balle dans la tête. Lorsque la preuve aura été faite qu'il a été soudoyé, il n'y aura plus aucun doute.

– Est-ce qu'on a une idée de qui a pu faire un coup pareil ? Aurait-on trouvé des indices exploitables ?

Emilio secoua la tête.

– L'effraction et les deux morts n'ont été découverts que ce matin, et vous pensez bien que même dans l'enceinte du

Vatican, les informations relatives à l'enquête ne sont pas diffusées très largement. Si je n'avais pas parlé au cardinal de votre démarche, je n'aurais sans doute même pas été mis au courant de l'effraction de la chambre forte. Moins il y a de personnes au courant, mieux ça vaut. Alors, on ne me fait pas part des détails.

– Le cardinal n'a pas évoqué de piste particulière ?

– Le cardinal est au courant grâce à son rang, mais il n'a pas de responsabilité directe dans cette enquête. Cela dit, les possibles commanditaires d'une telle opération doivent se compter sur les doigts d'une main. Qui pourrait être intéressé par des objets aussi… encombrants ? Et dont la valeur marchande est sans commune mesure avec le symbole qu'ils représentent ?

– Israël n'aurait pas couru un tel risque, trancha Gal qui avait perçu la gêne d'Emilio. Imaginez-vous seulement les conséquences internationales ? Israël ne peut se mettre à dos la chrétienté. Or vous savez bien que tout finit toujours par se savoir.

– Certainement pas Israël, consentit Emilio. Mais une organisation privée… La récupération de… certains objets de culte et autres reliques n'est-elle pas la condition préalable à la reconstruction du temple de Jérusalem ?

Gal vida sa tasse dans laquelle le café avait refroidi. La pensée de l'organisation secrète Shai lui traversa l'esprit. Et si ses membres avaient décidé que le temps de passer à l'action était venu ? Près d'un demi-siècle après la création de l'Etat d'Israël… Un objectif vieux de plusieurs siècles. Ils avaient eu des années pour préparer une telle opération commando. Le travail et la patience permettent de venir à bout de toutes les difficultés. Sept siècles plus tard, il s'agissait de rentrer en possession de biens appartenant légitimement à la nation d'Israël, même si la méthode pouvait être contestable.

– Peut-être.

– Mais quels que soient les commanditaires, ils auront du mal à sortir leur butin d'Italie. Le Vatican, qui bénéficie de relais au sommet de l'Etat, a immédiatement demandé un renforcement des contrôles aux frontières.

– Pour contrôler quoi ? Un chandelier à sept branches en or qui n'aurait rien à voir avec le temple de Jérusalem ? railla Gal.

Emilio rentra la tête dans les épaules comme s'il esquivait une attaque, puis se retourna afin de s'assurer que personne n'avait entendu.

– Excusez-moi, fit Gal, qui ne pouvait décemment lui en vouloir et encore moins le tenir pour responsable de la politique du Vatican.

– D'après ce que j'ai compris, certains de ces objets sont volumineux et ne passeraient pas inaperçus lors d'un contrôle douanier un peu poussé. Mais les douanes ne peuvent fournir trop longtemps ce type d'efforts qui ralentissent la circulation des marchandises. Le Vatican ne dispose donc que de quelques semaines pour tenter de retrouver ce qui lui a été dérobé.

– Ce qui suppose de trouver les bons informateurs…

– Ce qui équivaut à chercher une aiguille dans une botte de foin. Maintenant, je suppose que vous comprenez aussi pourquoi le cardinal Baruso m'a conseillé la plus grande prudence sachant que je devais vous retrouver.

– Pourquoi avoir pris ce risque ?

– La moindre des choses était de vous prévenir du danger que vous courez.

– Le cardinal Schmidt ? devina Gal en évoquant le chef de file de la mouvance néonazie du Vatican et très certainement le commanditaire de l'assassinat du cardinal de Morillon.

– Le casse a eu lieu le jour où vous donniez votre concert au Vatican. Reconnaissez que la coïncidence paraît troublante. Surtout lorsque l'on connaît vos états de service, ajouta-t-il en faisant allusion à l'affaire Salomone Rossi et aux recherches de Gal jusque dans les archives secrètes du Vatican, grâce à la complicité du cardinal de Morillon.

« Et je ne parle pas de votre dernière requête qui, pour le coup, permettrait beaucoup trop facilement de vous accuser.

– Ne me dites pas que le cardinal Baruso me soupçonne d'une quelconque responsabilité dans cette affaire ? s'insurgea Gal.

L'idée fit sourire Emilio.

– Rassurez-vous, non. Même posthume, votre amitié pour le cardinal de Morillon représente votre meilleure caution. En outre, le cardinal Baruso n'a pas son pareil pour sonder les âmes. Je doute qu'il se soit jamais laissé abuser par qui que ce soit. Mais Schmidt a questionné le cardinal ce matin même sur les raisons de votre présence hier au Vatican.

– Il était donc déjà au courant…

– Avant même que vous ayez pénétré dans l'enceinte du Vatican. Et étant donné ce que l'on sait du personnage, notamment les extrémités auxquelles il est prêt, nous avons toutes les raisons de nous méfier.

– Dans ce cas, je vous suis très reconnaissant de m'avoir averti.

– Mais je ne vous ai rien dit. C'est vous qui avez échafaudé des hypothèses sans que j'aie eu besoin de vous révéler quoi que ce soit.

Emilio avait dit ça avec un aplomb impressionnant, mais n'avait pu réprimer un très léger rougissement qui n'avait pas échappé à l'ancien agent secret.

– Vous avez raté votre vocation, vous auriez fait un excellent agent des services secrets. Je vous assure, ajouta-t-il alors qu'Emilio faisait mine de ne pas comprendre.

– Je dois vous quitter. J'ai rendez-vous avec le cardinal. Mais nous restons en contact.

Déjà debout, le jeune prêtre lui serra la main et lui tourna le dos pour traverser d'un pas pressé la salle toujours déserte avant de disparaître dans la rue. Gal n'avait pas à se hâter. Il avait besoin de rester assis pour réfléchir aux récents événements. Emilio avait des raisons d'être tendu, mais lui-même devait se ressaisir s'il ne voulait pas être dépassé par la situation : alors qu'il s'était engagé quelques jours plus tôt dans la recherche du secret des Stradivarius, il était désormais embarqué dans celle du trésor du temple de Jérusalem. Et l'enjeu comme les dangers étaient sans commune mesure.

La complaisance d'Emilio à le mettre ainsi au courant n'était rien d'autre qu'un appel au secours : derrière Emilio, le cardinal Baruso, et très vraisemblablement avec lui d'autres sommités du Saint-Siège, essayait de s'adjoindre ses services pour tenter de récupérer le trésor. Le réflexe était logique : ne recherchaient-ils pas la même chose ? Cela sous-entendait de la part de ces dignitaires de l'Eglise un sens de l'opportunisme hors du commun. Ou peut-être un affolement tout aussi hors du commun. Ne fallait-il pas être aux abois pour faire appel à un ancien agent israélien afin de tenter de récupérer un trésor nécessairement volé par des Israéliens ?

La fin justifie les moyens. On en revenait toujours là. Surtout en Italie, patrie de Machiavel que les princes de l'Eglise devaient connaître sur le bout des doigts.

Gal eut une pensée pour Fiorenza. Alors qu'il avait épousé sa cause, il était malgré lui récupéré par le Vatican pour retrouver ce qu'elle cherchait. Le marché était clair : ce n'est qu'en apportant son aide au Vatican qu'il pourrait avoir accès au violon de David. Emilio ne lui avait pas présenté les choses ainsi, mais il avait assez d'expérience pour savoir que la conversation s'orienterait dans cette direction. Si la découverte du secret du son devait passer par là…

Quant aux affaires d'Etat, cela faisait longtemps qu'il avait décidé qu'elles n'étaient plus de son ressort.

24

Le hall de la gare de Venise était bondé. Un lieu idéal pour passer inaperçu. Matthias Ruff avisa une cabine téléphonique inoccupée et y pénétra. La porte vitrée filtrait tant bien que mal le brouhaha continu de la foule, les annonces crachées par les haut-parleurs et tous les bruits habituels d'une gare, arrivée des trains, crissement des roues sur les rails, cris des porteurs...

Sans une once d'hésitation, il composa le numéro qu'il connaissait par cœur et qu'il aurait été hors de question d'appeler depuis son hôtel ou de tout autre endroit où il pourrait être identifié ou repéré. Après cinq sonneries, il tomba sur la messagerie sur laquelle il laissa juste le numéro de la cabine dans laquelle il se trouvait et raccrocha. Il n'y avait plus qu'à attendre en espérant qu'on le rappelle avant que la cabine soit prise d'assaut. Il y en avait plusieurs autres à côté. C'était une des raisons pour lesquelles il avait choisi la gare : dans la mesure du possible, toujours penser à tout.

Il s'en voulait d'avoir recours à ce numéro. C'était un aveu de faiblesse. Généralement, il ne se manifestait pas avant d'avoir rempli son contrat. Ses rapports avec ses clients se limitaient à l'essentiel. Mais que pouvait-il faire d'autre ? Il avait bien songé à faire parler la fille, mais c'était risqué, et peut-être n'était-elle pas en mesure de lui fournir les bonnes réponses. Il avait donc préféré l'épargner, quitte à l'« interroger » le jour où la nécessité se ferait vraiment ressentir.

Enfin la sonnerie du téléphone retentit dans la cabine. Cinq minutes ne s'étaient pas écoulées. Le temps pour son interlocuteur de le rappeler d'une ligne sûre. Ces gens avaient coutume de régler une grande partie de leurs affaires dans la clandestinité. Il décrocha prestement.

– Des ennuis…, suggéra laconiquement la voix avec laquelle à deux reprises, dans le cadre de ce contrat, il s'était déjà entretenu.

– L'oiseau s'est envolé, annonça Ruff sur le ton le plus neutre possible.

Quelques secondes de silence lui répondirent. Le temps d'évaluer la situation, sa gravité, ses propres capacités à la retourner. Il n'aimait pas ça.

– Vous appelez de Venise…, reprit finalement la voix. Il est à Rome.

Ruff garda le silence pour éviter de paraître surpris. Mais il s'attendait à tout sauf à une information aussi précise. Comment était-ce possible ?

– Il était hier au Vatican où il a donné un concert, poursuivit la voix toujours aussi laconique. Cette précision était surprenante : les fois précédentes, la voix s'en était tenue au strict nécessaire. Je vous rappellerai dans dix minutes pour vous fournir un numéro que vous appellerez une fois à Rome.

La voix avait raccroché. En reposant le combiné sur son socle, il soupira. Il détestait ce genre de situation. Il avait été pris en défaut et était réduit à recevoir des instructions, lui qui avait toujours travaillé seul.

Qu'ils soient au courant de la présence de Knobel à Rome, cela ne l'étonnait pas : le Vatican était un repaire de sympathisants du Troisième Reich. L'un d'entre eux avait prévenu le bureau avec lequel lui-même était en contact. Au moins bénéficierait-il d'une logistique, ce dont il manquait depuis qu'il avait atterri en Italie.

25

La première piste que Gal avait creusée après sa conversation avec Emilio était Shai, ce qui l'avait ramené vers Ricardo Mediani. Il l'avait donc appelé ; depuis une cabine téléphonique, parce que le sujet était sensible et que, depuis les révélations d'Emilio, il ne se sentait pas plus en sécurité à Rome qu'à Venise. Une cabine dans l'un des grands bureaux de poste romains, le genre d'endroit d'où, pendant des années, il avait passé ses appels. L'historien était chez lui et décrocha après une bonne douzaine de sonneries.

– Alors ce concert au Vatican ? Vous a-t-il ouvert les portes que vous vouliez ?

– Il m'en a ouvert certaines.

– Mais, dites-moi, j'ignore si c'est lié, mais j'ai l'impression que votre violon a fait parler la poudre ! Le Saint-Siège n'avait jamais connu pareil fait divers. Un vrai jeu de massacre ! Si la police n'avait pas déjà livré certaines conclusions sur le déroulement des faits, j'aurais presque eu des soupçons à votre encontre…

Il était ravi de sa plaisanterie. Qu'il soit au courant, c'était normal, toute l'Europe devait l'être, mais Gal se demandait si cet esprit badin masquait autre chose. S'il savait ce qui avait provoqué ce jeu de massacre. Très peu de personnes étaient au courant, pour le coup. D'un autre côté, il se voyait mal lui poser la question directement. Parce qu'il avait promis à Emilio de garder le secret, et parce que l'historien ne lui avouerait jamais avoir quelque lien que ce soit avec Shai. Mieux valait biaiser, mais Ricardo Mediani ne s'en laisserait pas si facilement conter. Il l'imaginait devant l'une des fenêtres du salon où il l'avait reçu, contemplant la vue immuable du Grand Canal.

– Vous me faites trop d'honneur. Je vous rappelle que je ne suis qu'un simple musicien, ajouta Gal alors que Ricardo Mediani savait qu'il avait été pilote de chasse dans une vie antérieure. Mais j'ai repensé à ce que vous m'avez dit, et je me demandais comment vous pouviez connaître l'existence d'une société aussi secrète.

Un rire subtil lui parvint à travers la ligne.

– Lorsque l'on est un historien comme moi et que, par définition, on a passé le plus clair de sa vie le nez plongé dans les livres à tenter de déchiffrer et comprendre le passé du peuple hébreu, on finit par être au courant de beaucoup de choses. Notamment de l'existence d'une société comme Shai dont l'objet concerne autant la nation d'Israël.

« Vous savez, reprit-il après quelques secondes de silence, il existe des écrits sur tout, même sur une organisation qui cultive le secret et s'évertue à vivre dans la clandestinité. Deux mille ans, pensez donc ! Il s'en passe et s'en écrit des choses sur une telle période… Et quand on a l'habitude des textes anciens, on a vite fait certains rapprochements et déductions.

Ricardo Mediani marqua une pause, mais Gal sentait qu'il n'avait pas terminé et qu'il ne fallait pas l'interrompre.

– Comment dire ?…, reprit-il, plus sérieux. Si je me suis penché sur cette question, c'est parce que je m'intéresse aux symboles et que nous avons affaire là à l'un des plus forts qui soient. Les objets dont nous parlons ont servi à la célébration du culte dans le Temple depuis sa construction par Salomon en 931 avant Jésus-Christ, et sans doute plus tôt encore pour certains comme la menora en or. Des objets qui remontent donc à la naissance du peuple hébreu et à son alliance avec Dieu. D'où l'importance de la mission que s'étaient fixée les fondateurs de Shai. Ils avaient bien compris que ces objets ne recelaient rien d'autre que l'esprit du peuple hébreu. D'où la nécessité absolue de leur conservation. De nos jours, les gens oublient la valeur des symboles, c'est une erreur. Heureusement il existe une infime minorité qui n'a pas oublié les véritables priorités, celles dont dépend la survie d'un peuple. Vous comprenez, n'est-ce pas ?

La survie d'un peuple, du peuple d'Israël en l'occurrence. Gal était impressionné par le discours de Ricardo Mediani. Comprenait-il ? A vrai dire, il n'en savait rien mais il était prêt à le croire. Au-delà de ces considérations métaphysiques, il ne voulait surtout pas perdre de vue la raison de son appel :

– Parce que, voyez-vous, je suis toujours à la recherche du violon et qu'entrer en contact avec Shai pourrait m'être fort utile…

– Pas tant que le violon se trouve dans les sous-sols du Vatican (et Gal aurait presque pu le voir sourire en prononçant cette phrase). Mais cette fois, c'est vous qui me faites trop d'honneur. Je ne suis qu'un simple historien.

La réponse du berger à la bergère : un simple historien dans son domaine, mondialement reconnu pour ses contributions. Il n'en tirerait rien de plus. Soit Ricardo Mediani n'en savait effectivement pas davantage, soit il était impliqué mais ne parlerait pas. D'un autre côté, pourquoi lui avait-il révélé l'existence de Shai ? Dans quel intérêt ? Parce qu'il n'y avait rien à ajouter, Gal prit congé. Il avait l'impression d'être à nouveau dans la partie qu'il avait quittée des années plus tôt en choisissant la musique. Cette partie où l'on ne savait jamais vraiment à qui l'on avait affaire ni à quoi s'en tenir. Mais il était entré dans le jeu, un jeu dangereux à mi-chemin entre les échecs et le poker, où chacun tentait de cacher ses cartes, tout en étant le pion d'une structure qui le dépassait. Lui-même avait accepté d'entrer dans le jeu pour Fiorenza, et pour la musique évidemment, mais il était désormais un pion, ou une carte, entre les mains du cardinal Baruso qui jouait à un niveau supérieur et tentait de l'utiliser au mieux de ses intérêts, tout en sachant qu'il pouvait être dangereux à manipuler.

Gal changea de cabine, composa le numéro du Service des achats du boulevard Malesherbes et, à la voix masculine et impersonnelle qui lui répondit, il déclina son code identifiant : KOL38.

– Je vous écoute. Quel est le problème ?

– Je souhaiterais parler à Ron. C'est urgent.

– Ne bougez pas, lui répondit la voix impassible. On vous rappelle dans quelques minutes.

Excédé, Gal raccrocha et attendit dans la cabine dont il entrouvrit la porte pour faire pénétrer un peu d'air. Urgent, ça l'était, et plus que ça même. Dans la mesure où le trésor du Temple avait été volé au Vatican sans que l'on sache quoi que ce soit sur les auteurs de cette opération, il n'était plus à l'abri et tout pouvait arriver. Dès lors, il fallait tout entreprendre pour le récupérer. Il ne savait même pas si Ron était au courant. Mais puisque le Vatican avait toujours nié être en possession du trésor, il n'y avait aucune raison pour qu'il ait prévenu l'Etat d'Israël. Etait-ce pour cette raison que le cardinal se servait de lui ? Pour qu'Israël soit averti de façon non officielle, et que le Vatican puisse continuer à nier toute implication quelle que soit la tournure des événements ? Vue sous cet angle, son apparition au Vatican était une opportunité sur laquelle le cardinal avait bondi. Et dans ces conditions, il en était bien réduit à l'état de pion. Un pion qui n'allait pas se laisser manipuler si facilement.

La sonnerie du téléphone l'arracha à ses réflexions.

– Après Venise, Rome, tu visites l'Italie ?

Il reconnut la voix de Ron.

– Et toi, tu m'avais oublié.

– Je n'avais pas assez de ressources pour t'envoyer une équipe. Mais tu te débrouilles très bien tout seul : tu es toujours en vie. Qu'est-ce que tu me veux ?

Gal encaissa, il avait l'habitude d'être traité par-dessus la jambe. Depuis qu'il avait quitté le Service, on ne le prenait plus au sérieux, et Ron devait considérer que lui parler au téléphone était une perte de temps.

– C'est une chance que je sois toujours en vie. Tu as vu ce qui s'est passé au Vatican ?

– Les deux gardes suisses ? Ne me dis pas que tu y as joué du violon ! Parce que, après le Châtelet et le Vatican, je vais commencer à penser que ce sont plutôt tes auditeurs qui auraient besoin d'une protection.

– Assure celle du violoniste, ce sera déjà pas mal.

Evoquer ainsi sa sécurité et l'ingratitude de ceux pour qui il avait tant fait le rendait nerveux et depuis qu'il était en ligne avec Ron, il ne pouvait s'empêcher de jeter des coups d'œil à l'extérieur : il n'avait aucune intention de se faire exécuter dans une cabine téléphonique romaine.

Surtout, il était prêt à parier que le responsable de la cellule parisienne du renseignement israélien n'avait pas le moindre soupçon de ce qui s'était passé au Vatican. Il décida de ne pas attaquer frontalement afin de confirmer son intuition et de ne pas dévoiler toutes ses cartes d'emblée.

– Que sais-tu sur Evgueni Plotnik ?

Gal avait fait exprès de poser cette question à brûle-pourpoint. Provoquer la surprise était un moyen de déstabiliser ses interlocuteurs. Sans compter que Plotnik était lié à la politique, donc forcément intéressant pour un responsable des services secrets comme Ron.

– Tu t'intéresses à la politique intérieure israélienne maintenant ? finit-il par répondre une fois la stupeur passée. A moins que ce soit à sa fortune… fortune aux origines douteuses !

– Je peux m'intéresser à tout ça, le coupa Gal, et à bien d'autres choses dès lors que ça recoupe ce qui m'intéresse.

– En l'occurrence ? soupira Ron.

– Que sais-tu sur Shai ? poursuivit Gal sans tenir compte de sa question.

– Mais où as-tu encore été mettre les pieds ?

Cette fois, il était au courant. Brave Ron. Un professionnel hors pair qui, vingt fois, avait mérité son affectation, un agent, un soldat, un meneur d'hommes et un génie de l'organisation aux compétences unanimement reconnues, mais qui, face à lui, mi-agent mi-musicien, était complètement déstabilisé. Un militaire qui avait servi quinze ans dans l'armée avant de rejoindre le renseignement, un homme habitué aux schémas classiques, aux interlocuteurs facilement identifiables, pas aux électrons libres comme Gal Knobel.

– Et quel serait le rapport entre Plotnik et…

Shai, aurait pu achever à sa place Gal qui ne pouvait s'empêcher de sourire. Il n'avait même pas terminé sa phrase, conscient de risquer un faux pas. Gal pouvait l'entendre soupirer à l'autre bout de la ligne. Sa tension était perceptible. L'officier du renseignement s'en voulait d'avoir aussi facilement dévoilé son jeu. Une erreur de débutant. Le lui faire remarquer serait pire que tout. A présent, il suffisait d'attendre. Le sujet était sensible pour qu'il ait perdu ses moyens si facilement. Peut-être faisait-il partie de Shai. Un soldat travaillant dans le renseignement y avait toute sa place. Mais dans cette hypothèse, c'était écarter le fait que Shai soit à l'origine du casse… sinon il n'aurait pas eu l'air aussi étonné, à moins qu'il feigne l'étonnement. Donc Ron ne faisait pas partie de Shai mais en connaissait l'existence et avait parfaitement conscience de son importance et de celle de sa mission. A moins que... Une fois de plus, tout était envisageable dans cet univers glissant.

– Il faut qu'on parle, dit-il enfin, tandis qu'à l'affût de la moindre anomalie à travers la porte vitrée Gal observait les mouvements de la foule dans le hall du bureau de poste.

– Enfin une parole sensée, répliqua-t-il sans quitter le hall des yeux. Mais le plus tôt serait le mieux.

– Comme tu le sais, le Premier ministre arrive en France en voyage officiel la semaine prochaine, je ne peux donc pas quitter Paris.

– Dans ce cas, ça ne va pas être facile.

– Tu peux te rendre à Tel-Aviv ?

– C'est déjà ce que tu m'avais conseillé quand je t'ai demandé une protection.

– Va trouver Avi Ronner à la Kiria. Je vais le prévenir de ton arrivée. Il y a un vol en partance de Rome pour Lod-Ben-Gourion demain, je te fais bloquer un siège. Tu me raconteras tout ça en temps voulu. Tu vois que finalement je te fournis une protection ! A la Kiria, nulle part tu ne seras davantage en sécurité !

Gal préféra ne pas relever : l'idée de retourner à la Kiria, le centre névralgique du renseignement israélien, où il s'était juré de ne jamais remettre les pieds, était pour lui une épreuve. Mais la situation exigeait qu'il revienne sur certaines de ses réticences.

Enfin il sortit de la cabine et traversa le hall de la poste. Il n'avait pas parlé du vol du trésor parce que cela aurait été le meilleur moyen d'être dépossédé de l'affaire, mais Ron avait compris que la situation était grave. En temps normal, jamais il ne lui aurait proposé aussi vite d'aller trouver Avi Ronner à la Kiria. Dans le meilleur des cas, il l'aurait fait lanterner jusqu'au lendemain. Gal profitait de la mauvaise conscience de Ron de ne pas lui avoir accordé de protection.

Dans la rue, il fut assailli par les hurlements de plusieurs sirènes de police. La ville, la région et peut-être le pays tout entier devaient être le siège d'intenses recherches de la police sur les traces d'œuvres d'art dérobées au Vatican.

D'après ce que lui avait dit Emilio, ils avaient au mieux quelques semaines avant que le trésor soit définitivement sorti du territoire.

26

La foule des touristes et des pèlerins avançait dans un murmure continu entre les colonnes de marbre. Il y avait là des gens venus aussi bien d'Europe occidentale que de Russie et de l'ex-bloc de l'Est, d'Asie, d'Afrique, d'Amérique et d'Australie. Et tous semblaient vaguement écrasés par la hauteur et la majesté de l'édifice.

Par l'intermédiaire d'Emilio, le cardinal Baruso avait donné rendez-vous à Gal devant la *Pietà* à 18 heures. L'entretien ne devait durer que le temps d'effectuer le tour de la basilique au rythme de la foule ; c'est-à-dire une bonne vingtaine de minutes, étant donné l'affluence. Emanant d'un prélat qui ne pouvait absolument pas le recevoir dans l'enceinte du Vatican, l'idée, digne des meilleurs agents du renseignement, avait surpris Gal. Qui irait les repérer et mieux encore écouter leur conversation pendant qu'ils déambuleraient au milieu de la foule ?

Michel-Ange. Il était à nouveau ramené à lui, songeait Gal en admirant la *Pietà*, dans cette basilique qu'il avait largement contribué à bâtir. Même si, pour l'heure, il était moins question de découvrir le secret des Stradivarius que de comprendre ce qui s'était passé au Vatican et de retrouver le trésor. Jusque-là, les choses ne s'étaient pas mal passées : il considérait déjà comme un miracle le fait que Ron l'ait aiguillé aussi facilement vers Avi Ronner à la Kiria. L'électron libre ingérable qu'il représentait pour un officier du renseignement était pris au sérieux. Un électron libre à qui on confiait un rôle de tête chercheuse et que l'on n'hésiterait pas à sacrifier si les événements devaient mal tourner. Mais Avi Ronner ne donnerait aucune information sur Shai sans monnaie d'échange, d'où la nécessité de rencontrer le cardinal.

– Marchons, voulez-vous.

Il avait reconnu la voix du cardinal Baruso apparu à son côté comme un génie des *Mille et Une Nuits*. En se retournant, il aperçut Emilio qui leur avait emboîté le pas à une dizaine de mètres derrière. Ainsi personne ne pourrait les approcher sans qu'il ne s'en aperçoive. C'était parfaitement pensé.

– J'étais en train de me demander ce qui vous avait poussé à faire appel à moi.

– Le bon sens. Et l'amitié que vous témoignait le cardinal de Morillon.

Le cardinal Baruso était plus direct que ne l'était Alphonse. Il était plus sec, s'embarrassant de moins de rondeurs. Mais peut-être était-ce dû à l'urgence de la situation : ils ne disposaient que de quelques jours pour agir.

– Le sens de l'opportunité aussi, reprit le cardinal en élevant le moins possible la voix. Alors que certains de mes confrères ont vu dans votre présence au Vatican matière à suspicion, je veux parler du cardinal Schmidt et de sa clique, j'y ai trouvé une chance à saisir. Je dois dire que le père Pardi s'est montré particulièrement persuasif. Et j'ai bien voulu m'appuyer sur un ancien agent des services secrets israéliens qui allait nécessairement s'adresser à ces mêmes services, au risque qu'ils soient tentés de ne pas restituer le trésor au Vatican pour l'acheminer en Terre sainte.

Au moins, le cardinal jouait cartes sur table.

– Et si vous me racontiez ce qui s'est passé..., suggéra Gal.

– Je dois vous prévenir que dans cette affaire le père Pardi et moi faisons cavaliers seuls, sans aucun aval du Saint-Siège. Notre démarche doit rester secrète. Il s'agit d'un coup de poker qui pourrait nous coûter cher. Quant à ce que je sais, cela demeure assez parcellaire, je ne suis pas responsable de l'enquête.

Gal eut une pensée pour Emilio. Il avait des convictions mais surtout du cran.

– Eh bien, j'essaierai de me montrer à la hauteur de ce coup de poker. Mais racontez-moi ce que vous savez qui pourrait m'être utile, avant que nous ayons fait le tour de la basilique et que nous soyons contraints de nous séparer.

– Conformément à la rumeur, des chambres fortes ont bien été creusées et aménagées dans le sous-sol rocheux du Vatican. Un endroit prétendument inviolable pour abriter les trésors inestimables que le plus petit Etat du monde, mais surtout l'un des plus anciens, n'a pas manqué d'accumuler. Mais le système le plus parfait présente au moins une faille, n'est-ce pas ?

Gal écoutait cet exposé, les yeux balayant régulièrement la masse des visiteurs au rythme de laquelle ils avançaient, mais surtout fixés sur le sol de l'édifice constitué d'un extraordinaire dallage de marbres de couleurs différentes. Ainsi disposées, elles rappelaient les dessins de jardins à la française et constituaient un spectacle d'une grande beauté. Et s'il levait la tête, c'était pour découvrir une voûte à caissons dorés et des statues de marbre blanc juchées au sommet des vertigineuses colonnes.

– La faille était humaine, comme souvent, hélas. Mais confondu par le colonel Ritter, le lieutenant-colonel Lamy n'aura pas profité longtemps du prix de sa trahison. Il semblerait que l'on profite rarement longtemps de ce type de rétribution… Cela s'est donc passé dans la nuit qui a suivi votre récital. Le lieutenant-colonel était responsable de la garnison. On suppose que d'autres que lui ont été soudoyés. Nous ne disposons pas encore de preuves mais nous y travaillons.

– Qui y travaille ?

– Le Vatican mène son enquête en interne et conduit un certain nombre d'interrogatoires. Pour l'analyse de la scène de crime, je veux parler de la chambre forte, nous avons fait appel à la police dont les techniciens en identification criminelle ont quadrillé les lieux et procédé à toutes les analyses possibles. Même chose pour l'enquête à l'extérieur du Vatican. La police italienne ne néglige aucune piste.

– Comment le colonel Ritter a-t-il pu découvrir aussi rapidement la responsabilité de son adjoint dans cette affaire ?

– Bonne question. Il est probable que son comportement au cours des récentes semaines ait alerté le colonel. Je suppose qu'on ne se livre pas à une telle trahison sans que rien ne transparaisse.

– Racontez-moi comment l'opération s'est déroulée. Qu'ont donné les recherches effectuées par les techniciens en identification criminelle ?

– Il semblerait que le commando, c'est le terme employé, se soit introduit dans l'enceinte du Vatican avant la tombée de la nuit et que ses membres aient séjourné dans un magasin attenant aux cuisines. Sans doute sont-ils entrés au moyen d'un camion de livraison de fruits et légumes qui aurait servi à emporter le butin.

– Le chauffeur ?

– Porté disparu.

– Attendez-vous à ne retrouver que son cadavre. Et le camion ?

– Calciné dans un ravin.

– Tout ça sent l'implication de la mafia.

– Pourquoi la mafia ?

– Qui d'autre en Italie serait assez puissant pour organiser une opération pareille ? Même s'il s'agit d'une commande émanant de l'étranger, je ne serais pas étonné que, d'une manière ou d'une autre, la mafia soit dans le coup. Le commando a-t-il usé de violence au sein du Vatican ?

– Les deux gardes en faction dans la salle de contrôle d'où sont commandées les différentes caméras et les alarmes ont été endormis avec un gaz anesthésiant puis ligotés. Ce qui a permis la désactivation de tous les systèmes d'alarme et a laissé tout loisir au commando d'opérer en toute tranquillité.

– Ces deux gardes sont suspectés ?

– Je crois que cela fait partie des options retenues, mais je suppose que le plus compliqué était de connaître l'existence et l'emplacement de cette salle de contrôle, comme celui des chambres fortes ainsi que les plans du Vatican. Ce que le lieutenant-colonel Lamy leur a certainement fourni.

Ils étaient parvenus au niveau du monumental baldaquin de bronze du maître-autel conçu par le Bernin. Gal leva la tête et découvrit l'inscription en lettres géantes, qui courait sur le pourtour interne du dôme : « TU ES PETRUS ET SUPER HANC PETRAM AEDIFICABO ECCLESIAM MEAM. TIBI DABO CLAVES REGNI CAELORUM », déchiffra-t-il.

– « Tu es Pierre et sur cette pierre je bâtirai mon Eglise. Je vous donnerai les clefs du royaume des cieux », traduisit le cardinal à son intention.

– Et dire que Jésus était juif.

– C'est pourquoi nos deux religions sont si intimement liées, repartit le cardinal.

Autour d'eux, les gens prenaient des photos. La hauteur de l'ensemble les laissait pantois. Si l'édifice avait été bâti pour impressionner les fidèles, quatre siècles plus tard cela fonctionnait toujours.

– Vous parlez de plusieurs chambres fortes, reprit Gal qui ne voulait pas perdre de temps. Mais combien ont été fracturées ? Et comment ?

– Comment, je l'ignore, mais d'après ce que je sais, ils n'auraient rien laissé sur place, aucun matériel. En revanche, je peux vous dire qu'ils ne se sont attaqués qu'à la chambre forte qui les intéressait.

– C'est une information que le lieutenant-colonel Lamy pouvait détenir ?

– Par déduction sans doute.

– Je doute que les gens à l'origine d'une telle opération se soient contentés de déductions, si l'on en juge par le professionnalisme dont ils ont fait preuve…

– En effet, admit le cardinal. Je suis désolé parce que je suis bien conscient de ne pas vous apporter autant de détails que vous le souhaiteriez.

Gal balaya la remarque d'un geste de la main.

– Dites-moi plutôt… Qu'est-ce que les policiers recherchent exactement ? Il leur a bien été fourni un descriptif de ce qui a été volé, des photos…

– La police recherche divers objets anciens dont il n'existe pas de photos mais pour lesquels il lui a été fourni un descriptif, répondit laconiquement le cardinal.

Gal décida de le pousser dans ses retranchements :

– Et si vous me disiez clairement ce qui a été volé ? Ne croyez-vous pas que je mettrai d'autant plus de zèle à vous aider à partir du moment où vous m'aurez accordé votre confiance ?

– Vous savez très bien ce qui a été volé, dit le prélat en baissant la voix.

– Y compris ce qui m'intéresse ?

– Y compris le violon du roi David.

Gal regarda attentivement le cardinal, qui soutint son regard. Son expression à cet instant le décida à lui faire confiance pour de bon. Parce qu'il était hors de question qu'il se lance dans cette quête si le violon de David ne se trouvait pas au bout. Ils étaient parvenus à leur point de départ, devant la *Pietà*, après avoir fait le tour de la basilique. Ils allaient devoir se séparer. A une dizaine de mètres, Emilio surveillait toujours les alentours.

– Une dernière chose, fit-il à l'attention du cardinal. Je pars demain pour Israël, mais je compte sur vous pour me tenir au courant dès que vous aurez du nouveau.

– Et vous, dès que vous aurez appris quelque chose sur Shai.

– Comment êtes-vous au courant ? s'étonna Gal.

– Plus de sept siècles à se regarder en chiens de faïence… Bon voyage.

Et le cardinal s'éloignait déjà, suivi par Emilio, laissant Gal seul au seuil de la basilique. Stupéfait par ce qu'il venait d'entendre, il sortit et s'engagea sur la place Saint-Pierre. Et tandis qu'il traversait l'immense esplanade cerclée par la colonnade elliptique du Bernin, il se dit que, dès le lendemain, en Israël, que ce soit à Tel-Aviv, à la Kiria ou à Jérusalem, il faudrait bien qu'il découvre enfin qui se cachait derrière cette organisation dont manifestement il était le seul, quelques jours plus tôt, à ignorer l'existence.

27

A la sortie de l'aéroport Lod-Ben-Gourion, Gal s'engouffra dans un taxi, une vieille 504 Peugeot. Le chauffeur engagea son véhicule sur la route. Son antiquité n'était pas climatisée et il roulait fenêtres ouvertes afin d'aérer l'habitacle. Gal en profita pour s'imprégner des odeurs de son pays exacerbées par la douceur de l'air.

Israël, la Terre promise. Le sol sur lequel il était né, avant la création de l'Etat hébreu, lorsque le pays s'appelait encore Palestine. Le sol sur lequel il avait grandi, découvert le violon, appris à piloter des avions de chasse et combattu. Le pays qui l'avait encouragé à se lancer dans une carrière internationale pour ensuite mieux l'utiliser. Après quelques années glorieuses de services rendus à la nation, les choses s'étaient envenimées et sa défection lui avait finalement coûté cher. La sécurité de la nation suppose un engagement à vie. Mais c'était du passé et ses relations avec les services de renseignements avaient fini par s'apaiser. Et même si on le traitait sans égards ni ménagements, on le prenait encore au sérieux puisque, malgré des emplois du temps surchargés et des responsabilités écrasantes, on acceptait de l'écouter.

On approchait de Tel-Aviv, la circulation était plus dense et il observait avec intérêt les changements opérés, les immeubles qui avaient poussé, les voitures plus nombreuses, avec ce dynamisme légendaire que l'on ressentait à chaque coin de rue. Plus grand-chose à voir avec la Palestine de son enfance où il n'y avait presque rien, que quelques villages de maisons basses, quasiment aucune infrastructure, hormis les quelques routes reliant entre elles les petites agglomérations. Cet endroit jadis presque désert était passé en quelques décennies des temps les plus reculés au modernisme le plus effréné : toute nostalgie mise à part, Tel-Aviv était avant tout le symbole de la renaissance d'une nation, et se devait d'être aussi éclatante qu'un étendard.

La 504 s'arrêta enfin rue Basel, à côté de la caserne des pompiers, devant l'immeuble où habitait sa cousine Lisa. Il régla la course et descendit, son sac et son étui sous le bras. Elle aussi, cela faisait une éternité qu'il ne l'avait pas vue, et pourtant c'est à elle qu'il avait pensé dès qu'il avait été question de se rendre à Tel-Aviv. Sa cousine chérie avec qui il avait passé tant de temps pendant son enfance. Elle était devenue comme une sœur.

Elle lui ouvrit la porte et, sans prendre le temps de poser son violon, il la serra dans ses bras. Puis, la tenant toujours par les épaules, il s'écarta pour la regarder. Les années l'avaient épargnée. Ses yeux étaient toujours aussi beaux, ses cheveux aussi lourds et ses traits aussi bien dessinés. Peut-être quelques kilos supplémentaires avaient-ils prévenu l'apparition des premières rides.

– Tu n'as pas changé. Tu es toujours aussi belle.

– Et toi, tu n'aurais pas pris un peu de poids par hasard ? lui demanda-t-elle perfidement.

– Et toujours aussi rosse à ce que je vois.

Elle rit. La blessure avait cicatrisé depuis longtemps, mais elle l'avait aimé comme une folle autrefois et avait rêvé de l'épouser. Ses sentiments à lui n'étaient pas aussi forts et il souhaitait une autre vie, une vie faite de voyages, de lumière et d'ombre, dangereuse et mouvementée ; ce qui aurait été impossible avec une femme.

– Pose tes affaires dans le bureau qui fait aussi chambre d'amis. Je suppose que tu n'as pas l'intention d'apporter ton violon à la Kiria…

– Tu es bien installée, dis-moi, constata-t-il en découvrant le trois pièces fonctionnel équipé de meubles modernes, décoré de plantes vertes et de photos souvenirs. Tu es heureuse ?

Elle l'attendait sur le seuil de la porte d'entrée.

– Ne tardons pas, je t'attendais pour partir. Et nous allons tous les deux être en retard. Ma voiture est au parking en bas.

Il la suivit dans l'escalier.

– Je suis heureuse depuis que j'ai arrêté de penser à toi, lui répondit-elle enfin en montant dans sa Subaru grise.

– Mais ça fait longtemps que tu ne penses plus à moi ! s'exclama Gal tandis qu'elle démarrait.

– Ne prends pas cet air désolé, au fond tu es ravi. Vous êtes tous les mêmes !

Ils passèrent la demi-heure nécessaire à couvrir la distance les séparant de la Kiria à échanger mille souvenirs et à se donner des nouvelles, mais Gal était concentré sur son entretien à venir avec Avi Ronner. Il devait à tout prix le convaincre de lui fournir les informations qu'il détenait sur Shai, ou, mieux encore, de le mettre en relation avec l'organisation.

Enfin ils parvinrent au poste de contrôle filtrant les entrées et les sorties de la Kiria, autrefois village colonisé par des Juifs allemands, et à présent l'un des endroits les plus sécurisés d'Israël, centre névralgique du commandement militaire, du renseignement et des communications internationales. Un certain nombre de soldats armés de fusils d'assaut Galil montaient la garde. Assistante d'un général membre de l'état-major, Lisa était une habituée, mais il dut présenter son passeport au garde qui se penchait à sa fenêtre.

– J'ai rendez-vous avec Avi Ronner, précisa Gal.

– C'est mon cousin, ajouta Lisa.

Le soldat s'éloigna avec le passeport de Gal et disparut dans un baraquement. Le temps de passer un coup de fil. Il revint au bout de quelques minutes.

– Vous savez où c'est ? demanda-t-il en rendant son passeport à Gal.

– Je vais l'y conduire, intervint Lisa.

La barrière se leva et ils pénétrèrent dans la Kiria. Lisa dirigea sa voiture au ralenti dans un dédale d'allées plantées d'arbres et s'arrêta enfin devant un immeuble de style Bauhaus, datant des années 1930. A part les soldats en armes montant la garde et les tours bardées d'antennes paraboliques, l'ensemble ressemblait plutôt à un quartier résidentiel. La plupart des immeubles ne payaient pas de mine, mais il ne fallait pas se fier aux apparences : à 20 mètres de profondeur, le sous-sol était un gigantesque gruyère composé d'un réseau de postes de commandement à l'abri des bombardements.

Gal descendit et, après un signe à Lisa, se dirigea vers le bâtiment haut de trois étages. A l'entrée, il dut à nouveau montrer son passeport et passer sous un portique équipé d'un détecteur de métal. Puis on lui dit de monter au troisième étage.

28

Un homme d'une quarantaine d'années l'attendait en haut de l'escalier.

– Avi Ronner, se présenta-t-il en lui serrant fermement la main. Suis-moi.

A sa suite, Gal pénétra dans un bureau d'angle dont les fenêtres donnaient sur un magnifique eucalyptus, ces arbres qui avaient été plantés là pour assécher les marais. A l'invitation de son interlocuteur, Gal s'assit. L'agent l'avait à peine regardé mais Gal ne perdait rien pour attendre et il avait de toute façon déjà épluché son dossier de A à Z. De son côté, il n'avait jamais vu Avi Ronner auparavant mais il n'était pas dépaysé. Il sortait du même moule que Ron. Comme lui, il était de la race des faucons. Pas très grand, athlétique, le teint basané et le geste précis. Au premier abord, Avi Ronner se distinguait cependant par la douceur de son regard. Mais pour être derrière ce bureau, même si Gal ignorait la nature précise de ses fonctions, il fallait avant tout être un soldat et avoir l'âme d'un combattant.

– Tu as connu Eve, dit-il en le regardant droit dans les yeux.

Gal réprima un tressaillement. Ce n'était pas une question mais une affirmation. Et l'agent épiait sa réaction. Lui aussi avait dû être séduit par la jeune femme qu'il avait forcément rencontrée en service, pendant les années qu'elle avait passées ici même, à la Kiria. Et maintenant qu'elle était morte, morte au combat, il n'était plus question de rivalité entre hommes. Il n'était pas non plus question de biaiser. Le faire parler d'Eve était une manière de le tester. Et de la sincérité de sa réponse dépendraient sans doute la nature et l'ampleur des informations qu'il recueillerait. Donnant donnant. En ce sens, il avait l'impression de se retrouver dans la même situation que face à Ricardo Mediani quelques jours plus tôt.

Gal n'avait pas à se forcer pour parler d'Eve. Il ne s'était pas attendu que l'entretien débute ainsi. Il s'était plutôt préparé à déployer des trésors de conviction, alors il était heureusement surpris.

– Je l'ai en effet connue, répondit-il avec un sourire lointain. C'est elle que le bureau parisien avait envoyée vers moi après mon appel au secours dans l'affaire Rossi. Au départ, elle avait eu du mal à prendre cette histoire au sérieux, mais c'est finalement elle qui a compris l'ampleur de l'enjeu et entraîné le service.

– Avec les conséquences que l'on connaît, et ce précieux coup de filet.

– C'était un très grand agent et une femme merveilleuse, renchérit Gal avec une certaine gravité.

– Le violoniste, constata son interlocuteur avec une sorte de fatalisme envieux.

Gal sourit. Les agents du renseignement se mettaient rarement ainsi à nu, et seule une femme aussi exceptionnelle qu'Eve pouvait provoquer ce genre de réaction. Mais l'officier allait se reprendre et le souvenir d'Eve qui planait entre eux allait très vite se dissiper pour laisser un vide pouvant être gênant. Même si, là encore, Gal subodorait qu'Eve allait jouer auprès d'Avi Ronner le rôle qu'Alphonse de Morillon avait tenu auprès du cardinal Baruso ; comme si les disparus qui lui avaient été si chers de leur vivant lui tendaient la main depuis l'au-delà pour le guider sur le chemin tortueux où il s'était engagé.

– Alors, qu'est-ce qui t'amène ? lui demanda Avi Ronner avec une voix soudain dénuée de toute émotion.

La boîte à souvenirs était refermée.

– C'est Shai qui m'amène, répliqua Gal du tac au tac.

– Shai..., dit-il avec un air pensif. Très vraisemblablement, la plus vieille organisation secrète au monde. Mais Ron m'avait surtout parlé d'Evgueni Plotnik.

– Il y a très certainement un lien.

– Alors là, tu m'intrigues. Parce que je n'imagine vraiment pas comment les deux pourraient être liés. Mais pourquoi t'intéresses-tu aujourd'hui à cette organisation qui n'est connue que d'une poignée d'individus ?

On entrait dans le vif du sujet. Il n'obtiendrait rien sans rien donner. Ce dont le cardinal Baruso se doutait nécessairement.

– Tu es au courant des événements au Vatican ?

– Les deux officiers de la garde suisse ? s'étonna Avi Ronner.

– Ça, c'est un dommage collatéral de ce qui s'est passé mais que le Vatican n'a pas révélé parce que les conséquences pourraient être beaucoup plus sérieuses.

– Et si tu faisais moins de mystères ? lui suggéra l'agent.

– Normal, puisque ce qui y a été volé n'a jamais officiellement été en la possession du Saint-Siège...

Avi Ronner émit un sifflement admiratif et Gal entreprit de lui raconter ce qu'il savait, c'est-à-dire ce que lui avait transmis le cardinal.

– Tu me suis à présent ?

– Parfaitement. Plotnik et Shai pourraient en effet avoir le même objectif, mais avec des motivations radicalement opposées.

– Le premier voudrait rapporter le trésor du Temple pour satisfaire une ambition personnelle, tandis que Shai ne songe qu'à rétablir le symbole de l'alliance entre le peuple hébreu et Dieu..., compléta Gal.

– Sans doute, admit l'officier. Et Plotnik aurait largement les moyens de financer une telle opération et aucun mal à recruter des professionnels prêts à y participer. Mais à partir du moment où leurs intérêts se rejoignent, Plotnik et Shai n'auraient-ils pas pu s'allier pour parvenir à leurs fins ?

Gal secoua la tête.

– J'en doute, parce qu'il est difficile de servir à la fois Dieu et sa propre ambition. Mais c'est pour en avoir le cœur net que j'aimerais rencontrer Shai. S'ils veillent sur le trésor depuis le sac de Jérusalem par les Romains, je ne serais pas étonné qu'ils aient une idée de l'endroit où il se trouve à présent.

– Tout cela est très joli, le coupa l'officier. Mais toi, où est ta motivation dans tout ça ? Ne me dis pas que tu roules pour le Vatican, parce que j'aurais du mal à te suivre...

Gal ne put réprimer un sourire. C'était d'une logique imparable : on était en droit de se demander pour quelle raison il était impliqué dans cette affaire, lui le violoniste qui avait quitté le Service mais aussi sa terre natale.

– C'est parce qu'il jouait du violon que David a été désigné pour succéder au roi Saül.

Avi Ronner ne voyait pas le rapport.

– Je veux dire que ces reliques ont peut-être une importance plus grande que celle que des gens pourtant avisés comme toi auraient tendance à leur accorder. Contrairement à Evgueni Plotnik.

– Tu peux préciser ?

– Songe au symbole qu'elles représentent. De tout temps, les esprits éclairés leur ont accordé une importance considérable. Elles ont une valeur inestimable parce qu'elles sont liées aux origines du peuple hébreu et qu'elles symbolisent son alliance avec Dieu. De ce point de vue, ce serait un tort de les négliger. Même un Plotnik l'a compris.

– Evgueni Plotnik représente une épine dans le pied de pas mal de gens ici, soupira l'officier. L'origine de sa fortune, sa personnalité et ses ambitions politiques, auxquelles il consacre beaucoup d'argent, ne sont pas du goût de tout le monde. C'est la raison pour laquelle Ron m'a suggéré de te recevoir.

– Ça, je l'avais compris. Mais ce n'est pas Plotnik qui m'intéresse. En admettant qu'il soit impliqué dans le casse du Vatican, je ne vois pas ce que je pourrais faire face à lui. Aucun de mes arguments ne pourra l'amener à renoncer à son ambition politique.

– Tu ne m'as toujours pas dit ce qui t'intéresse dans cette affaire.

– Le violon du roi David, qui fait certainement partie du trésor du Temple et qui recèle le secret des Stradivarius.

A l'évocation des Stradivarius, Avi fronça les sourcils.

– Mais au-delà de ça, poursuivit-il pour noyer dans l'œuf l'objection de l'officier, tu penses bien que si une organisation comme Shai a pris la peine de veiller sur ce trésor depuis près de deux mille ans, personne en Israël n'aurait intérêt à ce qu'il disparaisse. Il faudrait au moins s'assurer de ce qu'il est devenu. Même si, en haut lieu, certaines personnes pensent qu'il ne s'agit que de reliques.

Avi Ronner soupira. Gal savait que son interlocuteur ne pouvait prendre une décision seul et qu'il allait devoir en référer.

– Tu imagines que ce genre d'affaire n'est pas dans nos priorités et qu'avec les différentes menaces qui pèsent sur le pays, et qui sont autrement plus grandes que celle de voir un Evgueni Plotnik devenir Premier ministre, nous sommes déjà la tête sous l'eau. Je vais voir si je peux te mettre en relation avec Shai, c'est la seule chose que je peux faire pour toi, mais je te préviens, c'est sans garantie. D'une part, parce que je ne suis pas seul à prendre ce type de décision, et d'autre part, parce qu'il n'est pas certain que Shai accepte de te rencontrer.

– Je n'en espérais pas plus, fit Gal en soutenant son regard.

– J'espère pouvoir te donner une réponse demain. Je te fais raccompagner jusqu'au poste de contrôle.

Les deux hommes se levèrent, et Avi Ronner raccompagna Gal jusqu'à l'escalier où ils se serrèrent la main.

– Si je fais ça, lâcha finalement Avi, c'est en souvenir d'Eve.

– A la mémoire d'Eve, alors, répliqua Gal avant de disparaître dans l'escalier.

Pour Eve, mais aussi à cause de Plotnik, se dit Gal, surpris par cette nouvelle manifestation de sentimentalisme chez l'officier. Plotnik qui, s'il rapportait le trésor à Jérusalem, aurait en effet le soutien de tous les religieux et serait ainsi assuré d'obtenir le poste de Premier ministre. Ce à quoi le pouvoir en place ne pouvait évidemment pas se résoudre.

L'homme était incontrôlable, ingérable. Il avait débarqué de Russie avec une réputation sulfureuse et de quoi acheter la plupart des gens qui pouvaient lui être utiles, ce dont il ne s'était pas privé. Son accession au pouvoir représenterait un danger pour le pays et la région tout entière. Pour cette raison au moins, Gal escomptait qu'Avi Ronner ne laisserait pas cet entretien sans suite.

Une alliance entre Evgueni Plotnik, le milliardaire uniquement animé par son ambition personnelle, son idée de toute-puissance, et Shai, l'organisation dont les membres, depuis près de deux mille ans, consacraient leur existence à la garde du trésor symbolisant le lien unissant le peuple hébreu à Dieu… Il y avait pensé en effet. Mais au-delà de tous les éléments les opposant et rendant une telle alliance *a priori* impossible, venait de lui apparaître un autre motif auquel, jusque-là, il n'avait pas songé, d'ordre calendaire, celui-là. Plotnik et Shai n'avaient pas la même appréhension du temps : pour le premier, il se comptait en années, alors que pour Shai, il se déclinait en siècles. Et si Plotnik n'avait pas toute la vie devant lui pour satisfaire ses ambitions politiques, il n'était pas certain que Shai considère que le moment était venu de restituer le trésor à Israël...

29

Etait-ce la main d'Eve qui arrangeait les choses en sa faveur depuis l'au-delà, ou la menace que représentait l'ascension politique d'Evgueni Plotnik qui avait convaincu Avi Ronner d'agir sans tarder ? Dès le lendemain, Gal recevait les indications nécessaires pour entrer en relation avec Shai. Ronner ou quelqu'un d'autre au sein du Service avait donc un moyen de joindre l'organisation secrète.

Mais c'est lui qu'on envoyait en éclaireur. Une fois de plus, on lui faisait jouer le rôle de fusible. Si les choses venaient à prendre une tournure plus intéressante, le Service reprendrait la main, en le reléguant à un rôle secondaire, voire en le sortant de la course. C'était le jeu : il se servait du Service comme le Service se servait de lui. A lui de prendre suffisamment d'avance pour rester indispensable.

Le message que lui avait transmis Ronner *via* Lisa était on ne peut plus laconique : « Le Kotel. Dans la fente entre la huitième et la neuvième pierre à hauteur d'homme en partant de la séparation hommes-femmes, tu trouveras un petit papier de couleur bleue. Il t'est destiné et comporte les indications nécessaires pour trouver le lieu et la date du rendez-vous qui t'est fixé. »

Le Kotel, que les Gentils appelaient mur des Lamentations, unique vestige de la muraille ouest du second Temple bâti par Hérode après que le temple de Salomon eut été détruit par les Babyloniens en 586 avant Jésus-Christ. De par sa proximité avec le Kodesh Ha' Kodashim, le Saint des Saints, le Mur occidental était considéré comme l'endroit le plus saint accessible pour la prière. D'où l'affluence permanente. Le fait que Shai utilise le Mur comme une boîte aux lettres pouvait sous-entendre que le message serait codé : pas question qu'une personne à qui il n'était pas destiné tombe dessus et soit en mesure de le comprendre.

Gal s'était mis en route pour Jérusalem et il y était enfin. Sur l'esplanade à laquelle il avait accédé par la porte des Maghrébins où il s'était soumis à un strict contrôle de police. A 8 heures du soir, la nuit était tombée. A la lueur des projecteurs, des dizaines de personnes, dont bon nombre de juifs orthodoxes, priaient au pied du Mur qui les dominait de sa hauteur monumentale.

Gal se dirigea vers l'aire réservée à la prière des hommes, compta les pierres depuis la cloison séparant les hommes des femmes, et avança jusqu'à la huitième. Des dizaines de petits papiers pliés contenant des souhaits et des prières étaient coincés dans les interstices entre les pierres. Son regard courait sur ces minuscules feuillets pliés et repliés quand il tomba sur le bleu qui l'attendait. Il s'en saisit.

Il le déplia et déchiffra ce qui y était écrit : *« Ayeleth hashachar, Elie Elie lama azavtani »,* qu'il traduisit aussitôt : « Sur biche de l'aurore, mon Dieu, mon Dieu, pourquoi m'as-tu abandonné. » Un psaume. Il sourit. Les messages de Shai étaient des psaumes glissés dans les interstices du Mur. Mais qu'est-ce que celui-ci pouvait bien dissimuler ? Peut-être qu'en sachant de quel psaume il s'agissait il serait plus avancé… A deux mètres sur sa gauche, un juif orthodoxe vêtu de noir et coiffé d'un chapeau à large bord priait face au Mur, avec ce mouvement de léger balancement d'avant en arrière destiné à prévenir l'endormissement. Certains de ces hommes priaient des heures d'affilée. Soudain, l'homme interrompit son mouvement et fit un pas en arrière.

– Je vous prie de m'excuser, fit Gal.

L'homme se tourna vers lui.

– *Ayeleth hashachar, Elie Elie lama azavtani*, j'ai oublié de quel psaume il s'agit. En auriez-vous une idée par hasard ?

– C'est le psaume 22 de David.

– Je vous remercie.

Pas plus avancé pour autant, Gal traversa l'esplanade en direction de la porte des Maghrébins avec l'intention de reprendre la voiture de Lisa et de la retrouver à Tel-Aviv distante d'une soixantaine de kilomètres. Une petite heure de route à peine.

Une énigme. Comme il s'y attendait, Shai lui soumettait une énigme, ce qui était un moyen de se protéger et de le tester. Mais à présent qu'il disposait de tous les éléments, c'était forcément à sa portée.

30

– Ah, te voilà enfin ! Je t'attendais beaucoup plus tôt. Alors dépêche-toi. Prends ton violon et on repart !

– Déjà ? Où est-ce que tu m'emmènes, petite cousine ? lui demanda Gal, amusé par cet accueil alors qu'il était encore sur le palier et n'avait pas retiré sa clef de la serrure. Et pourquoi veux-tu que je prenne mon violon ?

– C'est une surprise ! s'exclama-t-elle sur un ton péremptoire. Allez, ne fais pas de manières et va prendre ton violon, qu'au moins tu ne l'aies pas apporté pour rien. Et rends-moi la clef de la voiture. Tu ne l'as pas abîmée au moins ?

– C'est tout ce qu'il en reste, répliqua-t-il en lui tendant la clef. Mais non, ajouta-t-il tandis qu'elle blêmissait. Je te la rends sans une rayure, ta voiture de fonction.

– Un miracle, vu la façon dont tu conduis !

Gal sourit : cette cohabitation de quelques jours avec Lisa le rajeunissait énormément. Elle avait toujours eu peur avec lui au volant, lui reprochant de prendre la moindre route pour un circuit de rallye automobile.

– Mais tu es magnifique, dis-moi, constata-t-il de retour avec son étui, après avoir remarqué sa robe qui épousait la forme de son corps. J'ai l'air d'un pouilleux à côté de toi.

– Ne dis pas de bêtises, avec ton violon tu as toujours éclipsé tout le monde.

– N'en fais pas trop !

Elle ferma à clef et Gal la suivit dans l'escalier où ses talons claquaient contre les marches. Et lui souriait de la surprise qu'elle lui avait préparée. Elle avait l'air si contente de sortir son cousin violoniste, il ne pouvait pas la décevoir.

– Tu as trouvé ce que tu cherchais au moins ? lui demanda-t-elle en démarrant.

– Si on veut, se contenta-t-il de répondre, parce qu'il avait eu beau y réfléchir et retourner le psaume dans tous les sens pendant le trajet de Jérusalem à Tel-Aviv, il n'avait pas encore percé son énigme.

– Je ne sais pas ce que tu me fais comme cachotterie, fit-elle en lui jetant un regard en coin, mais ne va pas me dire que tu ne travailles plus pour le Mossad.

Gal sourit une nouvelle fois : Lisa n'avait jamais voulu croire à son retrait des « affaires », comme elle disait. L'image du violoniste-agent secret était trop romanesque à ses yeux. Elle avait beau être l'assistante d'un des plus hauts gradés de l'état-major de Tsahal, et par conséquent au courant de pas mal de secrets militaires de la plus haute importance, elle gardait l'âme d'une midinette.

– Dis-moi, on se dirige vers Jaffa, n'est-ce pas ? demanda Gal après un quart d'heure de voiture lorsqu'il reconnut la tour Shalom, le plus haut gratte-ciel de Tel-Aviv.

– Ne t'inquiète pas. On est presque arrivés, je t'emmène en plein quartier yéménite, dans un restaurant situé à côté du souk Carmel.

Cinq minutes plus tard, Lisa garait sa Subaru, et tous deux en descendirent, Gal son étui sous le bras. Il ne voulait pas assombrir la bonne humeur de sa cousine ni lui gâcher sa soirée, alors il prenait sur lui. Elle avait la gentillesse de l'héberger et il lui devait bien ça. Mais ça le contrariait de se prêter à ces futilités alors que le temps était compté et que bientôt tout espoir de retrouver le trésor, et le violon de David, serait perdu. Le psaume en question était certainement censé lui indiquer un lieu, une date et une heure de rendez-vous. Mais il n'avait pour l'instant pas la moindre piste.

Il suivit Lisa qui avait poussé la porte d'un restaurant oriental, Chez Zion. Ils avaient à peine fait trois pas dans la salle que des exclamations joyeuses les accueillirent. Suivant sa cousine, il rejoignit une table autour de laquelle attendaient quatre jeunes femmes de l'âge de Lisa. Quatre représentations de la jeune Israélienne dynamique vivant à Tel-Aviv, sourit-il.

– Gal, je te présente Danith, Hava, Ruth, et Iris. Et vous, je ne vous présente pas mon cousin.

– Toutes ces femmes pour moi ? s'exclama Gal. Je crains de ne pas être à la hauteur !

Elles rirent sans le lâcher des yeux et Gal fut étourdi de se retrouver entouré d'aussi jolies femmes. Il y avait une brune à la peau mate et aux yeux bleu lagon, une blonde au sourire éclatant, une autre avait les cheveux auburn, des taches de rousseur et le dévorait du regard, enfin, une rousse aux yeux verts aurait presque pu lui faire oublier Fiorenza.

– Mais que faites-vous seules comme ça sans hommes pour vous accompagner ? feignit-il de s'étonner.

– Elles sont venues t'écouter, elles sont folles de toi, renchérit Lisa qui le présentait presque comme un trophée.

– Et qu'est-ce que vous voudriez que je joue ?

– Après, après, le coupa Lisa. Vous avez déjà commandé à dîner ?

A ce moment, deux serveurs apparurent avec des plateaux chargés de plats orientaux parmi lesquels Gal reconnut des brochettes, des kebabs, des chachliks, des falafels, de l'houmous et des galettes. Il était tout juste assis entre Hava, la rousse, et Iris, la blonde, qu'elles reprirent leur conversation très régulièrement émaillée de cris et de rires.

Une fois les plats terminés, l'un des serveurs posa un gâteau au centre de la table. Intrigué, Gal se pencha pour l'observer de plus près. Un portrait de George Clooney apparaissait sous le glaçage entouré d'une frise formée de lettres qu'il finit par déchiffrer : « Un de perdu, dix de retrouvés, vive la liberté ! »

– Mais qu'est-ce que c'est que ça ? demanda-t-il, stupéfait.

– Le gâteau de divorce d'Iris ! s'exclamèrent-elles en chœur dans de grands éclats de rire.

– Et c'est pour ça que vous m'avez invité ! Alors comme ça on fête les divorces ?

Les rires redoublèrent, puis elles levèrent leurs verres et trinquèrent à ce divorce. Gal n'avait jamais participé à une telle réunion dont il n'avait même jamais soupçonné l'existence, il se demandait ce qu'il faisait là et avait l'impression de ne pas être à sa place. Alors, sans y être invité, il sortit son violon : au moins la musique justifierait sa présence. Il allait leur jouer des airs entraînants, des airs tsiganes se prêtant à l'humeur générale : apparemment le divorce d'Iris prêtait à tout sauf à la mélancolie. Dès les premiers accords, elles applaudirent puis le silence se fit dans la salle : les clients des autres tables tendaient aussi l'oreille. Son archet glissait sur les cordes, délivrant à un rythme soutenu *Les Yeux noirs*, cet air qui faisait mouche à tous les coups et entraînait l'auditoire dans sa frénésie syncopée. Cette mélodie et d'autres qu'il jouait pour la nouvelle vie qui attendait Iris et pour ces jeunes femmes pleines d'entrain.

– Tu as été formidable ! lui glissa sa cousine à l'oreille une fois qu'ils furent sur le trottoir. Parce que Iris fait la maligne mais, en réalité, ce n'est pas si drôle.

– Qu'est-ce que vous racontez tous les deux ? intervint Danith, la brune aux yeux couleur lagon.

– Dis donc, Lisa, au lieu d'accaparer ton cousin, on ne pourrait pas plutôt lui proposer de venir avec nous passer le week-end à Ayeleth Hashachar ?

– Mais laisse-le tranquille ! Si tu crois que…

– Qu'est-ce que tu as dit ? l'interrompit Gal, soudain surexcité.

– Je te proposais simplement de venir passer le week-end avec nous au kibboutz d'Ayeleth Hashachar, mais je ne savais pas que ça te mettrait dans un tel état ! répondit la jeune femme avec ironie.

– Tu ne peux pas imaginer à quel point !

Et Gal qui, grâce à elle, avait enfin décrypté une partie de l'énigme, se jeta sur la jeune femme pour l'embrasser. Le kibboutz d'Ayeleth Hashachar, situé dans le nord du pays, il aurait pu y penser tout seul. Au moins connaissait-il le lieu du rendez-vous qui lui était fixé par cet extrait du psaume 22 de David que Shai avait glissé à son intention dans le Kotel. Il ne lui restait plus qu'à découvrir la date.

– Qu'est-ce qui t'a pris ? lui demanda Lisa une fois qu'ils furent seuls dans la voiture.

– Ta copine Danith, elle vient de me rendre un service immense. Tu es déjà allé dans ce kibboutz ?

– C'est un endroit formidable pour passer un week-end. Tu sais, c'est dans les hauteurs, dans le Galil, à quelques kilomètres à peine de Safed, ce village dont toutes les maisons sont bleues.

– D'où le papier bleu.

Tout se tenait. Et il sourit parce qu'il était tout près d'entrer en contact avec Shai, cette société qui devait son extraordinaire longévité au secret dont elle s'était toujours entourée. La fortune emprunte parfois des détours inattendus, se dit-il en songeant à la jeune femme aux yeux couleur lagon.

31

Cela faisait un quart d'heure environ que Gal avait quitté l'autoroute pour s'engager sur la route de montagne qui le menait au kibboutz Ayeleth Hashachar. La Subaru de Lisa collait à l'asphalte même dans les épingles à cheveux les plus serrées. Pourtant, bien que la circulation se fût raréfiée, les véhicules militaires étaient encore nombreux et Gal préférait ne pas abuser de l'accélérateur. D'autant plus qu'il avait promis à sa cousine de ménager son auto. Il fallait voir les recommandations qu'elle lui avait faites en lui laissant les clefs ! Comme s'il faisait des tonneaux dès qu'il prenait le volant…

De toute façon, il n'était pas en retard. Après avoir découvert le lieu du rendez-vous, il était persuadé d'avoir trouvé la date et l'heure contenues dans le 22e psaume : 20 heures, le 2e jour de la semaine, ce qui correspondait au lundi, soit deux jours après qu'il avait pris connaissance du message. Sur place, il ne lui resterait plus qu'à attendre que l'on vienne vers lui. Celui ou ceux qui se présenteraient avaient forcément son signalement, tandis que lui n'avait aucune idée des personnes à qui il aurait affaire. Une situation pas très agréable, même s'il n'avait *a priori* rien à craindre d'une organisation comme Shai.

Enfin, il aperçut un panneau indiquant le kibboutz. Il s'engagea sur le chemin et se gara sur le parking. Il sortit de la voiture pour se dégourdir les jambes. S'il ne s'était pas trompé, il avait cinq minutes d'avance. Le soleil était en train de disparaître à l'horizon rougeoyant et l'on distinguait déjà quelques étoiles. A cette hauteur, la vue était dégagée et la nuit promettait d'être magnifique. Avec l'altitude, la température était plus fraîche qu'à Tel-Aviv. A quelques dizaines de mètres de sa position, se dressait un long bâtiment relativement bas : l'hôtel dont lui avait parlé sa cousine. L'endroit était, selon elle et ses copines, un lieu de villégiature très prisé. Un lieu propice au repos et à la méditation, se dit-il en constatant le calme.

Il avait appelé Fiorenza avant de partir. Elle lui avait répondu depuis l'atelier. De quoi lui laisser imaginer les odeurs de bois qui lui avaient caressé les narines quelques jours plus tôt. Le simple fait de l'entendre décrocher le téléphone lui avait procuré un immense soulagement. La quête dans laquelle elle s'était engagée n'était pas sans danger et Fiorenza était l'un des plus sûrs moyens de remonter jusqu'à lui… L'enquête concernant le Vatican n'avait connu aucun progrès. Seul un article paru dans *La Stampa* sous-entendait que l'on avait découvert un important virement sur un compte bancaire détenu par le lieutenant-colonel Lamy, ce qui confortait la thèse de sa trahison.

Avant de conclure, Gal avait juste demandé à Fiorenza s'il lui serait possible de renouer le contact avec le commanditaire de son père. Au téléphone, il n'avait pas voulu se montrer plus explicite, mais elle avait acquiescé. Dès son retour en Italie, il pourrait compter sur un contact dans la mafia.

Du soleil ne subsistait plus qu'un disque rouge disparaissant à vue d'œil derrière l'horizon. Gal soupira. Jamais il n'aurait imaginé quelques jours plus tôt que la recherche du secret des Stradivarius allait l'entraîner dans ce désert. Perdu dans ce paysage de bout du monde à attendre un inconnu, il était loin des ateliers de lutherie de Crémone, des chefs-d'œuvre de Michel-Ange et des fastes de Rome et du Vatican. N'était-il pas en train de faire fausse route ? Il y avait bien un point commun entre le luthier génial, le génie de la Renaissance et ce paysage immuable : l'éternité. La résolution du mystère se trouvait-elle dans cette notion ?

– Belle nuit, n'est-ce pas ?

Gal se retourna. Un homme qu'il n'avait pas entendu approcher se tenait devant lui. La flamme d'un briquet éclaira son visage, celui d'un cinquantenaire râblé et buriné par le soleil.

– *Ayeleth Hashachar*, dit l'inconnu.

– *Elie Elie lama azavtani*, poursuivit Gal en songeant que Dieu ne l'avait peut-être pas tant abandonné que ça puisqu'Il lui avait permis de trouver son chemin dans les ténèbres de ces mystères.

Pourtant, malgré ce premier signe de reconnaissance, l'un et l'autre devaient encore s'assurer d'avoir affaire à la bonne personne.

– Vous devez avoir soif après la route, fit l'homme, sa cigarette à la main.

– Ce ne serait pas de refus.

Gal suivit l'inconnu jusqu'à l'hôtel où ils gagnèrent le bar et commandèrent deux bières noires. Son premier contact avec Shai portait une chemise à carreaux et un bleu de travail. Il n'était pas question de lui demander son nom ni de lui poser la moindre question. C'est lui qui avait demandé à entrer en contact avec cette organisation secrète et il devait se plier à leurs procédures visant avant tout à assurer leur sécurité. Peut-être aussi cet homme avait-il pour mission de le faire patienter avant l'arrivée d'autres membres qu'il avait sans doute déjà prévenus.

– Vous n'avez pas apporté votre violon ? lui demanda enfin l'homme après avoir vidé son verre à moitié.

– Je l'ai laissé dans le coffre de la voiture, répondit-il en se demandant si jouer ferait partie du test.

– Puis-je savoir comment vous avez entendu parler de notre existence ?

Gal remarqua qu'il n'était pas question non plus de prononcer le nom de Shai qui n'émergerait certainement à aucun moment au cours de la soirée. Comme l'avait souligné Mediani, la meilleure façon de ne pas avoir d'existence officielle n'était-elle pas de ne pas avoir de nom ?

– Un historien vénitien. J'étais allé le rencontrer afin d'avoir son avis sur le violon du roi David.

– Vous aurez le temps de raconter ça tout à l'heure, fit l'homme après avoir jeté un coup d'œil à sa montre. Je vais vous conduire ailleurs, nous allons prendre ma voiture.

– Dois-je apporter mon violon ? demanda Gal à l'homme qui était déjà debout.

– Laissez-le où il est. Et ne vous inquiétez pas, il ne lui arrivera rien.

Dehors, il faisait nuit noire. Sur le parking, ils montèrent dans un vieux 4 × 4 Land Rover dont le moteur Diesel ronronna bruyamment. Sans la Subaru de Lisa, Gal était à leur merci, et il fallait vraiment qu'il ait besoin de gagner leur confiance pour laisser son violon dans le coffre d'une voiture garée sur un parking désert.

Le faisceau des phares balaya la façade de l'hôtel puis la voiture s'engagea sur la route.

– Pourquoi cette énigme du psaume 22 au Kotel ? N'aurait-il pas été plus simple de me donner un rendez-vous en bonne et due forme ?

– J'attendais cette question. On n'entre pas en contact avec Shai comme on veut. On t'a envoyé au Kotel pour te rappeler notre centre national. Ensuite, on a testé ta perspicacité pour déchiffrer le message. Cela demande un peu de culture, un peu d'intelligence et un peu de chance. Trois conditions pour réussir une mission.

– Et surtout un dîner avec des copines au restaurant, répliqua Gal en se grattant le front.

32

Ils roulaient depuis une demi-heure sans avoir échangé un mot, et Gal avait eu plusieurs fois le temps de se demander dans quoi il avait bien pu mettre le nez, quand le village de Safed apparut. Une bourgade qui avait pu voir passer le roi David en personne, tant elle était vieille. Serrées les unes contre les autres, avec leurs toits plats et leur crépi, les maisons ressemblaient à des habitations grecques de la région des Cyclades, à ceci près qu'elles étaient bleues. D'où le papier bleu glissé dans le Kotel. Sans éclairage public, comme si le progrès s'était arrêté à la limite de la commune, il était difficile de discerner les différentes teintes de bleu, mais Gal savait à quoi s'en tenir. Il savait également que Safed était habité par une communauté hébraïque dont l'implantation à cet endroit remontait à la nuit des temps.

Le chauffeur ralentit et gara la voiture sur un terre-plein. Les deux portières claquèrent dans l'obscurité et Gal suivit son guide dans un dédale de ruelles qu'il devait connaître par cœur pour se repérer ainsi sans la moindre hésitation. Enfin il s'arrêta devant une petite bâtisse dans laquelle Gal reconnut une synagogue, bleue elle aussi. L'homme frappa trois coups secs contre la porte qui s'ouvrit aussitôt. Gal inspira profondément avant de pénétrer à l'intérieur.

Cinq hommes – un rabbin qui avait passé la soixantaine, à la barbe jadis rousse, deux hommes dans la force de l'âge, l'un chauve, l'autre aux cheveux gris coupés court, et deux autres, plus jeunes et d'aspect athlétique, très certainement des soldats – le dévisageaient en silence tandis qu'il avançait vers eux.

– Asseyez-vous, lui intima le rabbin en lui désignant une chaise que cernaient celles occupées par les autres.

Gal avait l'impression de se trouver face à un tribunal. Il regarda autour de lui pour tenter de dissiper la tension. La synagogue était plus petite encore qu'elle paraissait à l'extérieur. Ses murs étaient couverts de livres, le plafond voûté, des chandeliers éclairaient l'ensemble : les quelques chaises, ainsi que l'arche contenant les rouleaux de la Torah tournée vers Jérusalem. Rien n'avait dû changer depuis les origines du judaïsme. Gal reporta son attention sur les hommes qui l'entouraient. Un rabbin, des hommes habitués au commandement, ou aux affaires, des soldats... A eux cinq, sans compter celui qui l'avait abordé et conduit jusqu'ici, ils représentaient la spiritualité, le politique et le bras armé. Ils devaient savoir sur lui tout ce qui leur était utile, son passé de pilote de chasse, ses états de service comme agent du renseignement, ses relations au Vatican, tandis que lui ignorait tout d'eux, ce qui accentuait sa position d'infériorité.

– L'heure doit être grave pour que vous ayez pris la peine d'entrer en contact avec nous, commença le rabbin.

Toujours cette obsession du secret, même si Gal pouvait s'estimer heureux d'être reçu : le simple fait de se montrer à visage découvert témoignait d'une exceptionnelle manifestation de confiance. Mais, pour la première fois, Gal fut frappé par une éventualité qui, jusque-là, ne lui avait même pas effleuré l'esprit : supposer que l'heure était grave pouvait signifier qu'ils ne savaient pas ce qui s'était passé au Vatican. Etait-ce seulement possible ?

– Dois-je croire que vous n'êtes pas au courant ? risqua-t-il en ayant l'impression de marcher sur des œufs.

– N'en croyez rien. Expliquez-nous plutôt quels sont votre rôle et votre intérêt dans cette affaire.

Gal espérait que son embarras était passé inaperçu. Quelle naïveté d'avoir pu croire ne serait-ce qu'une seconde qu'ils aient pu ne pas être au courant alors qu'ils veillaient sur ce trésor qui, à leurs yeux, représentait le sens de la vie, depuis des siècles ? Ils disposaient forcément d'un observateur au Vatican.

Il s'agissait de se rattraper. Ce qui ne pouvait passer que par la vérité. Sa vérité. Il inspira avant de se lancer.

– Je suis à la recherche du secret du son. Ce secret qui a commencé pour moi avec le roi David et que personne n'a encore percé. Le son qui peut agir comme un charme ou comme une arme, le son qui peut sublimer comme il peut tuer. La recherche de son secret m'a conduit à rechercher le secret des Stradivarius, ce qui m'a entraîné vers Michel-Ange et le violon de David qui pourrait receler une part de ce secret, d'où mon intérêt pour le Vatican et son trésor, jusqu'à la disparition de ce dernier.

Ses explications furent accueillies par un silence pesant.

– C'est bien joli votre histoire, intervint finalement l'un des deux quinquagénaires, mais nous sommes confrontés à un problème qui est sans commune mesure avec cette histoire de son. Le trésor du Temple est un élément essentiel pour nous : cette richesse sortie d'Egypte qui a permis de bâtir une nation, de construire un temple et de rendre un peu à Dieu ce qu'Il nous a donné.

– Or, là, nous sommes dans un pétrin immense, poursuivit l'autre quinquagénaire silencieux, qui jusqu'alors à l'instar de son acolyte, s'exprimait comme un homme d'action, habitué au commandement. Nous sommes confrontés à l'une des crises les plus graves que l'organisation ait jamais connues. Il a toujours été dans nos intentions de ramener un jour le trésor en Terre promise, mais ce jour n'est pas venu. Jusqu'à son avènement, le trésor ne sera nulle part plus en sécurité qu'au Vatican…

– Vous oubliez ce qui vient de se passer, l'interrompit Gal.

– C'est un accident qu'il convient de réparer au plus vite, répliqua son interlocuteur. Car, même en admettant que le trésor rejoigne d'une manière ou d'une autre Israël, il n'y serait pas aussi à l'abri qu'au Vatican.

– Le jour n'est pas encore venu, précisa le rabbin devant l'air étonné du violoniste. Israël est encore en danger et les Juifs eux-mêmes se déchirent entre profanes et orthodoxes. Songez que les ultra-orthodoxes ne reconnaissent même pas l'autorité d'Israël et que les profanes se moquent du Temple et de la religion.

Gal avait beau retourner le problème dans tous les sens : si ces hommes prenaient la peine de lui exposer tout cela, c'est que, pour une raison encore obscure à ses yeux, ils avaient besoin de lui.

– Je suppose que vous pensez à Evgueni Plotnik, risqua-t-il.

– C'est la raison pour laquelle nous vous faisons confiance : parce que vous avez déjà acquis une vue d'ensemble sans l'aide de quiconque. Et parce que vous avez la confiance du Vatican, ajouta celui qui pouvait faire figure d'ancien officier de Tsahal.

– De certaines personnes au Vatican, rectifia Gal. Une infime minorité.

– Mais une minorité qui compte sur vous et qui, de ce fait, semble prête à vous aider. Tout porte à croire que c'est Plotnik qui a fait le coup. Lui seul a les moyens, l'ambition et l'absence de scrupules, voire la folie, nécessaires pour monter une telle opération. Parce qu'en dépit de ces divisions internes à Israël, le fait de pénétrer au Vatican et d'en rapporter le trésor en Terre promise sera perçu par les Israéliens comme une action héroïque, et Plotnik, comme un héros, ce qui lui permettrait certainement d'accéder au poste de Premier ministre, avec le danger extrême qu'une telle situation représenterait pour le pays. Cela étant dit, nous avançons là sans preuve…

– En aucun cas le trésor ne peut servir des ambitions personnelles, intervint le rabbin en se caressant la barbe. Les conséquences d'une telle instrumentalisation pourraient être terribles. Plotnik est un homme incontrôlable, sans notion de ce qu'est véritablement la politique. Dieu seul sait vers quel désastre il pourrait entraîner Israël.

Gal les regardait. Ainsi il avait la confirmation que Shai n'était pas à l'origine de cette opération commando au Vatican. Shai qui était parvenu à la même conclusion, ou tout au moins à la même hypothèse, que lui.

– Cela ne me dit pas ce que vous attendez de moi…

Un silence lui répondit.

– Comprenez-nous, intervint le chauve. Etant donné vos relations au Vatican et à Venise, si le trésor se trouve toujours en Italie comme nous le croyons, vous êtes l'un des mieux placés pour le localiser.

Gal n'en laissa rien paraître, mais il venait de comprendre ce que cette allusion à ses relations vénitiennes sous-entendait : les relations des Goffriller avec la mafia. Sur ce terrain aussi, Shai et lui étaient parvenus à la même conclusion : la mafia était certainement impliquée dans cette histoire.

– Que m'offrez-vous en échange ?

Le rabbin cessa de se caresser la barbe pour sourire.

– En cas de réussite, un accès au violon de David qui se trouverait donc parmi le butin serait la moindre des choses. Ajouté à la satisfaction d'avoir participé au salut de la nation, bien sûr. Combien de personnes peuvent au cours de leur existence se targuer d'une telle utilité ?

Gal lui renvoya son sourire. Il n'avait pas été initié mais on attendait de lui qu'il agisse comme s'il avait toujours fait partie de Shai. En prime, on lui servait l'argument que le Service lui avait tant de fois servi : celui de l'intérêt supérieur et du salut d'Israël. Sachant que les promesses n'engagent que ceux qui les reçoivent…

Impassibles, ses interlocuteurs attendaient sa réponse. Pouvait-il seulement leur faire confiance ? Mais, comme chaque fois qu'il s'était trouvé confronté à ce genre de dilemme, il n'avait pas le choix : accéder à leur requête était la seule possibilité d'arriver au violon de David.

– Avant de repartir pour Rome, j'aurais besoin d'entrer en contact avec Plotnik.

– Cela ne devrait pas être difficile, intervint le chauve comme si l'acceptation du violoniste n'était pas une surprise. Avec son obsession du pouvoir, Evgueni Plotnik n'a de cesse depuis quelque temps de multiplier les contacts en Israël. Et avec vos antécédents et votre statut, il serait très étonnant qu'il refuse de vous rencontrer.

– Et puis j'aurais certainement besoin à un moment ou à un autre d'un soutien logistique, ajouta Gal avec un regard en direction des deux hommes qu'il supposait être des soldats.

– Cela va de soi, concéda le rabbin avec un sourire entendu.

Une organisation millénaire composée de rabbins et de soldats habitués à la clandestinité devait pouvoir monter une opération militaire sans passer par les circuits officiels. Des hommes soudés par le secret et voués à une cause supérieure : deux éléments ayant de tout temps assuré une efficacité maximale. Si le besoin s'en faisait sentir, il pourrait certainement compter sur un appui armé, même en Italie.

Il ne restait plus qu'à se mettre d'accord sur les détails. Une fois qu'il aurait passé la porte de la synagogue, il ne reverrait peut-être plus jamais ces hommes pour qui il n'était qu'un atout, une carte à jouer dans une partie dont les enjeux les dépassaient tous.

Une carte que l'on pouvait sacrifier. Il avait l'habitude.

33

La vue était ce qu'il y avait de plus admirable à l'hôtel King David d'où l'on pouvait s'abîmer dans la contemplation des murailles entourant la Vieille Ville de Jérusalem. En face, se trouvait également l'hôtel YMCA dans la salle de concert duquel Gal avait joué des années auparavant. Pour l'heure, il n'avait pas l'esprit contemplatif et encore moins tourné vers ses souvenirs : par ses nombreuses relations liées à son poste à la Kiria, Lisa lui avait obtenu un rendez-vous avec Evgueni Plotnik, et au moment de le retrouver, il se demandait si c'était une si bonne idée.

Le milliardaire avait accepté de voir le violoniste en espérant que son talent et son aura rejailliraient sur lui et, d'une manière ou d'une autre, serviraient son ambition politique. Au pied du mur, Gal se demandait comment l'aborder et doutait du bien-fondé de sa démarche. Difficile d'évoquer sa responsabilité dans la disparition du trésor du Temple sans brûler ses rares cartouches pour rien. D'un autre côté, l'homme n'avait pas la réputation de tergiverser et il ne lui faudrait pas longtemps pour comprendre que Gal n'était pas venu en tant que simple violoniste. Il ne lui restait plus qu'à compter sur ses talents d'improvisation qui l'avaient si souvent servi.

Assis à l'une des tables basses du bar de l'hôtel, ignorant sa bière à laquelle il n'avait pas encore touché, il observait l'assistance clairsemée. Soudain il perçut une agitation provenant du hall de l'établissement. Quelques secondes plus tard, apparut dans l'encadrement de la porte un colosse au regard suspicieux que Gal identifia immédiatement comme un garde du corps, avant de reconnaître Evgueni Plotnik qui faisait irruption sur ses talons, immédiatement suivi d'un second gorille aussi imposant que le premier. Gal leva le bras à l'intention du marchand d'armes qui fondit sur lui.

L'homme était conforme aux photographies ainsi qu'à la description qu'on lui en avait faite : petit, mince mais athlétique (il affirmait à qui voulait l'entendre qu'il maîtrisait plusieurs arts martiaux), les cheveux blonds coupés court, le regard clair et scrutateur. Un homme habitué à aller droit au but sans s'embarrasser de quoi que ce soit. Un homme parvenu à sa place en écrasant tout sur son passage. Il aurait souhaité broyer la main du violoniste qu'il ne s'y serait pas pris autrement et s'assit vivement tandis que ses deux gardes du corps se dirigeaient vers le bar auquel ils s'accoudèrent face à la salle. D'emblée, Gal éprouva pour le personnage une antipathie viscérale qu'il s'efforça de dissimuler. Dissimuler, toujours dissimuler.

– Que puis-je faire pour vous ? demanda-t-il directement en confirmant l'impression de brutalité qu'avait ressentie Gal.

Un serveur approcha et se pencha vers lui, provoquant ainsi une diversion bienvenue.

– Zubrowska, et un verre d'huile d'olive, fit-il sans le regarder.

A peine l'homme avait-il tourné les talons que Gal sut comment l'aborder : en évitant la manière frontale que sa question abrupte induisait pourtant. Restait à espérer qu'il ne s'impatienterait pas trop vite et lui laisserait le temps de développer. Il était face à un sanguin hostile à toute résistance, mais qu'on devait pouvoir désarçonner.

– C'est en apprenant que vous financez les travaux d'Abraham Adlon que j'ai pensé vous intéresser.

Abraham Adlon était un musicologue de réputation mondiale enseignant à l'université de Jérusalem. Plotnik avait sponsorisé plusieurs de ses conférences ainsi qu'un voyage en Ethiopie sur les traces des mélodies composées pour la cour de la reine de Saba, un moyen pour lui d'approcher le monde universitaire et de s'acheter une respectabilité. Le nom d'Adlon constituait un cheval de Troie acceptable.

– Je vous écoute, fit-il avec une légère impatience tandis que le serveur revenait avec la vodka et le verre d'huile d'olive que le milliardaire but d'un trait.

– L'huile permet de profiter des bienfaits de l'alcool en évitant ses désagréments, précisa-t-il à Gal qui connaissait cette pratique et le regardait en évitant de laisser transparaître son amusement.

– Je suis à la recherche du secret du son, lança-t-il pendant que l'autre buvait sa vodka.

Surpris, Plotnik haussa les sourcils.

– En quoi cela peut-il m'intéresser ? demanda-t-il en le scrutant de son regard malin, toujours à l'affût de la bonne affaire.

– Un secret capital aux implications innombrables. Ceux qui le perceraient seraient auréolés d'une gloire immense et en possession d'un pouvoir au moins aussi important.

Il n'en fallait pas moins pour l'appâter.

– Expliquez-vous, le pressa le Russe.

– Avez-vous remarqué comme le son peut rendre gai, triste, fou ou nonchalant ? Pensez donc au son produit par la voix de Hitler lors de ses discours. Il est désormais admis que c'est en partie grâce à sa voix, à son débit si particulier, à ses intonations, qu'il est parvenu à envoûter tout un peuple. Il faut comprendre que, dans chaque son, il y a une vibration qui agit sur la matière, qu'elle soit humaine, organique ou inanimée. Le ténor Caruso pouvait briser un verre avec son contre-ut. Le pas cadencé d'une troupe peut faire écrouler un pont, tout comme les trompettes de la Bible ont eu raison des murailles de Jéricho. Et l'homme soumis à certaines vibrations est sous influence et peut s'écrouler, rajeunir, être galvanisé, voire hypnotisé, tels les rats dans *La Flûte enchantée*. Certaines musiques dans les magasins font acheter, des morceaux diffusés dans les bars poussent à boire, d'autres font dormir ou au contraire permettent de rester éveillé des nuits entières.

– Où voulez-vous en venir ?

– Il s'agit d'une sorte d'hypnose, dont l'efficacité dépend de celui qui émet ces sons.

– Alors le secret réside tout simplement dans le talent de l'interprète, fit ironiquement Plotnik. Je pensais qu'en tant que violoniste vous en saviez quelque chose et aviez déjà percé ce secret.

Gal secoua la tête.

– Certains l'ont compris mais cela reste empirique. Alors qu'il s'agit avant tout d'une science, même si elle est encore méconnue. Il s'agit plus de mathématiques que d'art. Chaque voix possède son magnétisme vibratoire, de même que chaque violoniste a son toucher et sa façon de manipuler l'archet. Tout cela produit des vibrations que l'on peut calculer. Ce qui est impossible lorsque l'on chante ou lorsque l'on joue d'un instrument, deux actions visant à produire une magie. Rien de comparable avec une machine que l'on programmerait pour émettre telle ou telle vibration qui agirait sur telle ou telle sensibilité. Car celui qui reçoit les vibrations est aussi responsable que celui qui les délivre. Ce qu'il faut comprendre, c'est que percer le secret du son reviendrait à maîtriser ces mécanismes, le tout étant ensuite d'en faire bon usage…

Plotnik leva un bras et claqua des doigts, et le serveur se précipita avec la bouteille de vodka.

– Vous avez parlé de Hitler… Abrégez. Comment comptez-vous procéder ?

Gal retint son sourire. Comme il l'aurait parié, c'était ce qui avait frappé le milliardaire : la capacité du Führer à envoûter et galvaniser tout un peuple. Et il songea que décidément la propension à aller droit au but ne s'embarrasse jamais de subtilité. Il lui fallait en effet abréger.

– Je cherche le secret des Stradivarius, ces violons qui ont subjugué les oreilles les plus fines dans le monde entier. Toutes mes années de pratique m'ont conduit à la conclusion suivante : Antonio Stradivari, en fabriquant les meilleurs instruments jamais produits, est parvenu à percer le secret du son. Or, comme vous le savez, malgré d'innombrables tentatives, aucun luthier depuis n'a jamais été capable d'égaler les Stradivarius.

– Et en perçant le secret des Stradivarius, on percera celui du son…

Gal hocha la tête. D'une certaine manière, il était parvenu à ferrer Plotnik, tout du moins à retenir son attention. Le plus dur restait à faire.

– Qu'attendez-vous de moi ? demanda le milliardaire sur un ton légèrement adouci.

Le moment était venu de jouer le tout pour le tout. Mais l'homme s'attendait à devoir sortir son carnet de chèques. Il allait être déçu.

– Le violon du roi David.

– Je ne comprends pas.

– Aussi surprenant cela puisse paraître, Stradivari avait puisé son secret à une source beaucoup plus ancienne, précisément à cet instrument grâce auquel David est devenu roi, un instrument très vraisemblablement sorti d'Egypte lors du départ de Moïse et de son peuple. Le cheminement serait long à expliquer, mais le lien c'est Michel-Ange, ajouta Gal qui lui devait un semblant d'explication. Michel-Ange qui justement a sculpté Moïse et David avant de peindre les fresques de la chapelle Sixtine. Sa sortie d'Egypte à lui... C'est une métaphore, précisa-t-il. Nous tous cherchons notre sortie d'Egypte, chacun cherche sa liberté ainsi qu'un point de fixation dans l'avenir, chacun cherche sa Jérusalem, comme il est dit dans la prière.

Une fraction de seconde, Plotnik le regarda médusé, avant de se reprendre :

– Vous vous foutez de moi ! David jouait de la harpe, et même si c'était un violon, c'était sûrement un instrument à la con qui ne ressemblait à rien et certainement pas à un Stradivarius.

– Détrompez-vous, tempéra Gal. Je n'ai jamais été aussi sérieux.

A l'air d'incompréhension qu'il lut chez son interlocuteur, Gal comprit qu'il lui fallait préciser sa pensée, au risque de s'exposer davantage.

– J'avais obtenu une autorisation spéciale du pape pour examiner le violon de David rapporté à Rome par Titus, bluffa-t-il. Celui qui figure parmi les trésors du temple de Jérusalem que vous convoitez et qui ont disparu du Vatican où ils étaient conservés depuis des siècles.

Le regard du Russe avait changé, aux aguets depuis que le violoniste l'avait entraîné sur ce terrain inattendu.

– Cela après qu'une opération commando d'une grande audace eut été montée au Saint-Siège, poursuivit Gal.

– Comment êtes-vous au courant ? éructa le petit homme assis en face de lui avant de blêmir, soudain conscient de l'aveu que représentait sa réaction.

Autour d'eux, les clients, alertés par l'éclat de voix, avaient interrompu leurs conversations et les regardaient à la dérobée, la plupart ayant reconnu le milliardaire. Son coup d'œil circulaire suffit à faire baisser tous les regards.

– Malgré l'autorisation du pape, il n'était plus question d'avoir accès au violon de David, dès lors je ne pouvais qu'être dans le secret. Un secret que vous semblez partager, répliqua Gal avec un léger sourire.

Un autre sourire, suffisant celui-là, éclaira le visage du Russe.

– Un homme dans ma position est au courant de bien des choses. Rien de ce qui est important ne peut m'échapper. Mais pourquoi venir m'en parler ?

– Parce que vous seul possédiez la motivation et les moyens nécessaires pour mettre sur pied une opération aussi compliquée et risquée, affirma tranquillement Gal qui ne le quittait pas des yeux et jouissait de voir l'ancien marchand d'armes enfin déstabilisé.

Le Russe éclata de rire.

– Vatican 0-Plotnik 1, belle affiche et beau match, poursuivit le milliardaire qui rappelait ainsi que, quelques mois plus tôt, il avait fait l'acquisition d'une équipe de foot. Mais cela ne tient pas debout, acheva-t-il plus durement.

– Vatican 0-Plotnik 1, c'est exactement le score, mais le coup de sifflet final n'a pas encore retenti, assena Gal en filant la métaphore.

– Expliquez-vous, reprit Plotnik sur un ton plus calme mais menaçant.

– Eh bien, rapporter en Israël le trésor du Temple et ainsi être à l'origine de la construction du nouveau temple vous permettrait à coup sûr de satisfaire vos ambitions politiques les plus hautes, expliqua Gal avec une nuance de perfidie.

– Si c'était le cas, je serais une puissance à moi tout seul.

Gal détecta dans son expression un signe de fierté.

– Tout le monde connaît vos capacités. Je ne vois pas qui d'autre aurait pu imaginer une action pareille, ni pour quelle raison.

– Ça pourrait être les nazis que vous connaissez bien, ou la mafia pour porter un coup à l'Opus Dei qui doit convoiter ce trésor. C'est peut-être le Vatican lui-même qui aurait médité le coup pour ne plus être accusé de ne pas vouloir restituer des biens appartenant à Israël.

– Les nazis, la mafia et le Vatican, avec ses intrigues, existaient bien avant. Or ici, en Israël, se préparent des élections.

Et vous, vous avez une idée en tête, surtout depuis la conférence que vous avez organisée sur l'existence de ces biens du Temple détenus par le Vatican.

A mesure que Gal avançait ses arguments, Plotnik perdait son sang-froid.

– Je pense que vous êtes tous terriblement injustes envers moi. Pour une fois qu'un homme met ses moyens au service de la résurrection du judaïsme. Vous jouez tous les justiciers en prenant des gants. Personne n'en a jamais pris avec nous. Le trésor a été volé, le Vatican soutenait les nazis, la mafia se fout de tout, et nous, nous devons subir en restant les bras croisés. De toute manière, je n'ai rien à voir là-dedans. Même si j'approuverais une telle initiative, ne put s'empêcher d'ajouter Plotnik.

Mais Gal entendit la dénégation qui alerte les psychologues : le « Ce n'est pas moi » qui, en réalité, signifie exactement le contraire. Evgueni Plotnik fulminait. Il pouvait toujours nier, Gal avait la confirmation de ce qu'il soupçonnait. En d'autres circonstances, il aurait pu craindre sa réaction, mais dans la luxueuse salle du bar du King David la situation était plutôt plaisante. A cet instant, il représentait le grain de sable dans la mécanique bien huilée que le Russe avait conçue pour le porter au sommet et s'il avait pu tuer le violoniste d'un seul regard ou ordonner à ses gardes du corps de l'abattre, il ne s'en serait pas privé.

Un sourire mauvais apparut sur le visage du milliardaire.

– Les élucubrations d'un violoniste devenu paranoïaque après avoir quitté les services secrets, siffla-t-il, méprisant. Qui y prêterait attention ?

Il s'était levé, imité par ses hommes de main qui balayaient la salle du regard et semblaient prêts à tirer au premier geste suspect.

– Je ne suis pas le seul à avoir émis cette hypothèse…

Gal avait prononcé cette phrase sans élever la voix, sur le ton qu'il aurait employé pour faire une remarque anodine, mais le Russe s'était déjà rassis, prêt à bondir.

– Qui ?

– Shai. Je suis sûr que vous avez déjà entendu parler de cette organisation contre les intérêts de laquelle vous venez d'agir.

Un éclair de stupeur traversa son regard. L'allusion à l'organisation avait produit l'effet escompté.

– Ces gens-là pensent que si ce trésor doit un jour revenir en Israël, c'est par la voie légale, poursuivit Gal, imperturbable. Dans l'état actuel des choses, le Vatican nie toujours avoir jamais été en possession du trésor, mais si les choses n'évoluaient pas favorablement, il crierait au pillage. Imaginez les conséquences… Dès lors, comment faire réapparaître le trésor en Israël ? Nous sommes donc face à une situation hautement explosive. Mais qu'il est encore temps de réparer. D'autant que le trésor n'a certainement pas encore quitté le sol italien… En d'autres termes, on peut encore éviter un désastre diplomatique.

– J'ignore de quoi vous voulez parler, répliqua Plotnik, le visage fermé, imperméable à toute suggestion. Et je n'ai plus rien à vous dire.

Sans laisser au violoniste le temps de répondre quoi que ce soit, le Russe s'était levé comme un ressort et d'un claquement de doigts avait rameuté ses gardes autour de lui, traversant la salle aussi vite qu'à l'aller. Dehors, l'attendait sa Mercedes blindée sans laquelle il lui était inconcevable de se déplacer.

Gal venait de tenter de le convaincre de renoncer à son rêve le plus fou. Avec un tel personnage, milliardaire mégalomane, c'était perdu d'avance, mais au moins avait-il identifié son adversaire. Et puis, lui ayant ainsi mis la pression, avec un peu de chance Evgueni Plotnik allait être poussé à la faute.

34

La sonnerie de la porte d'entrée retentit enfin. Depuis combien d'heures attendait-elle et redoutait-elle à la fois ce moment ? Elle savait très précisément depuis quand : depuis la veille, à l'instant où elle l'avait appelé, peu avant midi. A son exclamation, elle avait su qu'elle obtiendrait ce qu'elle voudrait de lui.

Avec une certaine appréhension, Fiorenza reposa sur l'établi la caisse de résonance sur laquelle elle tentait vainement de travailler, se leva et traversa l'atelier pour ouvrir. Résignée, elle soupira puis tira la porte vers elle, non sans avoir vérifié son allure dans la glace en pied et arrangé une mèche rebelle.

– Filippo, fit-elle en souriant.

Il la prit dans ses bras et la serra avec effusion.

– Toujours aussi merveilleuse ! J'ai sauté dans lc premier avion pour te retrouver. Comment vas-tu ?

– Ne restons pas sur le seuil.

Elle le fit entrer et ferma la porte derrière lui.

– Je t'offre un café ?

Il la suivit dans la cuisine après avoir laissé son sac de voyage dans l'entrée. Elle mit de l'eau à bouillir, moulut des grains de café dans son moulin à manivelle, versa la poudre obtenue dans la cafetière qu'elle remplit ensuite d'eau frémissante puis, d'une lente pression sur le filtre, comprima le marc au fond du récipient, tout en évitant de croiser le regard de Filippo qui ne la quittait pas des yeux.

Filippo Bossi était entré dans sa vie sept ans plus tôt. Après la disparition du premier commanditaire de faux Stradivarius, il avait pris la suite et traité avec son père. Un homme de la mafia donc, un homme du Sud, de la Campanie, auréolé de cette sombre et sourde réputation précédant ceux de son espèce. A ceci près que celui-ci à l'époque semblait avoir conservé une certaine innocence. Une certaine fraîcheur en tout cas. Sans doute était-ce dû au fait qu'il s'intéressait vraiment aux violons sur lesquels il avait acquis de véritables connaissances – la délicatesse avec laquelle il les manipulait était surprenante – et qu'il n'était pas dénué de finesse. Même son père, Vittorio Goffriller, s'était laissé prendre à son charme déroutant chez un homme de la mafia, un homme qui avait du sang sur les mains.

Comme il était ambitieux et que son charme devait opérer partout, très vite les commandes affluèrent. Le vieux luthier qui n'avait pas besoin de tant d'argent y trouvait son compte parce que fabriquer des « Stradivarius » était un moyen pour lui d'approcher leur secret. Nécessairement, les commandes s'étant multipliées, avec elles suivirent les visites du jeune homme. Et Fiorenza, à qui il ne manquait jamais de faire un brin de cour, avait, elle aussi, fini par tomber sous son charme.

Leur histoire commença donc le plus naturellement du monde, doucement, puis devint plus intense. Alors que leurs affaires ne nécessitaient de la part de Filippo qu'une visite tous les trois mois environ, il finit par venir tous les quinze jours, puis toutes les semaines, inventant des prétextes au départ, pour très vite laisser tomber ce genre de subterfuges.

Les premiers mois, son père avait tenté de la mettre en garde, mais elle était fascinée par le mystère qui émanait de sa personne et le climat de danger qui enveloppait son existence. Seulement, lorsque, après quelques années, il insista pour l'épouser, Fiorenza imposa quelques distances, avant de rompre.

Les commandes de « Stradivarius » n'avaient pas cessé pour autant, le business était trop juteux pour ça, le lien entre eux n'avait donc jamais été rompu. Leur relation avait changé de nature : d'amants ils étaient devenus partenaires en affaires.

En lui demandant ce service, Gal ignorait que son contact à la mafia était son ancien amant qui nourrissait toujours la même passion pour elle.

– Je suis désolé pour ton père.

– Arrête, tu veux.

– Comme ça tu es seule dans cette maison maintenant, fit-il avec un lent regard circulaire englobant la cuisine. Qu'est-ce que tu comptes faire ?

– Je ne sais pas encore.

Il lui attrapa le poignet.

– C'est pour ça que tu m'as appelé ? Parce que tu ne sais pas quoi faire ?

L'étau de sa main s'était mu en une caresse. Toujours assis, il l'avait attirée contre lui, d'une main maintenait la sienne pendant que l'autre faisait des allers-retours le long de son avant-bras dénudé. Puis il la relâcha.

– J'ai quelque chose à te demander.

– Que puis-je pour toi ?

– Tu as entendu parler de ce qui s'est passé au Vatican…

– La tuerie des deux gardes suisses ?

Elle secoua la tête.

– Autre chose que le Vatican a tenu à garder secret. Un vol, précisa-t-elle.

A la lueur d'intelligence qui traversa son regard, elle sut qu'il était au courant.

– Je ne sais pas. Ça dépend…

– Ça dépend de quoi ?

– Ça pourrait dépendre de toi.

Elle tenta un sourire. Elle s'était préparée à ça. Il se leva et s'approcha d'elle à pas lents jusqu'à la coincer contre le plan de travail sur lequel ses mains étaient en appui.

– Qu'aimerais-tu savoir au juste ? lui glissa-t-il à l'oreille.

Elle pouvait sentir son souffle dans son cou.

– Parmi les objets qui ont été volés, il y en a un qui m'intéresse. J'aimerais y avoir accès, ou au moins savoir où je pourrais le trouver, répondit-elle ses yeux plantés dans les siens. Ça a un rapport avec ce que tu sais.

– Les Strad ?

– Il semblerait que c'est le meilleur moyen de percer le secret des Stradivarius. Tu comprends l'enjeu ?

– Rien que ça, dit-il sur l'aimable ton du flirt. Et pourrais-je savoir de quel objet il s'agit ?

Elle parvint à lui rendre son sourire.

– D'un instrument de musique.

– Un violon ?

– Un instrument à cordes très ancien qui doit y ressembler, répondit-elle en faisant un effort pour ne pas reculer et continuer de sourire.

– Mais c'est une information qui vaut cher, poursuivit-il en la saisissant par la taille pour la plaquer contre lui. Très cher. Qu'est-ce que tu me donnes en échange ?

– Ce qui est convenu ne te suffit pas ?

Tout en la tenant serrée contre lui, il secoua la tête.

– Tu mesures bien les risques que je cours à révéler une information pareille. C'est ma vie que je risque là. Alors je trouve que ça vaut bien une compensation.

– Qu'est-ce que tu veux ? demanda-t-elle d'une voix rauque.

– On va commencer par ça, fit-il avec un regard brûlant de désir.

Sa main droite avait lâché la taille de Fiorenza pour se glisser sous sa robe et remonter entre ses cuisses jusqu'à sa culotte. Une main nerveuse et pressée qui ne semblait pas vouloir s'embarrasser de préliminaires.

– Ici ?

– Ici pour commencer et ensuite, on montera dans ta chambre. On a tout le temps devant nous, ma chérie.

Il la retourna, baissa sa culotte et lui écarta les jambes tandis qu'elle avait les mains en appui sur le plan de travail. Elle eut un dernier sursaut, se contracta et, sans se retourner, lui demanda :

– Qui me dit que tu as ma réponse ?

Filippo Bossi eut un rire mauvais.

– Tu douterais de moi, mon amour ?

Fiorenza serra les dents. A la violence avec laquelle il allait et venait en elle, Fiorenza sentit les deux années de rancœur et de frustration qu'il avait été obligé de ravaler. Les affaires réclamaient parfois certains sacrifices.

35

Gal s'était envolé pour Israël avec pas mal de questions et il rentrait à Rome avec autant de réponses. Ce dont il manquait cruellement désormais, c'était de temps. La confrontation avec Evgueni Plotnik lui avait permis d'avoir la confirmation de ce qu'il soupçonnait, mais elle avait aussi alerté le milliardaire, qui allait tout mettre en œuvre pour rapatrier le trésor en Israël le plus vite possible, afin de rallier l'opinion publique à sa cause et remporter la partie. On jouait à visage découvert dans une course contre la montre. Et il n'était pas certain que la surveillance dont Plotnik faisait l'objet depuis que Gal avait prévenu Avi Ronner à la Kiria était de nature à entraver ses mouvements. A moins que cette surveillance l'incite à « enterrer » son butin le temps que les choses se tassent. Mais, étant donné la personnalité impulsive du Russe, Gal était prêt à parier que jamais Plotnik n'aurait la patience d'attendre.

Le principal risque était qu'il eût déjà donné toutes ses instructions et n'eût plus besoin d'intervenir afin que le trésor regagne la Terre promise, près de deux mille ans après l'avoir quittée. Le risque était que le trésor eût déjà passé la frontière italienne : s'il avait été capable de soudoyer quelques gardes suisses, pourquoi n'en aurait-il pas fait de même avec les douanes ? Et quand bien même le butin serait toujours sur le sol italien, on n'avait encore aucun moyen de le localiser, ce qui laissait au milliardaire une bonne longueur d'avance.

A l'aéroport international de Rome, Gal prit un taxi et gagna l'hôtel d'Angleterre qu'il avait quitté quelques jours plus tôt. Dans sa chambre, à peine son sac et son violon posés, il décrocha le téléphone et composa le numéro de Fiorenza à Venise. Son unique chance reposait sur les informations qu'elle aurait pu obtenir auprès de son contact dans la mafia. Elle décrocha après cinq sonneries. Une infime faiblesse dans son « allô » l'alerta.

– C'est moi. Quelque chose ne va pas ? Tu as l'air fatigué.

– Tout va bien, répondit-elle sur un ton qui se voulait plus enjoué mais n'aurait trompé personne. Comment s'est passé ton voyage ?

– Bien, je te raconterai. Où es-tu ?

– Dans l'atelier... Je pense avoir trouvé quelques éléments intéressants.

– Je peux te rappeler dans dix minutes ?

Gal raccrocha. Ils étaient convenus de n'échanger aucune information importante sur ces lignes – celle de Fiorenza et celle de son hôtel – qui risquaient d'être sur écoute. En conséquence, il devait se rendre dans un café place d'Espagne et la rappeler à un numéro qu'elle lui avait donné qui correspondait à une mercerie tenue par une vieille voisine. Mais le ton sur lequel elle avait répondu et ses efforts pour masquer une certaine lassitude l'inquiétaient. A moins que les informations soient négatives ?...

Il se précipita dehors et dévala les escaliers surplombant la place d'Espagne. Le temps était radieux, la lumière exceptionnelle, des grappes de touristes prenaient le soleil assis sur les marches en admirant la vue, mais lui n'avait pas l'esprit à en profiter. Son cœur cognait dans sa poitrine comme un animal en cage. Que s'était-il passé ? Que lui avait appris cet homme de la mafia ?

Dans le café, il fondit sur la cabine au fond de la salle et composa le numéro griffonné de la main de Fiorenza sur un Post-it. Une vieille femme lui répondit.

– Fiorenza, s'il vous plaît.

Il était trop anxieux pour perdre son temps en formules de politesse. La vieille mercière eut l'air de maugréer mais obtempéra. Fiorenza semblait essoufflée.

– Alors ? la pressa-t-il.

– C'est le clan Monterosa qui est en possession du trésor. Le bruit a circulé parce que toutes les familles n'approuvent pas le fait qu'il se soit attaqué au Vatican. Question de religion. Même au sein de la mafia ça heurte certaines sensibilités. C'est tout ce que j'ai pu obtenir.

– Le clan Monterosa, tu dis ? Tu en es sûre ?

– Oh ça oui, j'en suis sûre.

– Mais c'est déjà fantastique d'avoir obtenu ça ! Je n'en espérais pas tant ! Non mais tu te rends seulement compte ? A ta voix tout à l'heure j'avais peur que tu m'annonces une mauvaise nouvelle. Alors que les meilleurs agents que j'ai côtoyés n'auraient pas fait mieux ! Tu pourrais te reconvertir, tu sais ?

A l'autre bout de la ligne, il perçut un petit rire désabusé.

– Qu'est-ce qui ne va pas ? Ce n'est pas si simple que ça en a l'air ?... Toi, tu me caches quelque chose, poursuivit-il comme elle ne lui répondait pas.

A nouveau, ce même rire désabusé. Alors soudain, Gal soupçonna ce qui avait pu se passer : la façon dont elle avait obtenu cette information si précieuse.

– Dis-moi... Cet homme... Qu'est-ce qui s'est passé avec lui ? s'inquiéta-t-il.

– J'ai obtenu ce que nous cherchions, c'est l'essentiel, c'est comme ça que ça marche, non ?

– Fiorenza...

Mais elle avait raccroché.

36

Gal avait lu dans un guide que le *Moïse* de Michel-Ange réunit en lui les quatre éléments cosmiques : sa musculature puissante évoquant la terre, le drapé de sa tenue l'air, sa barbe en flots l'eau et les fameuses cornes asymétriques, rayons divins, le feu. L'interprétation avait le mérite de la séduction, et la sculpture donnait une telle impression de force et de plénitude qu'elle pouvait aussi bien englober tout l'univers. Mais ce qui, plus que tout, frappait le violoniste, c'était l'intensité de son regard farouche : l'artiste était parvenu à donner une vie et une âme à ce bloc de marbre de Carrare. Un Moïse, toujours selon le même guide, descendu du mont Sinaï avec les Tables de la Loi, qu'il tenait sous sa main droite, et jetant un regard courroucé aux Juifs idolâtres.

La contemplation de la statue du prophète qui avait arraché le peuple hébreu à la domination égyptienne avait ramené Gal à sa quête initiale, le secret du son, dont il s'était écarté ces derniers temps, happé par celle du trésor du Temple, à l'enjeu politique de tout premier plan. Sous prétexte d'assouvir son ambition personnelle, aveuglé par sa fortune et ses rêves de grandeur, ce fou de Plotnik était près de déclencher un séisme. La volonté de rapporter le trésor du Temple en Israël était légitime, mais cela ne pouvait se faire qu'en temps voulu et par la voie légale. Cambrioler ainsi le Vatican comme une vulgaire banque était le meilleur moyen de réveiller l'hydre de l'antisémitisme aux quatre coins du monde. Ainsi Plotnik accéderait-il sans doute au pouvoir tant convoité, mais après avoir provoqué la tempête. Qui voulait d'un tel désastre ? Le secret entretenu par le Vatican autour de cette affaire répondait peut-être aussi à cette nécessité : éviter un bain de sang. Mais il suffirait que le cardinal Schmidt et sa clique de sympathisants néonazis rassemblent les preuves incriminant un Israélien pour mettre le feu aux poudres. Chef de file des héritiers de la mouvance nazie qui avait prospéré au Vatican pendant la guerre, et au cœur d'un réseau néonazi aux ramifications mondiales, le cardinal Schmidt ferait tout pour affaiblir Israël.

Le *Moïse* avait aussi eu le mérite de raffermir le cœur de Gal après son coup de fil à Fiorenza. Malgré ses appels répétés, elle n'avait jamais daigné décrocher et il était sans nouvelles. La course contre la montre dans laquelle il était lancé l'empêchait de s'appesantir sur son compte, mais il se doutait de ce que la jeune femme, qui n'était pas préparée à ce genre d'excès, avait enduré. Le fait qu'elle refuse de lui parler en disait long sur sa douleur et son ressentiment. Bienvenue dans le monde du renseignement…

Détachant son regard du *Moïse* disposé au centre du tombeau du pape Jules II, impressionnant monument de marbre blanc, Gal regarda sa montre. L'heure était passée de cinq minutes, son rendez-vous devait l'attendre. Alors il se leva et, en traversant l'église, passa devant l'autel qui surplombait la châsse abritant les chaînes ayant entravé saint Pierre et donnant son nom à l'édifice – Saint-Pierre-aux-Liens – puis se dirigea vers le confessionnal, lieu où ils étaient convenus de se retrouver avant son départ pour Israël. Après une seconde d'hésitation, il pénétra dans la structure de bois et tenta de distinguer son interlocuteur à travers les croisillons de la grille.

– Le cardinal Baruso n'a pas pu venir. Il m'a chargé de vous présenter ses excuses.

– Je ne m'attendais pas à le voir, répondit Gal qui avait reconnu la voix d'Emilio. Inutile que vous soyez deux à vous compromettre. Et puis vous auriez été serrés à deux là-dedans, ajouta-t-il en devinant le sourire du prêtre. Alors, c'est comme ça que vous autres chrétiens vous vous soulagez de vos fardeaux ? Freud a inventé le divan depuis. C'est beaucoup plus confortable…

– Ne raillez pas notre religion mon fils, et dites-moi plutôt ce que vous avez sur le cœur, enchaîna Emilio sur le même ton.

– Vous êtes sûr de ne pas avoir été suivi ? demanda alors Gal.

– Les hommes du cardinal Schmidt me surveillent de près. Mais j'ai réussi à leur échapper.

– Et vous êtes sûr que le confessionnal n'est pas sur écoute ?

– Ecoute divine uniquement.

– Les choses se précipitent, reprit Gal plus sérieusement. Je dirais qu'on n'a que quelques jours pour agir.

Hormis pour fixer l'heure de ce rendez-vous, ils ne s'étaient pas parlé depuis son retour d'Israël. En quelques phrases, il le mit au courant de ce qu'il avait appris en Terre sainte ainsi que, quelques heures plus tôt, au téléphone avec Fiorenza.

– La moisson a été bonne, commenta Emilio à voix basse.

– On a la certitude que Plotnik est derrière tout ça, et que la mafia est impliquée.

– Une association qui en dit long sur les qualités morales du milliardaire. Ce n'est pas dans ces conditions que de telles reliques doivent être récupérées.

– Vous m'avez dit que vous disposez d'une source d'informations de première main concernant la mafia. Vous pensez pouvoir faire quelque chose ? Inutile de vous préciser que c'est urgent.

– J'ai en effet un ami du séminaire qui a finalement bifurqué vers le journalisme pour dénoncer les méfaits du crime organisé, sa croisade à lui, murmura Emilio. Il est incollable sur la mafia. Il devrait m'obtenir ces renseignements. D'ici une heure si je parviens à le joindre.

– Cet ami journaliste... il aurait un moyen d'entrer en contact avec le clan Monterosa ?

– A quoi pensez-vous ?

– Nous devrions recevoir l'appui d'un commando sur place. Mais l'intervention de ces hommes ne doit être sollicitée qu'en dernier recours. C'est évidemment la solution diplomatique qui est à privilégier. L'idée étant de récupérer le trésor pour le restituer au Vatican. Mais de manière officielle évidemment.

– Evidemment, acquiesça Emilio qui savait qu'à partir de ce moment le Vatican ne pourrait plus nier être en possession du trésor : le prix à payer pour l'appui israélien. Vous parliez d'un commando, un commando israélien, je suppose.

– Une organisation secrète. L'Etat d'Israël ne peut pas se permettre d'envoyer des hommes armés sur le sol italien. Vous imaginez la crise diplomatique ?

– En ce qui concerne l'aspect diplomatique justement, vous aurez besoin d'un émissaire du Vatican.

– Le cardinal Baruso serait parfait.

– Lui et moi en avons parlé hier soir, chuchota Emilio.

– Il agirait seul ?

– Certains cardinaux appuient sa démarche. D'autant qu'il aura vraisemblablement besoin de fonds, ce dont il ne pourrait pas disposer en agissant de façon isolée.

– Je vois que le haut clergé n'a pas perdu le sens des réalités.

– Nous vivons dans un monde constitué de matière...

– Je constate surtout que vous n'avez pas douté de moi, puisque vous avez déjà envisagé l'implication du cardinal dans la négociation ainsi que la question financière.

– Mais à part vous peut-être, qui pourrait douter de vous, mon fils ? Même le cardinal Schmidt et son clan vous attribuent une responsabilité dans le vol du trésor. Or vous savez qu'on ne prête qu'aux riches.

Cette fois Gal faillit éclater de rire. Emilio avait pris goût à ce petit jeu entre eux et s'y entendait pour correspondre à la caricature que Gal attendait de lui. Et malgré lui, il était impressionné par le sang-froid du jeune prêtre qui n'hésitait pas à s'opposer à des adversaires capables de l'exécuter sans sourciller.

– Vous ne m'avez pas donné de nouvelles de l'enquête policière...

– Elles sont moins importantes que celles que vous avez rapportées. Comme vous le subodoriez, le cadavre du chauffeur du camion de fruits et légumes a été retrouvé. Quelle barbarie... A part ça, je peux simplement vous dire que la surveillance aux frontières est toujours renforcée au maximum. Nous allons devoir nous séparer maintenant. J'espère ne pas avoir été trop optimiste, mais mon ami Salvatore, le journaliste, est un homme sur qui on peut compter.

– Salvatore ? Joli prénom pour un croisé.

– N'est-ce pas ? Soyez au café Rosetti dans deux heures, je devrais avoir du nouveau. Et soyez prudent.

Gal vit une ombre passer de l'autre côté des croisillons, puis entendit grincer la porte du confessionnal. Son ami journaliste avait quitté le séminaire pour combattre le mal en dénonçant les méfaits de la mafia. Emilio aussi, à sa façon, menait une croisade. Gal aurait parié son Stradivarius qu'il y avait pris goût.

Quant à lui, il pouvait déjà entrer en contact avec l'homme de Shai à Rome. La procédure lui avait été indiquée dans la petite synagogue de Safed, lors de sa rencontre avec l'organisation. Il n'avait qu'un coup de fil à passer et à suivre les indications qu'on lui donnerait. Un jeu d'enfant.

Ces agents dormants… Ils devaient avoir été des centaines, voire des milliers, depuis la restitution du trésor à la papauté, à l'occasion de son retour au Vatican après l'épisode avignonnais, en 1377. Des centaines ou des milliers à se succéder, à se tenir prêts pour un événement qui, après tous ces siècles, se présentait enfin. Dans sa folie, Plotnik avait déclenché le feu. Au moins pouvait-on lui reconnaître ça : être à l'origine d'un événement historique.

Restait à savoir si ces hommes, héritiers d'une longue lignée de soldats qui n'avaient jamais vu venir ce à quoi ils avaient voué leur vie, étaient prêts. Gal avait compris que Shai tirait ses ressources du négoce de diamants, ce business si particulier dans lequel des transactions portant sur des millions de dollars ne reposaient que sur la parole et une poignée de main. Un business centré sur une « marchandise » à l'encombrement minimum, un business international, tenu par une communauté restreinte, évitant les écrits et dégageant des marges considérables. Idéal pour une organisation comme Shai qui, en l'investissant, avait fait preuve d'une intelligence et d'un esprit d'adaptation remarquables. S'ils maîtrisaient la préparation de leur guerre avec autant de talent qu'ils en maîtrisaient le nerf – l'argent –, il n'y avait pas d'inquiétude à avoir.

Gal sortit à son tour du confessionnal. D'après ce qu'on lui avait dit, en moins de soixante-douze heures une dizaine d'hommes surentraînés et habitués à travailler ensemble seraient sur place, c'est-à-dire vraisemblablement dans le sud de l'Italie, au cœur de l'un des fiefs de la mafia.

Le défi qui l'attendait était au moins aussi impressionnant : négocier avec les chefs d'une famille mafieuse la restitution du trésor du Temple au Vatican, en s'opposant ainsi directement à l'un des hommes les plus puissants d'Israël.

De la petite bière à côté d'un concert face à une salle comble…

37

En sortant de Saint-Pierre-aux-Liens, Gal avait pris un taxi et s'était fait déposer sur la rive gauche du Tibre. A partir de là, certain d'être seul, il avait longé le fleuve, s'était arrêté dans un café d'où il avait composé le numéro indiqué par Shai, mémorisé les instructions qui lui avaient été données, puis repris son chemin dans Rome.

Marcher ainsi dans cette ville dont l'extraordinaire passé se manifestait à chaque coin de rue lui permettait de réfléchir. Deux heures d'attente avant le rendez-vous fixé par Emilio. Le calme avant la tempête. Dans une vie d'agent de renseignements comme de concertiste, l'action en elle-même, qu'il s'agisse de l'obtention d'informations confidentielles ou de concerts, ne représente qu'une infime proportion. Le reste étant fait d'entraînement et de préparation, mais surtout d'attente, dans des gares, des aéroports, des chambres d'hôtel, des bars impersonnels de villes inconnues… A force, Gal avait compris que l'attente n'était rien d'autre qu'une composante de l'action, d'un même cycle de temps et, en conséquence, il avait appris à prendre son mal en patience, à faire diversion pour ne pas devenir fou, ce qui, chez lui, consistait à jouer des partitions entières dans sa tête. Une pratique lui permettant de dialoguer avec les compositeurs, ses amis, de ne jamais être vraiment seul et d'apaiser la tension susceptible de l'assaillir à l'approche du danger.

Ce qui l'inquiétait n'était pas le danger qu'il était susceptible d'affronter, mais, au contraire, le risque d'arriver trop tard, après que Plotnik fut parvenu à exfiltrer le trésor d'Italie. Tous ses espoirs, mais aussi ceux du cardinal Baruso, du Vatican, de Shai et des services secrets israéliens, reposaient sur ce journaliste dont il n'avait jamais entendu parler et dont il ne connaissait que le prénom : Salvatore.

Il était arrivé au café Rosetti avec une demi-heure d'avance, après avoir joué mentalement dans son intégralité le *Concerto pour violon* de Beethoven, parcourant les rues animées de Rome au rythme héroïque de la musique. L'exaltation retombée, un capuccino et un verre d'eau posés devant lui, il était assis au fond de la salle, dos au mur, un œil surveillant la porte vitrée, attentif aux allées et venues, guettant l'arrivée de Salvatore avec une anxiété qui augmentait avec la progression des aiguilles de la pendule murale au-dessus du comptoir.

Soudain apparut dans l'encadrement de la porte un homme au crâne rasé, d'environ trente-cinq ans, dont le regard embrassa la salle aux tables presque toutes occupées, avant de s'arrêter sur lui. Il se fraya un chemin dans l'entrelacs de tables et de chaises pour enfin s'asseoir directement face à lui.

– Salvatore Rezano, se présenta-t-il en lui tendant la main. Je viens de la part d'Emilio Pardi.

– Sa description de moi était bonne pour que vous m'ayez reconnu sans la moindre hésitation, fit Gal en lui serrant la main.

– Ce n'était pas très compliqué. Il m'a juste parlé d'un grand rêveur à la crinière de lion et à l'air farouche, répliqua le journaliste avec un sourire irrésistible.

– Comment se fait-il que vous soyez déjà là ? Vous habitez Rome ? demanda Gal amusé par la description qu'Emilio avait faite de lui.

Salvatore Rezano secoua la tête.

– J'habite Naples. Etant donné le sujet sur lequel je travaille, c'est plus indiqué. Et puis c'est là-bas que j'ai grandi, ce qui me permet de savoir de quoi je parle. Mais Emilio m'avait conseillé d'être à Rome ces jours-ci. Il pensait que certains événements en cours pourraient m'intéresser. Alors j'ai fait le voyage.

Gal ne put retenir un léger éclat de rire : Emilio ne cessait de le surprendre.

– Il vous a expliqué de quoi il s'agit ?

Salvatore hocha la tête.

– Il n'y a pas de temps à perdre, d'après ce que j'ai compris.

Gal l'observait tandis qu'il résumait la situation avec un sens parfait de la synthèse. Physiquement, il ne ressemblait pas à Emilio : là où le jeune prêtre était fin et émacié, avec des cheveux noir de geai, lui était rond et chauve et vous regardait avec de grands yeux animant un visage plein. Mais tous deux semblaient habités par la même détermination, la « même foi », aurait sans doute rectifié Emilio. Dans leurs genres, deux combattants. Etant donné son terrain d'investigation – la mafia –, le journaliste devait mener une existence dangereuse, obligé de côtoyer ses « sujets », de nouer des relations avec certains d'entre eux pour obtenir des informations, tout en dénonçant leurs méfaits. Une vie sur le fil du rasoir.

– Je connais bien la famille Monterosa, qui serait impliquée dans l'affaire vous concernant. J'ai déjà écrit sur son compte à plusieurs reprises. Elle vient de Sicile et a la particularité d'être dirigée par une femme, Lucrecia, qui a hérité du pouvoir de son père abattu par une famille rivale il y a une vingtaine d'années. Elle a dû faire preuve d'une sacrée force de caractère pour s'imposer dans ce monde machiste. Elle doit approcher la cinquantaine à l'heure actuelle et elle est aussi réputée pour sa beauté que pour son sens des affaires et la façon dont elle dirige son clan : d'une main de fer.

Gal buvait ses paroles, heureusement surpris d'apprendre que si les choses tournaient comme il l'espérait, il allait devoir négocier avec une femme, qui plus est réputée pour sa beauté. Il était presque toujours parvenu à trouver un terrain d'entente avec les femmes avec qui la rivalité était rarement frontale.

– Y a-t-il un moyen d'entrer en contact avec elle ?

Salvatore secoua la tête de gauche à droite.

– Trop tôt. Il serait d'abord souhaitable de s'assurer qu'il s'agit de la bonne piste, même s'il lui arrive de traiter avec des Russes, car votre homme est d'origine russe, n'est-ce pas ?

Gal hocha la tête.

– D'après ce que m'a dit Emilio, ce qui a été volé est assez volumineux, plusieurs mètres cubes, et d'une valeur inestimable.

– A certains égards, ce trésor a infiniment plus de valeur que *La Joconde*, la *Piéta* ou le *David* de Michel-Ange, confirma Gal.

Emilio vous a mis au courant ? Alors vous comprenez que contrairement aux œuvres d'art les plus importantes de l'histoire de l'humanité, ce trésor vaut beaucoup plus que de l'argent et pourrait provoquer des réactions incalculables sur le plan international, à l'échelle du monde même.

– Je ne mettrais pas ma main à couper que Lucrecia Monterosa ait eu toutes les informations nécessaires pour comprendre ça.

– Sinon ? s'enquit Gal qui, instinctivement, entrevit là la possibilité d'une faille chez sa future interlocutrice.

– Sinon je ne suis pas sûr qu'elle aurait accepté. Mais elle a dû être payée une véritable fortune en échange de ce service.

– Evgueni Plotnik a ce genre de moyens, affirma Gal qui avait pris bonne note de l'appréciation du journaliste. Et il est d'autant plus prêt à les mettre sur la table s'il s'agit de satisfaire son ambition ultime.

– Le pouvoir ?

– Le pouvoir et peut-être une forme de reconnaissance que l'argent ne suffit pas toujours à procurer, surtout s'il a été acquis dans des conditions obscures.

– Alors cet homme veut tout, fit Salvatore en souriant. Ça signifie qu'il est fou.

– C'est ce qui le rend dangereux. Et la vitesse avec laquelle il a bâti sa fortune lui fait croire en son invincibilité.

Salvatore chassa ces considérations d'un sourire.

– J'ai donc réfléchi aux différentes possibilités qui s'offraient à la famille Monterosa pour mettre à l'abri cet encombrant fardeau. J'ai d'abord pensé à la Sicile où se trouve son fief, et où ils n'auraient aucun mal à dissimuler des butins autrement plus encombrants. Mais Emilio, et je partage son avis, ne pense pas que le trésor ait pu quitter la péninsule.

– Alors ?

– Alors j'ai songé à une villa que possède Lucrecia Monterosa dans le petit village de Massa Lubrense sur la côte amalfitaine. La maison dispose d'un escalier privé creusé dans la roche qui descend directement à la mer. Un repaire idéal pour faire sortir du pays de la marchandise en toute discrétion. Cela m'étonnerait qu'ils aient déjà utilisé l'endroit à ce genre de fins, Lucrecia doit trop y tenir pour le griller. Mais pour une marchandise de cette valeur, on peut parier qu'ils seraient prêts à faire une exception.

– Ça se tient en effet. Mais il faut faire vite.

– Je m'envole tout à l'heure pour Naples. Vous voulez m'accompagner ?

– Je suis votre homme.

– Alors, allons-y.

– Dites-moi, fit Gal tandis qu'ils traversaient la salle encombrée de consommateurs, pourquoi vous investissez-vous tant dans cette affaire ?

– Imaginez que tout cela se vérifie…

– Mais on vous demandera certainement de tenir cette histoire secrète. Songez que le Vatican a toujours nié être en possession de ce qui a été volé.

Salvatore Rezano lui adressa un sourire énigmatique.

– Disons que je saurais bien y trouver un avantage.

– Et le danger ?

– Le danger ? C'est en voulant à tout prix l'éviter qu'on passe à côté de sa vie, ce n'est pas à vous que je vais apprendre ça, n'est-ce pas ?

38

Le Cessna T-41A s'arracha à la piste dans un concert de vibrations, prit de la hauteur et, dans une courbe parfaitement exécutée, contourna l'aéroport de Fiumicino avant de mettre le cap sur Naples. Très vite, il atteignit l'altitude de 1 500 pieds et se stabilisa. Assis sur le siège du passager avant, Gal lançait des regards appréciateurs à Salvatore concentré sur les commandes tout en prêtant régulièrement attention au paysage qui défilait sous leurs yeux.

Les mains sur le manche en demi-cercle, attentif aux cadrans et à sa trajectoire, Salvatore lui apparaissait de plus en plus comme un homme libre, ce qu'il fallait être pour refuser la fatalité que représentait dans ce pays la mafia et oser la combattre avec les mots pour seule arme. En volant, il échappait à la loi de la gravité, comme en livrant ses articles à la presse il échappait à celle du silence. Mais on ne peut éternellement se soustraire à ces lois, elles ont vite fait de vous rappeler à l'ordre, par un atterrissage en catastrophe pour le pilote, par une exécution sommaire pour le journaliste parti en croisade. Le journaliste ainsi réduit au silence, soumis à la loi du silence.

Funambule de l'investigation, Salvatore avait jusqu'à présent su marcher sur le fil tendu vers la vérité sans perdre l'équilibre. Sans doute parce qu'il avait encore des contacts assez puissants pour être protégé, ou parce qu'il n'avait pas encore trop dérangé et qu'on tolérait son existence, parce qu'il fallait bien que quelqu'un se charge de tenir la chronique des « affaires » et d'en écrire l'histoire. Mais jusqu'à quand ? Quand franchirait-il la ligne rouge ? Salvatore avait toujours la possibilité de raccrocher les gants mais, sur le point de jouer les trouble-fêtes dans les affaires de l'une des familles mafieuses les plus installées, il n'en prenait pas le chemin. Ne venait-il pas d'affirmer que vouloir à tout prix éviter le danger, c'était passer à côté de sa vie ?

– On va pousser jusqu'à Massa Lubrense, cria-t-il à l'adresse de Gal pour couvrir le ronronnement du moteur. On devrait y être dans un quart d'heure maximum. On va survoler la villa des Monterosa, histoire de voir s'il y a quelque chose d'inhabituel. Vue du ciel, la côte est extraordinaire !

Dix minutes plus tard, l'avion passait au-dessus d'Amalfi et longeait la côte, survolant les falaises en direction de Massa Lubrense. Progressivement, Salvatore fit perdre de l'altitude à l'appareil jusqu'à ce que les détails au sol et sur l'eau leur apparaissent avec précision. Ils dominaient des villas aux toits roses surplombant la mer sur laquelle croisaient voiliers, hors-bord et bateaux de pêcheurs. Des résidences de millionnaires pour la plupart, sur l'une des côtes les plus recherchées d'Europe. Salvatore imprima au manche une pression et le Cessna vira vers la mer, légèrement au-dessus du sommet de la falaise afin de bénéficier d'une vue plongeante sur ces maisons de rêve aux parcs ouverts sur le large.

– La voici.

Gal se pencha vers l'extérieur pour mieux voir.

– Vous voyez le petit port privé en bas ? Et là, on distingue l'escalier creusé dans la roche qui relie le port à la maison.

Gal distinguait l'escalier et le petit port à l'embarcadère duquel était amarré un de ces hors-bord cigarette prisés par les contrebandiers pour leur très grande vélocité.

– Le bateau de Lucrecia, commenta Salvatore. Et là ! s'exclama-t-il en se retournant tandis que l'appareil avait déjà dépassé la maison, ce palan qui surplombe le port au sommet de la falaise ! C'est la première fois que je le vois ! Vous pensez à la même chose que moi ?

A moins de porter les objets un par un en risquant la chute à chaque marche, la raideur de l'escalier qui tenait plus du sentier de chèvres rendait presque impossible le transfert du trésor jusqu'au port. Le palan, en revanche, permettait de descendre directement, sans effort et sans risque, les colis les plus volumineux, voire un conteneur.

– Je ne préfère pas survoler la maison une seconde fois, ce serait les alerter inutilement ! lui cria Salvatore. Si ce à quoi on pense se trouve derrière ces murs, ils doivent être particulièrement paranoïaques. On va atterrir à Naples et revenir par la route, histoire d'essayer d'avoir une confirmation de ce qu'on soupçonne. Ça vous convient ?

Gal acquiesça, de plus en plus impressionné par Salvatore. Sous certains aspects, lorsqu'il était pratiqué avec un tel investissement personnel, le journalisme d'investigation s'apparentait au renseignement et pouvait comporter les mêmes risques. La différence essentielle résidait dans la destination des informations recueillies : le grand public dans un cas, les services secrets dans l'autre, qui s'ingénieraient ensuite à les utiliser comme une arme. Chaque fois, il s'agissait d'un moyen de pression.

Après une heure d'autoroute, vitres ouvertes, dans la Fiat Uno louée à l'aéroport de Naples, Salvatore emprunta la sortie de Massa Lubrense et prit la route conduisant au village côtier. En ce début d'automne, l'air était délicieux et Gal appréciait le paysage sous la lumière du jour déclinant. Il ne fallait pourtant pas se fourvoyer : si cette escapade comportait peu de dangers – une simple mission de repérage –, ils étaient plus en guerre qu'en vacances. Une heure sur place au maximum d'après le journaliste, après quoi ils reprendraient la route de l'aéroport et devraient donc atterrir à Rome vers 22 heures. Un périple qui ne leur aurait pas pris plus d'une demi-journée.

La présence du palan au sommet de la falaise était suffisamment éloquente, mais l'enjeu était trop important pour s'en contenter. D'autant qu'il pouvait très bien avoir été installé là à des fins autres que criminelles…

La villa de Lucrecia Monterosa était légèrement en dehors du village et Salvatore décida d'emprunter la route qui y menait.

– C'est celle-ci, fit-il remarquer en roulant à 30 km/h alors qu'apparaissait le mur d'enceinte qu'ils avaient aperçu depuis le ciel.

Les frondaisons d'une végétation luxuriante dépassant derrière le mur donnaient l'idée d'un jardin paradisiaque. Un jardin bien gardé, constata Gal en remarquant deux silhouettes qui dépassaient également de la muraille. Un souci de protection confirmé par la garde assurée par deux autres hommes assis derrière la grille ouvrant sur cet éden fortifié.

– Il y a toujours autant d'hommes ? s'enquit Gal.

– Une telle vigilance sous-entend soit que la famille vit sous la menace d'un autre clan concurrent, ce dont je n'ai pas entendu parler, soit qu'une réunion importante doit se tenir dans la villa, mais je serais étonné que la Monterosa choisisse ce lieu, soit qu'ils ont quelque chose de précieux à protéger.

« Voilà ce que je vous suggère, reprit Salvatore, on fait un petit tour au village où vous m'attendez dans la voiture pendant que j'essaie d'en savoir un peu plus. Je ne vous propose pas de m'accompagner parce que, seul, je serai plus discret.

– Ça me va, acquiesça Gal qui savait que son tour d'entrer dans la danse viendrait bien assez tôt.

Dès que la Fiat fut garée sur la place du village, le violoniste regarda Salvatore s'éloigner et disparaître dans l'échoppe du marchand de journaux. Bien vu : lors d'une affaire en cours risquant de filtrer dans les médias, les principaux intéressés sont toujours à l'affût du moindre entrefilet les concernant. Ainsi, il se pouvait que des clients inhabituels, les nombreux occupants de la villa Monterosa, aient acheté de la presse en masse. Enfant du pays, Salvatore n'aurait sans doute aucun mal à faire parler le commerçant et il serait beaucoup plus efficace seul qu'accompagné par un étranger.

Quelques minutes plus tard, Gal le vit ressortir, traverser la place et entrer dans le bar dont quelques guéridons occupaient le trottoir. L'attente promettait d'être plus longue et, tout en observant les va-et-vient sur la place, Gal en profita pour faire le point.

Même si Salvatore ne rapportait pas une preuve tangible, la présence de quelque chose d'important dans la villa Monterosa était pour ainsi dire acquise. Ce qui allait dans le sens du tuyau obtenu par Fiorenza. Dès lors, à moins que Salvatore revienne avec un démenti, une information réduisant à néant leur hypothèse, les éléments récoltés étaient suffisants pour lancer l'opération.

D'ici quelques heures, ils seraient de retour à Rome, et il n'aurait pas un instant à perdre. Les hommes formant le commando devraient arriver le lendemain, ils en étaient convenus avec son contact de Shai : ils avaient tous deux parié sur la présence du trésor dans cette région. Il lui faudrait indiquer la localisation précise de la villa. Puis prévenir le cardinal Baruso ainsi qu'Avi Ronner à la Kiria afin qu'ils dépêchent sur place un diplomate israélien en poste à Rome.

Après quoi, Gal entrerait en scène. En espérant que le trésor, s'il s'agissait bien de cela, n'ait pas été exfiltré d'ici là. Etait-il possible d'envisager une présence policière, militaire ou douanière pour prévenir tout mouvement ? C'était à voir avec le cardinal.

Avec ces mouvements, ces allées et venues et cette accélération des événements dans laquelle il était pris, il en avait presque oublié l'existence du tueur qui l'avait raté une fois, mais devait toujours être à ses trousses. Il soupira : les contrats de ce type étaient souvent exécutés au moment où la cible s'y attendait le moins.

Enfin Salvatore sortit du café et monta dans la Fiat.

– *Avanti !* s'exclama-t-il en démarrant.

A son expression impénétrable, Gal était incapable de dire si la moisson avait été fructueuse ou non.

39

Peter De Rook sortit de l'aéroport, repéra la file de taxis et se dirigea vers le premier d'entre eux, une vieille Alfa Romeo blanche recouverte de poussière, dans laquelle il s'engouffra, son petit sac de voyage à la main. Aussitôt la voiture démarra et prit la direction de Naples.

La veille, il avait reçu un appel en fin de matinée, et il avait raccroché avec une simple adresse à Naples, à rejoindre dans les vingt-quatre heures. C'était la règle : moins on en savait, mieux on se portait, et mieux l'organisation fonctionnait surtout. En matière d'ordre de mission, c'était un peu court, mais cela faisait des années qu'il partait dans des délais aussi brefs. Il recevrait ses instructions sur place. Il s'était donc envolé d'Amsterdam et arrivait enfin à destination après avoir changé d'avion à Milan. Aux Pays-Bas, l'automne était déjà bien installé, et ce voyage dans le sud de l'Italie n'était pas pour lui déplaire. Sur le tableau de bord, le thermomètre affichait vingt degrés de plus que celui du taxi qui l'avait conduit de chez lui à l'aéroport huit heures plus tôt. Ce genre de climat lui convenait mieux, mais Amsterdam demeurait le centre névralgique mondial de son métier.

Intermédiaire dans le négoce de diamants, comme la plupart des membres de l'organisation à laquelle il appartenait, il avait déjà répondu à ce genre d'appel par le passé. On ne le convoquait jamais pour rien. La seule chose que l'organisation attendait de lui, c'était de se tenir prêt. Physiquement et mentalement. Une règle à laquelle il n'avait jamais dérogé, préalable à son admission dans l'organisation, et à laquelle il ne lui était pas difficile de se tenir. Après huit années passées dans les commandos parachutistes de Tsahal, qu'il avait quittés avec le grade de capitaine, il lui était inconcevable de se laisser aller.

La première mission qu'on lui avait confiée, quand il s'était immergé dans la vie civile, avait été l'exécution, une dizaine d'années plus tôt, de l'un des membres du groupe terroriste palestinien qui avait massacré les athlètes israéliens lors des jeux Olympiques de Munich. Lui et trois autres avaient été envoyés au Caire où ils s'étaient acquittés de leur mission après une semaine de repérage et de travaux d'approche. Une tâche effectuée proprement, sans la moindre bavure, qui avait entraîné d'autres appels, pour l'essentiel concernant des opérations antiterroristes en Europe.

Chaque fois, il savait à peu près à quoi s'en tenir avant de recevoir ses instructions : en fonction de l'actualité, la destination qu'on lui donnait lui permettait de se faire une idée. Aujourd'hui pourtant, il n'en avait aucune et se demandait pourquoi il devait se rendre à Naples.

Le taxi déboucha sur la baie de Naples. Aussitôt Peter De Rook – le nom d'emprunt figurant sur son passeport – eut le réflexe de baisser sa vitre, pour mieux profiter et respirer l'air du large. Il fut happé par le paysage époustouflant qui défilait sous ses yeux : cette courbe idéale autour de laquelle s'était développée la ville enserrant l'avancée de la mer entre ses édifices de pierre. Hypnotisé, il ne percevait qu'à peine les klaxons et les autres bruits de la circulation et se perdit dans ses rêveries tandis que le soleil déclinant scintillait en millions de particules de lumière à la surface de l'eau. La trompeuse illusion du calme avant le feu. Il s'ébroua et revint à la réalité.

Une autre question lui occupait l'esprit, comme d'habitude : qui allait-il retrouver sur place ? Combien seraient-ils ? Tout dépendait de la cible et des compétences exigées. Dans un souci d'efficacité, l'organisation s'efforçait toujours de constituer des équipes composées de membres ayant l'habitude de travailler ensemble. Ces missions délicates nécessitaient des rouages parfaitement huilés.

Enfin, le taxi s'arrêta à l'adresse qu'il avait indiquée en montant, devant un immeuble de la Riviera di Chiaia. Avec un regard appréciateur pour le jardin entre l'édifice et la route et les balcons en façade qui donnaient sur la mer, il sortit du véhicule, paya la course et traversa le jardin qui le séparait de l'immeuble. Le lieu où ils allaient se préparer et attendre des heures, voire des journées entières, avant d'entrer en action. Au moins pourrait-il admirer la vue.

Au même moment, Ruben Amram atterrissait à l'aéroport de Naples. Parti d'Israël, il avait fait une escale à Izmir en Turquie pour y récupérer un passeport turc au nom d'Ikmet Katzim. Responsable de l'opération, lui seul connaissait la liste complète des membres du commando, soit dix combattants au total, en provenance du Canada, du Mexique, d'Argentine, du Royaume-Uni, de Norvège, des Pays-Bas, de Belgique, d'Allemagne et d'Italie. Tous ayant servi dans les forces spéciales israéliennes, tous profondément religieux sans être orthodoxes, et voués corps et âme à la cause israélienne. Des soldats de Dieu éparpillés aux quatre coins du monde pour servir la cause d'Israël. Il avait travaillé avec chacun d'eux, connaissait leurs forces et leurs compétences et savait pouvoir compter sur leur professionnalisme et leur sang-froid. Tous avaient connu l'épreuve du feu et six d'entre eux avaient déjà participé à des missions d'exécution.

Enzo Lippi, l'« Italien » du groupe, s'était occupé de la logistique et avait déjà rassemblé dans l'appartement loué pour l'occasion tout l'équipement et l'armement nécessaires à l'opération. Il s'était également chargé des bateaux indispensables pour approcher la villa par la mer. D'après les informations qui leur étaient remontées *via* Avi Ronner à la Kiria, c'était le seul moyen d'y accéder discrètement.

Un tour de force de la part d'Enzo Lippi, vu le temps extrêmement court dont il avait disposé : quarante-huit heures en tout et pour tout. Le facteur temps était d'ailleurs ce qui l'ennuyait le plus : ils n'en avaient pas et devaient agir dans l'urgence, ce qui ne pouvait que nuire à la préparation de l'opération et donc à sa réussite.

Sachant qu'il était inenvisageable d'échouer.

Avi Ronner l'avait briefé sur leur contact sur place : un ancien du Mossad devenu un virtuose du violon… Un certain Gal

Knobel. Personne ne devenait virtuose sur le tard. Il en avait donc conclu qu'il devait être violoniste avant d'être agent. Après tout, le renseignement pouvait s'accommoder de bien des vocations. Avant que Shai évoque son existence, après son passage dans la synagogue de Safed, il en avait entendu parler comme d'un électron libre au sein du Service. Un électron libre à qui on devait le démantèlement d'un réseau néonazi lié à des terroristes du Proche-Orient. A manier avec des pincettes donc, d'autant que c'était à ses informations que l'on devait l'organisation de cette nouvelle mission. Le fait qu'un ancien ayant claqué la porte du Service soit une telle source de renseignements devait en agacer plus d'un. Il faudrait qu'il lui demande comment il s'y prenait pour découvrir tout seul dans son coin ce qu'un des meilleurs services de renseignements au monde ignorait. En jouant du violon ?

Une fois passée la douane, Ikmet Katzim héla un taxi et demanda au chauffeur de le conduire à la Riviera di Chiaia, au niveau du château, quelque 500 mètres avant l'immeuble. Il serait sur place une demi-heure après l'arrivée du dernier d'entre eux.

Il allait alors les mettre au courant de la mission : faire ce pour quoi Shai avait été créé près de deux mille ans plus tôt et que des dizaines de générations de leurs prédécesseurs avaient attendu : veiller sur l'entité et les symboles les plus précieux du judaïsme, ce qui aujourd'hui consistait à récupérer le trésor du Temple.

40

Gal sortit de la cabine téléphonique avec soulagement. Des feuilles de journaux en boule et des papiers gras poussés par le vent sur la chaussée poussiéreuse lui rappelèrent la saleté de la ville. Bâtie sur ce site prodigieux, autour de cette baie à la beauté à couper le souffle, Naples demeurait, hélas, un endroit réputé pour sa crasse. Et ces papiers roulant sur le sol apparaissaient comme autant de stigmates de la maladie qui gangrénait la ville : cette emprise de la mafia omniprésente, vécue depuis trop longtemps comme une fatalité, un mal inévitable avec lequel les habitants ne pouvaient plus que composer. Un mal sans doute endémique, inscrit dans les gènes de cette population, de cette région, pour avoir ainsi prospéré comme autant de métastases dans toutes les strates de la société, n'épargnant aucun quartier, aucun village, aucun secteur d'activités.

A propos d'ordures, on racontait même que la campagne avoisinante servait de décharge sauvage à la ville, que des centaines, voire des milliers d'hectares de champs étaient pollués et impropres à la culture pour des décennies à cause des tonnes de déchets souvent toxiques que l'on y avait déversés. Par mesure d'économie, par avidité, parce que cela permettait d'éviter le coût du retraitement.

Et pourtant, malgré ce cancer, on continuait à y vivre comme si de rien n'était et les touristes affluaient toujours dans ce coin du monde qui n'avait rien perdu de sa beauté.

Mais Gal avait des préoccupations autrement plus urgentes. Il venait de raccrocher après un entretien avec un responsable de l'ambassade d'Israël à Rome et de se mettre d'accord sur la venue, dès le lendemain, d'un diplomate investi des pouvoirs nécessaires à la négociation avec le clan Monterosa.

Ainsi l'Etat d'Israël consentait à s'impliquer. Avec la discrétion suffisante pour ne pas être inquiété en cas de problème. Le diplomate en question, un certain Gemini, ne serait pas en mission officielle mais disposait d'un crédit suffisant, espérait-il, pour faire entendre raison à Lucrecia Monterosa.

Cette ligne de crédit inespérée, qui allait certainement peser lourd dans la balance, Gal la devait à l'intervention d'Avi Ronner. Shai l'avait vraisemblablement convaincu de la nécessité absolue de ne pas laisser le trésor à la disposition d'Evgueni Plotnik, de ne pas non plus prendre le risque que, dans la bataille, il disparaisse en mer. Deux points de vue différents se rejoignaient là : celui défendu par Ronner, politique, soucieux de ne pas laisser un aventurier sans foi ni loi accéder au pouvoir, et celui défendu par Shai, plus religieux : un gardien du temple chargé de veiller sur les symboles les plus précieux, les plus chargés d'histoire et de spiritualité du peuple hébreu, qui n'entendait pas que ceux-ci soient utilisés à des fins personnelles. La convergence de ces deux points de vue, le temporel et le spirituel, aboutissait à la formation d'un barrage contre les ambitions folles d'un homme aveuglé par sa soif de richesse, de pouvoir et de reconnaissance.

Il semblait ainsi que Shai fût sortie de sa clandestinité et eût usé de toute son influence afin de contrer les plans du milliardaire. Après des siècles d'un sommeil trompeur, l'organisation sortait de l'obscurité où elle avait vécu.

Alerté par Avi Ronner, l'Etat d'Israël était donc prêt à délier les cordons de sa bourse, ce qui indiquait combien, dans les hautes sphères, l'affaire était prise au sérieux. A une inconnue près : entre la crainte de voir le trésor se perdre et celle d'assister à l'accession de Plotnik au pouvoir, Gal ignorait quel argument avait emporté l'adhésion gouvernementale. Il penchait plutôt pour la seconde hypothèse.

On avait à ce propos tenté d'estimer la somme versée par Plotnik à la famille Monterosa pour prendre en charge le trésor sur le sol italien jusqu'à son exfiltration vers Israël. On s'était arrêté sur une estimation de dix millions de dollars, vraisemblablement payés en deux fois, la première moitié à la conclusion du contrat et la seconde à la livraison finale de la « marchandise ».

En se basant sur cette hypothèse généreuse, la famille Monterosa avait déjà touché cinq millions de dollars, et le fait de ne pas livrer la marchandise à Plotnik comme elle s'y était engagée représenterait donc pour elle un manque à gagner conséquent. Lucrecia Monterosa était donc en mesure de les exiger en échange de la restitution du trésor, libre à elle ensuite d'en disposer comme bon lui semblerait : l'investir dans de nouvelles activités mafieuses, rembourser Plotnik, ou faire face aux troubles que ne manquerait pas d'entraîner le non-respect du contrat. Plotnik avait le bras long et de nombreux contacts en Russie où, depuis quelque temps, la famille Monterosa tentait de s'implanter.

Cinq millions de dollars. Somme au-delà de laquelle l'Etat n'irait pas.

Mais le trésor en valait infiniment plus. Il avait la valeur de la paix et celle que l'on attribuait aux reliques sur lesquelles reposait l'histoire de tout un peuple.

Gal regarda sa montre et pressa le pas. Emilio et le cardinal Baruso devaient arriver d'ici une vingtaine de minutes à l'hôtel Vesuvio et il préférait être sur place pour les accueillir. A l'heure dite, les deux ecclésiastiques firent leur apparition dans cet hôtel situé derrière le fort, que Gal avait choisi pour sa discrétion.

Deux jours plus tôt, à peine descendu du Cessna piloté par Salvatore, Gal avait contacté Emilio et demandé à le voir d'urgence ainsi que le cardinal. La situation nécessitait toute l'influence dont le prélat bénéficiait au Vatican.

Pour éviter les oreilles indiscrètes, trop nombreuses à l'abri des murs d'enceinte du Saint-Siège, ils s'étaient donné rendez-vous à quelques rues de l'hôtel d'Angleterre où Emilio avait arrêté l'Alfa Romeo vaticane le temps que le violoniste s'y engouffre. Dans la voiture, Gal les avait mis au courant des dernières avancées de l'enquête et ils avaient élaboré leur plan de bataille.

Au volant, Emilio s'assurait par des coups d'œil réguliers dans le rétroviseur qu'ils n'étaient pas suivis. Et Gal, par moments, se demandait si les précautions du jeune prêtre étaient liées à la rivalité qui les opposait à ce fameux cardinal Schmidt, ou aux menaces qui pesaient sur lui, Gal Knobel. Il se sentait plus en sécurité à Naples qu'à Rome, à proximité immédiate de ce Vatican aux guerres intestines où certains le soupçonnaient d'avoir une part de responsabilité dans le vol du trésor.

Les membres du commando de Shai étaient prévenus et, pour la plupart, déjà en route vers Naples. Ensemble, ils constituaient une force composée d'autant de nationalités que de soldats, officiellement sans lien avec l'Etat d'Israël donc, et dont le seul objectif était de protéger le trésor du Temple. Leur présence devait assurer un soutien de poids dans les négociations, même si la consigne était d'éviter de tirer le moindre coup de feu. Un bain de sang n'était pas envisageable : les objets du culte risquaient d'être endommagés, voire détruits, et, malgré les passeports en règle des membres du commando, Israël ne pourrait pas longtemps nier son implication dans l'affaire.

Le cardinal avait alors émis une idée de fin stratège : puisque le trésor devait manifestement quitter le territoire italien par la mer, il fallait leur couper cette voie de sortie. L'un de ses proches au Vatican, le cardinal Padovani, président du Conseil pontifical pour le dialogue interreligieux, avait un frère amiral de la marine de guerre italienne qui devrait pouvoir être convaincu d'envoyer un navire au large de Massa Lubrense. Sa présence insistante à quelques encablures de la côte devrait se révéler suffisamment dissuasive pour éviter que le trésor disparaisse par voie maritime.

A en juger par l'assurance du cardinal Baruso, l'idée était bonne. Le cardinal Padovani et lui partageaient les mêmes opinions et appartenaient à la même mouvance au Vatican, favorable à l'assouplissement des positions de l'Eglise ainsi qu'à une plus grande ouverture sur le monde. A l'opposé de la politique défendue par le cardinal Schmidt et son clan ultraconservateur hostile à toute ouverture.

Jusqu'à présent, les choses semblaient s'être bien déroulées, mieux valait éviter toute intervention étrangère. Qu'il s'agisse de l'intervention du cardinal Schmidt qui tenterait d'exploiter toutes les possibilités de favoriser les dissensions avec l'Etat hébreu, mais également d'une intervention officielle qui risquerait, par maladresse, de tout faire capoter.

L'entente entre les deux frères Padovani, le cardinal et l'amiral, était manifestement parfaite, puisque Gal put constater de ses propres yeux la présence d'un destroyer de la marine nationale italienne croisant au large de Naples dans la direction de Massa Lubrense.

Gal accueillit les deux ecclésiastiques au bar de l'hôtel où ils s'installèrent. L'un et l'autre manifestaient l'excitation fiévreuse de jeunes recrues à la veille de leur première bataille. Ils se réjouissaient déjà de mettre la main sur le trésor. Quant à lui, conscient des difficultés qui se profilaient, il gardait son sang-froid mais il lui tardait d'avoir enfin accès au violon de David.

Tout semblait en place. Il ne leur restait plus qu'à attendre le résultat du repérage que Shai effectuait sur place, pour ensuite entrer en contact avec Lucrecia Monterosa que la présence du destroyer mouillant à portée de canon de son jardin devait déjà avoir rendue nerveuse.

41

La nuit était enfin tombée et Peter De Rook constata avec satisfaction que, comme prévu, elle était sans lune. Cette lune appréciée des poètes et des amoureux mais redoutée par les hommes comme lui parce qu'elle permet presque de voir comme en plein jour. Et donc d'être vu.

Aux commandes, Javier Perron assis derrière lui, il avait attendu le crépuscule pour démarrer depuis la Riviera di Chiaia et pris la direction de la villa Monterosa, par l'intérieur des terres, évitant Massa Lubrense, de manière à ne pas être repéré en traversant le village. Ensuite, tandis que le soleil avait disparu et qu'à cette heure le risque de croiser un agriculteur dans les champs était infime, il avait engagé le scooter dans un petit chemin qui s'enfonçait dans les vignes et, une fois la route hors de vue, avait coupé le moteur. Il était alors près de 21 heures, et Javier et lui s'apprêtaient à attendre quatre bonnes heures avant de gagner à pied la villa Monterosa distante d'environ deux kilomètres.

Procéder ainsi supposait des trésors de patience, mais permettait avec une certitude quasi absolue d'arriver sur place sans le moindre risque d'être vu. Restait ensuite à passer par-dessus le mur d'enceinte et à effectuer le repérage. Mais parvenir au pied du mur sans que les sentinelles en aient le moindre soupçon représentait déjà la moitié du travail.

Chez les parachutistes, il était devenu un spécialiste de l'infiltration et, plusieurs fois, il était passé derrière les lignes ennemies ou s'était engagé dans des camps d'entraînement terroristes palestiniens ou islamistes afin d'y poser des explosifs. Javier Perron qui, depuis quatre ans, vivait au Mexique où il exerçait la même activité que lui, dans le négoce de diamants, avait développé des compétences identiques. Comme lui, il était capable de se mouvoir sans un bruit et, à la moindre alerte, de se fondre dans le décor, aussi immobile qu'un arbre.

D'ici quelques heures, ils enlèveraient leurs vêtements civils, avec lesquels ils avaient traversé la campagne, pour ne conserver que leurs combinaisons noires qui les faisaient ressembler à des ninjas. Pour compléter le tout, ils enfileraient des gants et des cagoules et se passeraient le visage au noir de bouchon, de manière à disparaître dans l'obscurité, puis ils s'engageraient à travers champs en direction de la villa, sans un mot, comme deux ombres dans la nuit noire.

Pour l'heure, ils n'avaient qu'à attendre en contemplant les étoiles et en profitant de cet air du sud de l'Italie qui, même à la tombée de la nuit en automne, restait délicieusement doux.

A 1 h 30, ils se mirent en route, laissant derrière eux, couchée à l'abri d'un fossé, la Vespa sur laquelle ils comptaient regagner Naples une fois leur mission accomplie. Après une demi-heure de progression au milieu des vignes dans un silence absolu, Peter De Rook ouvrant la marche, Javier Perron à une dizaine de mètres derrière lui, ils parvinrent enfin à proximité de la villa que seul le mur d'enceinte blanchi à la chaux laissait deviner.

Allongés côte à côte sur un talus à une trentaine de mètres à peine de leur objectif, ils entreprirent une minutieuse observation à l'aide de jumelles à intensification lumineuse qui conférait un aspect verdâtre à ce qu'ils voyaient au travers des lentilles. Deux hommes étaient en faction, assis sur des chaises derrière la grille du portail d'entrée, deux autres faisaient les cent pas derrière le mur, l'un d'eux se révélant par le bout rougeoyant de sa cigarette. Après s'être assurés de la régularité de leur tour de ronde, environ deux cents pas dans un sens puis l'équivalent dans l'autre, ils conclurent que cela leur laissait quarante-cinq secondes pour franchir le mur sans être vus. Ce qui était largement suffisant : sa hauteur n'excédait pas les 2,5 mètres, mais encore fallait-il y parvenir, en ayant traversé la route à cette heure déserte, sans avoir été repéré.

Jugeant le moment opportun, Peter De Rook s'élança, parcourant les 30 mètres au pas de course, courbé en deux. Au pied du mur, il s'aplatit sur le sol puis il attendit que Javier le rejoigne.

Soudain, il perçut un bruit de moteur, puis le faisceau de phares troua la nuit en balayant la route et les bas-côtés. Il tenta de ne faire qu'un avec le sol. Fausse alerte : une simple voiture apparemment sans lien avec le clan Monterosa. Mais son passage avait dû attirer l'attention des sentinelles sur la route. Javier attendrait donc quelques minutes supplémentaires avant de traverser à son tour, le temps qu'elles aient repris leur ronde avec la même régularité. Car de là où il était, lui-même ne pouvait estimer le moment exact où franchir le mur, et c'était à son coéquipier resté en observation d'en décider, juste avant de courir.

Après un temps qui lui parut interminable, toujours à plat ventre, il sentit une main lui serrer la cheville droite : Javier, qu'il n'avait ni vu ni même entendu, venait de le rejoindre. Il n'y avait pas une seconde à perdre. En une fraction de seconde, il se redressa, posa une main sur l'épaule de Javier, prit appui du pied gauche sur les mains que ce dernier avait croisées en courte échelle et, avec une souplesse de serpent, se hissa au sommet du mur d'où il lui tendit la main pour l'aider à l'escalader. C'était l'instant le plus délicat, mais l'un et l'autre avaient exécuté ce genre d'exercice tant de fois qu'ils passèrent ce premier obstacle sans encombre.

A présent, ils étaient dans la place et, tous les sens en alerte, ils s'enfoncèrent dans ce parc inconnu, alors que la sentinelle la plus proche revenait vers eux de son pas tranquille. Ils eurent juste le temps de distinguer son arme, un fusil d'assaut AK47.

Le plus dur restait à faire : évaluer le nombre d'hommes composant la garde, la position des différentes sentinelles, repérer les lieux de manière à être capable d'en faire un plan assez précis, éventuellement confirmer la présence du trésor. Tout cela sans se faire remarquer.

Une odeur familière les frappa : celle des orangers et des citronniers qui les entouraient. D'une pression sur son avant-bras, Peter De Rook fit signe à son partenaire de le suivre. On n'y voyait pas à vingt mètres, ce qui pour eux était un gage de sécurité, mais ils ne devaient pas se perdre. Au loin, à peut-être trois cents mètres, deux lampes électriques trouaient l'obscurité. Ils entreprirent de s'en approcher, sans emprunter le chemin goudronné et éclairé tous les trente mètres par des lampes basses n'illuminant que le goudron, mais où ils seraient sûrement découverts. Après s'être frayé un chemin à travers les plantations, ils parvinrent à une cinquantaine de mètres de deux lampadaires qui éclairaient le parking devant la maison.

Une maison à colonnes, de style hispanisant, aux murs blanchis à la chaux comme l'enceinte de protection. Un trafiquant de drogue mexicain s'y sentirait chez lui. Trois Ferrari rouges et deux gros 4 x 4 noirs y étaient garés. Même à cette distance leurs peintures rutilaient sous les réverbères. Les trois italiennes sous-entendaient la présence de personnages d'une certaine importance. Les lieutenants de la Monterosa ? N'ayant aucun moyen de vérifier, ne connaissant pas l'univers de la mafia, ils en étaient réduits à des conjectures.

Un examen moins minutieux leur aurait fait rater la présence de deux hommes assis sur des chaises dans l'embrasure de la grande porte d'entrée. L'un d'eux tenait sa kalachnikov en travers de ses genoux, tandis que l'autre avait appuyé la sienne le long du mur à portée de main. Des « cornes de bouc », comme les trafiquants mexicains surnommaient cette arme. Ce qui faisait donc déjà six hommes armés. Mais ils n'avaient pas fait tout le tour du mur d'enceinte derrière lequel devaient tourner plus de deux gardes. Investir les lieux ne serait pas une mince affaire…

Tapis derrière un buisson en position accroupie, Peter De Rook enregistrait toutes ces informations quand il sentit la main de Perron sur son épaule. Il se retourna et regarda dans la direction qu'il lui indiquait.

Sur la droite du parking, formant un L avec la maison, se dressait un autre bâtiment en dur, qui devait être un garage dont les portes étaient fermées. Il allait s'en désintéresser lorsqu'il perçut le rougeoiement du bout incandescent d'une cigarette sur le toit plat du bâtiment. Un autre garde, placé ici pour profiter du point de vue dominant, mais peut-être aussi à cause de ce que contenait le garage… Illusoire en tout cas d'espérer y pénétrer.

Il décida de faire le tour du groupe de bâtiments afin d'avoir une vue d'ensemble et de se rapprocher de la terrasse surplombant la falaise. Javier sur les talons, il rebroussa chemin dans les bosquets, faisant en sorte de toujours rester à l'abri afin de ne pas être aperçu. Après quelques minutes d'une progression minutieuse, à l'affût du moindre bruit, de la moindre présence, ils débouchèrent enfin à la lisière de la vaste terrasse plantée de gazon qui dominait la mer. Un raclement se fit entendre sous la véranda qui ouvrait sur la pelouse : un garde se balançant dans un rocking-chair. En se tournant vers le large, Peter devina le parapet fermant la terrasse, et la silhouette d'un autre garde qui faisait les cent pas au bord de la falaise. Il était donc impossible de contourner la maison par là et il leur fallait revenir sur leurs pas, mais il décida de pousser jusqu'au muret qui protégeait du vide et fit signe à Javier de l'attendre.

L'espace complètement dégagé de la pelouse à sa droite, la jungle parfaitement entretenue à sa gauche, aussi silencieux qu'un chat, prenant garde à ne pas écraser la moindre brindille, il se dirigea vers la falaise afin de s'assurer qu'il était possible de pénétrer dans la place par cette voie. En quelques minutes, il fut au bord du parapet et risqua la tête par-dessus : à une vingtaine de mètres en contrebas, il devina la cigarette qui se détachait sur les eaux noires. Avec ses jumelles à intensification lumineuse, il balaya le ponton privé sur lequel deux hommes discutaient, l'un d'entre eux portant une kalachnikov en bandoulière canon pointé vers le sol. Une maison aussi bien gardée qu'une forteresse. On ne mobilisait pas autant d'hommes sans une bonne raison.

Toujours à l'aide de ses jumelles, il remonta l'escalier accroché à la falaise qui aboutissait à l'autre extrémité de la terrasse. De là où il était, il ne pouvait pas la distinguer, mais d'après les indications fournies par Ikmet, le chef, l'accès en était fermé par une grille à gros barreaux de fer. Il en avait assez vu. Il était temps de s'éclipser.

Jusqu'à présent, tout s'était passé sans embûche, mais mieux valait ne pas trop forcer la chance.

Après trois pas, il entendit une sorte de couinement suraigu provenant de l'endroit où l'attendait Javier. Son sang se glaça. Un chien, pensa-t-il aussitôt. Ils avaient laissé des chiens en liberté dans la propriété ! L'homme assis sous la véranda se leva et cria avant de se diriger vers l'endroit d'où provenait le gémissement qui s'éteignait peu à peu. Il fut immédiatement suivi par l'autre garde posté au-dessus de la falaise. Dans quelques secondes, l'endroit allait grouiller de mafiosi armés de kalachnikov. Il pensa à Javier. Il avait dû être surpris par un chien. Un chien dressé à attaquer en silence. Et vu le bruit émis par l'animal, il l'avait saigné. A l'arme blanche. A présent, il fallait cavaler.

Dans ces cas-là, c'était chacun pour soi. Javier le savait. De toute façon, il ne pouvait rien pour lui. A chacun de se débrouiller pour regagner le point de ralliement, en l'occurrence la Vespa couchée dans les vignes.

Devant lui, ça s'agitait. Javier devait s'efforcer de s'éloigner le plus vite et le plus silencieusement possible. Difficile. Les faisceaux de lampes torches trouaient l'obscurité à travers les bosquets. Il en venait de partout. Il espérait que Javier avait pu s'éloigner. Lui profita de ce que l'agitation était concentrée à quelques dizaines de mètres pour filer à travers les plantations vers le mur. En évitant à tout prix qu'on le localise.

On entendait des cris, les gardes s'interpellaient, la nervosité était palpable. Le fait que l'attention générale fût ailleurs lui permettait d'aller vite sans trop se soucier du bruit qu'il faisait en avançant. Mais il pensait à Javier et il espérait qu'il allait s'en sortir, sauver sa peau. Car s'il tombait entre leurs mains, c'en était fini. Il espérait qu'il n'y avait pas d'autres chiens. Javier avait fait preuve d'un sang-froid exceptionnel mais lui ne les aimait pas.

Enfin, le mur apparut. Ils avaient allumé des projecteurs. Il était inondé de lumière. Il se tapit à l'abri d'un buisson et observa. Un garde à l'affût pourrait le tirer comme un lapin au moment où il passerait dans la lumière pour sauter par-dessus le mur. Et même s'il le ratait, être repéré signifiait que la chasse se poursuivrait de l'autre côté, dans les vignes où il n'était pas si simple de se cacher.

Il s'efforçait de calmer sa respiration. Derrière lui, les cris se rapprochaient. Il ne pouvait pas rester là éternellement. Les gardes ne devaient pas non plus être suffisamment nombreux pour les traquer dans le parc tout en demeurant concentrés sur le mur d'enceinte. Il inspira, compta jusqu'à trois et s'élança. En deux enjambées, il traversa l'espace vide, lança son pied gauche en appui sur le mur à mi-hauteur d'homme, poussé par son élan, il parvint à en agripper le sommet et se hissa jusqu'à basculer de l'autre côté où il se laissa glisser sur le sol sur lequel il s'aplatit.

Il était passé.

Il décida d'attendre trois minutes avant de traverser la route. Du parc, lui parvenaient des cris et des aboiements. Il y avait encore au moins un chien. Javier n'était pas sorti d'affaire. Mais il ne pouvait toujours rien pour lui. Une rafale courte éclata dans la nuit. Peter De Rook fit une grimace et fila de l'autre côté, préférant attendre à plat ventre sur le talus avec son arme pour couvrir Javier au cas où il escaladerait le mur devant lui.

Mais après quelques minutes, les cris et l'agitation s'estompèrent. Cela pouvait signifier qu'ils avaient fini par avoir Javier, comme cela pouvait signifier au contraire qu'il leur avait échappé. Dans ce cas, où serait-il passé ? Caché à l'intérieur, ou déjà hors de la propriété ? Dans le doute, il décida de poursuivre son attente un quart d'heure supplémentaire. Ensuite seulement, il se dirigerait dans les vignes jusqu'à la Vespa.

Le quart d'heure écoulé, il se mit en route. Il était 4 h 30 du matin, les étoiles dans le ciel lui parurent soudain hostiles. Si, par hasard, Javier était tombé entre leurs mains, l'opération était entièrement compromise. La perte d'un homme remettrait tout en question. Il ressassait ces sombres pensées, essayant de se repérer dans ces vignes que, quelques heures plus tôt, ils avaient parcourues à deux, lorsqu'il parvint enfin à l'endroit où ils avaient laissé la Vespa.

Pas un bruit. Un moment, il avait espéré que Javier l'aurait devancé mais il était seul. Par acquit de conscience, il décida d'attendre. Avait-il eu raison de ne pas lui venir en aide ? C'eût été suicidaire et au moins rentrait-il avec les informations qu'ils étaient venus chercher.

Après une heure à patienter en vain, il comprit que Javier ne le rejoindrait plus. Alors, la mort dans l'âme, il redressa le scooter, le démarra et regagna la route, prenant bien soin comme à l'aller de ne pas passer par le village.

42

Le lever du jour sur la baie de Naples était un spectacle merveilleux, mais aucune des personnes présentes à cette réunion matinale dans l'appartement de la Riviera di Chiaia transformé en quartier général n'avait le cœur à en profiter. L'heure était grave. Peter De Rook était rentré seul de la mission de repérage, et l'on était depuis sans la moindre nouvelle de Javier Perron. Le dernier élément concernant le « Mexicain », c'était une courte rafale d'AK47 tirée dans le parc de la villa Monterosa aux alentours de 3 h 30. Depuis plus rien.

En n'intervenant pas pour lui venir en aide, Peter De Rook n'avait fait que s'en tenir aux consignes de sécurité. Il avait agi en professionnel, mais aucun des hommes qui participaient à cette réunion de crise n'aurait souhaité être à sa place : même s'il n'avait rien à se reprocher, une part de lui-même ne pouvait que s'en vouloir de ne rien avoir tenté pour le sauver.

Aucune des hypothèses n'était réjouissante : dans le meilleur des cas, Javier Perron avait été capturé, peut-être blessé et certainement torturé, dans le pire, il avait été tué. S'il leur avait échappé, il aurait déjà rejoint le groupe.

Gal regardait les neuf hommes du commando assis comme lui dans les fauteuils et sur les canapés du salon. Tous paraissaient déterminés mais tendus. Surentraînés comme ils l'étaient, ils considéraient la perte d'un des leurs comme un grave échec.

Seul le chef, Ikmet Katzim, se tenait debout à côté du tableau sur lequel avait été reproduit le plan du parc de la villa d'après les indications fournies par Peter De Rook.

On y distinguait la route longeant la propriété, le mur d'enceinte et le portail d'entrée, le chemin goudronné avec ses éclairages rasants, une évocation grossière des principaux massifs et des différentes plantations, la villa formant un L avec le garage où se trouvait vraisemblablement ce qu'ils étaient venus récupérer, quelques bâtiments agricoles que Peter De Rook avait repérés de loin de l'autre côté de la propriété, la terrasse dominant la mer, vaste espace dégagé planté de gazon, enfin le petit port en contrebas et l'escalier creusé dans la roche le reliant à la villa.

Des croix figuraient les gardes : deux derrière le portail, deux le long du mur d'enceinte (mais il devait y en avoir davantage), deux sur le parking, un sur le toit du garage, deux de l'autre côté de la villa sur la terrasse, un au-dessus de la falaise, deux autres enfin en bas, sur l'embarcadère. Ce qui, au bas mot, représentait une petite garnison d'une douzaine d'hommes, sans oublier la présence d'au moins un second chien, à en croire les aboiements entendus par Peter. Une petite armée sur laquelle on n'avait même plus l'avantage de la surprise.

Certes, le clan Monterosa était doublement sur ses gardes, mais avec un peu de chance, cela pouvait au contraire jouer en leur faveur : psychologiquement, le clan mafieux ne pouvait qu'avoir la pression, ce qui était de nature à les fragiliser. En joueur d'échecs avisé, Gal comptait beaucoup sur ce facteur.

– Ce qui est arrivé à Perron ne nous laisse pas le choix, conclut Ikmet Katzim, nous devons agir dès ce soir. En espérant qu'il est toujours vivant, pas question de laisser Perron plus longtemps entre les mains d'un clan mafieux. Sans compter que nous avons des nouvelles de Plotnik.

Gal leva les sourcils.

– Il a quitté Israël il y a deux jours et il serait à bord de son yacht qui lui-même a quitté le port de Monaco et ne serait plus qu'à une demi-journée.

– Il vient donc récupérer son butin, commenta Gal. Mais il doit déjà être au courant de la présence du destroyer italien au large de la côte et il n'osera sans doute pas transférer le trésor par bateau.

– A moins qu'il ait compris qu'il ne s'agit que d'un coup de bluff, répliqua le chef qui savait que le navire de guerre n'était là que grâce à un arrangement officieux et qu'il n'interviendrait pas. Mettons-nous à sa place : si les Italiens étaient au courant de la présence du trésor dans cette villa, pourquoi se contenteraient-ils d'envoyer un destroyer au lieu d'investir la villa ?

– Plotnik parie sur le fait que le Vatican a préféré ne pas informer l'Etat italien de la nature précise de ce qui lui a été volé, prétextant qu'il s'agit de manuscrits anciens d'une valeur inestimable, intervint Gal. En allant plus loin, il parie sur le fait que le Vatican a préféré écarter l'Etat de toute l'affaire pour ne pas en perdre le contrôle. Ce en quoi il a raison : informer l'Etat du vol du trésor du Temple, c'était renoncer à toute confidentialité sur l'existence du trésor dans ses caves. C'est la raison pour laquelle le Vatican, par l'intermédiaire du cardinal Baruso, a préféré faire appel à moi et donc, par ricochet, paradoxalement à vous, Shai, dont l'objectif est le retour du trésor en Terre promise.

– Subtil, audacieux, mais risqué, fit Ikmet Katzim.

– Risqué ? reprit Gal. Tu veux dire que si vous récupérez le trésor, vous ne comptez pas le remettre au Vatican ?

Pour toute réponse, le responsable de l'opération se contenta d'un sourire énigmatique. Un instant, Gal chercha chez les autres une réponse plus précise, mais tous affichaient des visages impassibles. Et puis, simples soldats, ils ne pouvaient être dans la confidence.

– A propos du trésor… Tu sais que ma collaboration a un prix.

– Le violon de David.

– Shai m'a promis qu'en échange de mes services je pourrai y avoir accès.

– Bien sûr que tu pourras y avoir accès, mais il est beaucoup trop tôt pour envisager la suite. Déjà Plotnik est en train de nous mettre devant le fait accompli : destroyer ou pas, il s'apprête à récupérer le trésor incessamment. Dans les quarante-huit heures maximum. C'est pourquoi je prévois l'opération pour aujourd'hui, dès la nuit tombée.

– Comment comptez-vous faire ?

– On n'a pas le choix : nous infiltrer en neutralisant le maximum d'hommes sur place et tenter de prendre le contrôle des lieux.

– Et en admettant que vous y parveniez ? demanda Gal en jetant un regard circulaire aux hommes toujours impassibles.

– On récupère d'abord Perron et ensuite on s'occupe du trésor.

– C'est-à-dire ?

– On a prévu une camionnette pour le transporter jusqu'au port de Naples où un chalutier nous attend.

– Il ne me reste donc plus qu'à contacter le clan Monterosa dès aujourd'hui. S'il y a une chance de récupérer votre homme en évitant un bain de sang, il faut la tenter, fit Gal qui jugeait le plan que venait d'exposer Katzim suicidaire.

– La voie diplomatique..., parut regretter Ikmet, ce qui bien sûr n'était qu'une illusion, les professionnels comme lui n'ayant recours à la force, avec les risques que cela comportait toujours, qu'après avoir exploré toutes les autres possibilités.

– En admettant qu'ils détiennent Perron, ils devraient être tout disposés à ouvrir les négociations.

– Alors ne perdons pas de temps, décréta Ikmet.

Pour Gal, la réunion s'achevait là. Il n'avait pas besoin d'assister à la suite qui ne le regardait pas vraiment. Ikmet et son groupe allaient discuter de la meilleure façon d'investir les lieux, vraisemblablement par une double action conjointe, un groupe s'infiltrant par le mur d'enceinte, comme Peter De Rook et Javier Perron l'avaient fait, tandis qu'un autre pénétrerait dans la propriété par la falaise, de façon à maîtriser le côté mer de la maison avant de s'attaquer au reste. C'est sans doute comme ça que lui procéderait, mais ce n'était pas son rôle et il avait mieux et plus urgent à faire.

Après un dernier regard à ces hommes qui s'apprêtaient à risquer leur vie en donnant l'assaut à une maison transformée en camp retranché, il s'éclipsa.

Le cardinal Baruso, Emilio et Salvatore l'attendaient à l'hôtel, impatients de découvrir ce qui était ressorti de cette réunion de crise. Mais leur fébrilité avait une autre cause.

– Il y a du nouveau, attaqua bille en tête le cardinal. Un hélicoptère russe Kamov a rejoint le yacht de Plotnik sur le pont duquel il s'est posé.

– Un hélicoptère ?

Voilà qui changeait tout. Si, comme le palan installé au sommet de la falaise l'avait laissé supposer, il avait d'abord eu l'intention d'embarquer le trésor à bord d'un bateau, Plotnik avait manifestement changé de plan et pris le parti de l'évacuer par voie aérienne, pour le décharger ensuite à bord d'un navire attendant au large, peut-être son yacht ou un autre rafiot, histoire de brouiller les pistes. Face à l'urgence de la situation, il avait décidé d'employer les grands moyens, même si, après le casse du Vatican, il n'était pas à un hélicoptère près. Gal connaissait cet appareil : de fabrication russe, il avait été conçu pour la marine. Muni d'un double rotor, il avait une excellente portance et était capable de transporter de lourdes charges. L'engin idéal pour ce que Plotnik comptait faire dans les heures à venir.

– Comment l'avez-vous appris ?

Le cardinal eut un sourire en lame de couteau. Répondre à cette question le gênait mais il ne pouvait faire autrement.

– Le Vatican entretient depuis longtemps des liens étroits avec la CIA, qui dispose d'un centre d'écoute en Sicile.

– Mais cette information ne vous a pas été transmise à vous directement…

– Non, mais il suffit de disposer des bons relais au Vatican, répondit le cardinal avec un sourire satisfait.

Gal hocha la tête. Il était au courant de l'existence de cette base américaine qui permettait aux Etats-Unis de contrôler tout ce qui se passait en Méditerranée. Le pouvoir et l'influence du Vatican se mesuraient à ce genre de détails…

– Il peut donc agir dès aujourd'hui, étant donné la position de son bateau.

– Et la réunion ? Qu'est-ce qui a été décidé ? s'enquit Emilio.

– Ils comptent intervenir ce soir.

– Et si Plotnik décidait de débarquer plus tôt ?

– Alors, nous n'aurions plus qu'à prier, monseigneur, répliqua Gal. Car, de toute façon, le groupe d'intervention ne pourra pas être prêt avant ce soir. Mais je doute que Plotnik prenne le risque d'agir en plein jour. Il préférera bénéficier de la couverture de la nuit. Mais c'est aussi pourquoi nous devons contacter Lucrecia Monterosa sans plus tarder. Salvatore ?

– Je m'en charge.

– J'allais oublier un détail…, ajouta Gal. Ils détiennent vraisemblablement en otage l'un des deux hommes partis la nuit dernière en mission de reconnaissance.

Le journaliste laissa passer sur son visage une expression des plus funestes.

Quant à Gal, après un regard au cardinal, il se félicita que ce dernier ne soit pas au courant des intentions mystérieuses d'Ikmet Katzim à propos du trésor…

43

Javier Perron ouvrit un œil. Il voulut se masser le mollet qui l'élançait, mais ses mains étaient entravées dans son dos, à la chaise sur laquelle il était assis. Où était-il ? Une pièce aux murs blanchis à la chaux et au sol de terre battue. Des casiers à bouteilles, des cartons entreposés dans un coin, un escalier en briques conduisant à une porte fermée, une unique ampoule au bout d'un fil qui courait au plafond pour éclairer l'ensemble. On l'avait attaché et enfermé dans une cave.

Alors les événements de la veille lui revinrent à l'esprit.

L'opération se passait comme sur des roulettes jusqu'à l'apparition du doberman. L'animal avait dû le flairer de loin et s'était approché sans un bruit, sans doute dressé à attaquer en silence, et lui n'avait entendu qu'un grondement sourd au dernier moment grâce auquel il avait pu réagir et éviter d'être bouffé. Juste le temps de tirer son poignard et de l'enfoncer dans la gorge du molosse. Sans ses gémissements, les choses auraient pu en rester là, mais aussitôt les gardes les plus proches, attirés par le bruit, avaient rappliqué. Dès lors, ça avait été l'enfer. Cette course-poursuite effrénée dans ce parc qu'il ne connaissait pas, au milieu de cette végétation luxuriante où il ne pouvait même pas se cacher. A mesure que les cris et les aboiements se multipliaient et se rapprochaient, semblant converger vers lui de toutes parts, très vite il avait compris qu'il avait très peu de chances de s'en sortir. Alors, il avait pris le parti de s'éloigner le plus possible de l'endroit où De Rook devait se trouver, histoire que lui au moins parvienne à s'échapper et à rentrer au QG avec les renseignements qu'ils étaient venus chercher. Et puis à un moment, apercevant enfin le mur d'enceinte à une vingtaine de mètres devant lui, dans un ultime espoir il avait cru pouvoir tenter sa chance. Jusqu'à la rafale et à cette douleur dans la jambe qui l'avait fait trébucher. Quand il avait voulu se relever, il avait senti le contact d'un canon pointé entre ses omoplates tandis que plusieurs pieds à quelques centimètres de son visage occupaient son champ de vision et qu'au-dessus de lui on s'interpellait en italien, cette langue qu'il ne comprenait pas.

Ensuite, on l'avait conduit dans cette cave où on l'avait attaché à cette chaise avant de commencer à le frapper pour le faire parler. Des questions agressives qui fusaient en désordre. Des claques qu'il voyait arriver sans pouvoir les parer ni même les esquiver. Des coups de poing dont un avait dû lui fracturer le nez qui l'élançait comme son mollet et sa bouche aux lèvres tuméfiées, derrière lesquelles avait dû sauter au moins une dent. Et puis il avait perdu connaissance.

Du sang avait séché sur son torse et ses cuisses ainsi que sur son mollet dont la blessure n'avait évidemment pas été nettoyée. Il n'avait aucune idée de l'heure.

Le point positif, se dit-il en s'assurant par un regard circulaire qu'il était seul dans la pièce, c'est que De Rook leur avait échappé, sinon il serait certainement enfermé avec lui, ou alors ses interrogateurs de la veille l'auraient au moins évoqué. Ce qui signifiait qu'il avait rejoint le groupe et qu'ils allaient agir dans les plus brefs délais.

Cette idée lui redonna espoir et lui permit de se raffermir l'esprit, lorsqu'il entendit le grincement de la porte qui s'ouvrait en haut de l'escalier. Trois hommes descendirent dans la cave et il ne put réprimer un frémissement : ses instructeurs avaient eu beau le préparer mentalement à ce type de situation extrême, jamais auparavant il n'y avait été confronté dans la réalité. Et l'épreuve était plus terrible encore que tout ce à quoi il s'était attendu.

Les trois hommes l'entouraient. Deux de ses tortionnaires de la veille plus un nouveau qui était vêtu de façon plus élégante que les autres et semblait avoir l'ascendant sur eux. Prêt à recevoir un coup à tout moment, Perron attendait.

– Qui es-tu ?

Le nouveau venu ne manifestait aucune agressivité et s'exprimait dans un anglais presque parfait. Certainement un cadre de la mafia qui avait fait des études supérieures. Perron haussa les épaules.

– Quelle importance.

Une claque lui déporta la tête sur la gauche et le jeune cadre fit signe au tortionnaire de modérer ses coups. Un peu sonné, Perron ne put s'empêcher de sourire intérieurement devant le jeu tant éprouvé du bon et du méchant.

– Qu'es-tu venu faire ici ?

– Vous le savez très bien.

Pour la première fois, il avait décidé de ne pas tout nier en bloc, mais de leur donner une prise. Peut-être était-ce l'effet des sévices de la veille et de la nuit passée entravé sur cette chaise qui avaient eu raison de sa résistance. Mais à quoi bon continuer à jouer au con alors que personne n'était dupe ? Et puis il savait très bien où s'arrêter pour ne pas compromettre le reste de l'opération. Sans compter qu'il pouvait aussi contribuer à les déstabiliser, travail de sape sans doute déjà bien entamé par la présence insistante du destroyer à portée de canon de la propriété.

– Qu'es-tu venu chercher ? reprit le jeune cadre encouragé par cette amorce de réponse.

– Ce que vous êtes sur le point de livrer.

L'homme soupira. Il venait de confirmer leurs pires craintes : le secret était éventé depuis longtemps. Perron sentait les deux autres prêts à le rouer de coups.

– Tu étais seul hier soir ?

La question qu'il attendait. Perron secoua la tête. Leur faire comprendre qu'il n'était pas seul pouvait être un moyen de sauver sa peau, quitte à ce qu'ils l'utilisent comme monnaie d'échange.

– Qui ?

A nouveau, Perron secoua la tête.

– Je répète ma question : Qui êtes-vous ? Qui t'envoie ?

On ne dévoilait pas le nom de Shai comme ça.

Un coup lui fut assené, lui fermant l'œil gauche et faisant gicler le sang de son arcade sourcilière. Dès cet instant, il sut que les coups allaient commencer à pleuvoir et il espéra qu'il tiendrait le choc. Mais celui qui faisait office de chef intima l'ordre aux deux autres d'arrêter et remonta l'escalier d'un pas pressé.

Quelques minutes plus tard, il était de retour, précédant une femme à l'allure élégante et sévère, dont les cheveux noirs tirés en arrière accentuaient la beauté et l'austérité de son visage. Lucrecia Monterosa, devina Perron qui ne la quittait pas du regard tandis qu'elle approchait. Elle était sobrement vêtue d'une jupe noire et d'un chemisier blanc, avec pour seul bijou une fine chaîne en or à laquelle était suspendu un petit crucifix du même métal.

Si elle se déplaçait pour lui, c'est qu'on le prenait vraiment au sérieux. C'était le moment de jouer cartes sur table. Sa présence signifiait qu'elle devait sentir que la situation était sur le point de lui échapper. Inutile de chercher à biaiser avec elle. Elle n'était pas là pour perdre son temps, et il n'avait rien à gagner à lui raconter des histoires.

– Qui es-tu ? lui demanda-t-elle calmement dans un anglais teinté d'un léger accent italien.

– Mon nom ne vous dirait rien, mais je fais partie d'une organisation venue récupérer ce qui vous a été confié, qui n'appartient à personne et encore moins à celui qui l'a volé.

– Tu travailles pour le Vatican ? demanda-t-elle sans pouvoir dissimuler son étonnement.

A cette idée, Perron laissa échapper un ricanement. Lucrecia Monterosa était impressionnante, mais même si ses blessures le faisaient souffrir, face à elle il se sentait en sécurité, car il était prêt à parier qu'en sa présence les autres ne le frapperaient pas.

– Non, je ne travaille pas pour le Vatican. De même que ce qui a été volé n'appartient pas au Vatican.

– Explique-toi.

– Ce qui a été volé appartient à tout un peuple. Ce sont des objets qui symbolisent ses origines, son histoire et son lien avec Dieu. Ils ne peuvent pas faire l'objet de transactions comme de vulgaires objets de valeur…

A ce moment, un homme surgit dans l'encadrement de la porte en haut de l'escalier en appelant Lucrecia Monterosa avec une certaine urgence dans la voix. Elle se retourna, agacée.

– Il y a quelqu'un qui voudrait vous parler au téléphone.

– Ça ne peut pas attendre ? demanda-t-elle avec impatience.

En désignant Perron du regard, l'homme fit signe que non. Alors, le visage impassible, elle tourna le dos à son prisonnier et gravit l'escalier avant de disparaître.

44

A part les étrangers éloignés de leur pays, qui d'autre que tous ceux qui doivent se cacher ou ont quelque chose à se reprocher peut trouver une quelconque utilité aux cabines téléphoniques ? se demanda Gal en composant le numéro de Fiorenza. Cela faisait longtemps qu'ils ne s'étaient pas parlé, depuis qu'elle lui avait transmis cette information qui s'était révélée si précieuse. Salvatore avait arrangé un rendez-vous avec Lucrecia Monterosa en début de soirée, et il avait tout à coup ressenti le besoin d'échanger quelques mots avec elle. Entendre le son de sa voix avant l'épreuve de force, se dit-il alors que le téléphone sonnait dans le vide.

Le réflexe n'était pas très professionnel, lui parler pouvait mettre en péril l'opération, il en avait conscience, mais ce risque était mesuré, et puis il s'en voulait de ne pas lui avoir donné signe de vie depuis plusieurs jours alors qu'il l'avait sentie tellement meurtrie au téléphone. Sa sensibilité était l'une des raisons pour lesquelles il avait quitté le monde du renseignement pour celui de la musique.

Enfin, on décrocha.

– Allô ? fit-il hésitant face au silence.

– J'étais sûre que ce serait toi.

– Je suis content de t'entendre.

– Moi aussi.

– Comment vas-tu ?

Il ne voulait pas lui demander de se rendre chez sa voisine la mercière pour pouvoir parler sur une ligne sûre, il n'avait pas le temps pour ça et, par mesure de sécurité, ils ne pouvaient donc échanger que des banalités, mais c'était mieux que rien.

– Tu reviens bientôt ?

– J'espère beaucoup plus vite que tu ne le penses.

– Tout se passe bien ?

– Antonio ne devrait bientôt plus rien avoir à cacher, dit-il, sûr qu'elle comprendrait l'allusion à Stradivari.

Son rire au bout de la ligne le lui confirma. Son rire, c'était exactement ce qu'il voulait entendre.

– Reviens vite alors.

– J'y compte bien.

– Gal ?

– Oui ?

– Prends garde à toi. Je ne sais pas dans quoi on s'est engagés.

– Evidemment que je vais prendre garde à moi. Maintenant je vais devoir te laisser. Fiorenza…

– Oui ?

– Toi aussi, prends soin de toi.

– Gal ?

Mais il avait déjà raccroché.

Il sortit de la cabine, rasséréné. Le temps remplissait son office. Elle ne semblait plus lui en vouloir. Si tout se passait bien, d'ici quarante-huit heures, peut-être moins, il pourrait la retrouver.

Avant cela, il avait à convaincre Lucrecia Monterosa qu'elle avait fait une erreur en acceptant le marché que lui avait proposé Plotnik et qu'il était toujours temps de la réparer. D'ici là, Ikmet Katzim et son groupe tenteraient d'investir la villa Monterosa pour récupérer Perron au cas où les négociations avec la Monterosa n'aboutiraient pas, et pour être présents au moment où l'hélicoptère de Plotnik se poserait sur la propriété, s'il avait décidé de prendre possession du trésor cette nuit.

Quant à lui, Gal, il lui fallait encore rencontrer le diplomate israélien envoyé de Rome et responsable de l'enveloppe financière consentie par l'Etat en vue des négociations. Enfin, par l'Etat… Il s'agissait plutôt d'un tour de passe-passe orchestré par Avi Ronner qui avait court-circuité la filière officielle et s'était servi dans les fonds secrets du Service. L'officier du renseignement faisait preuve d'une application méthodique pour écarter les obstacles sur la route de Gal et de Shai. Détail que Samuel Gemini ignorait, de même qu'il ne pouvait se douter de la provenance des fonds, ni du fait qu'il était mandaté par une organisation secrète et non pas par le ministère des Affaires étrangères.

Ils devaient justement se retrouver à l'hôtel Vesuvio dans un quart d'heure.

Samuel Gemini l'attendait, assis à une table du bar de l'hôtel. Il offrit à Gal une poignée de main fuyante en le regardant à peine. Le type même du bureaucrate carriériste avec qui Gal ne s'était jamais entendu. L'électron libre que, d'emblée, ils devinaient en lui, étranger à toute autorité – le contraire de ce qu'ils étaient –, ne pouvait que les agacer. Samuel Gemini avait une petite quarantaine d'années, une tête de fouine, des lunettes à fines montures de métal, l'allure du brillant élément fait pour gravir les échelons de la hiérarchie en brûlant les étapes. Tout dans son attitude disait sa réticence à se trouver en cet endroit dans ces circonstances.

– Que les choses soient claires, attaqua-t-il aussitôt, je désapprouve cette affaire opaque, tout comme je désapprouve le fait d'avoir à collaborer avec vous. Non pas que j'aie quoi que ce soit contre vous, notez bien, mais que vient faire un violoniste dans une affaire pareille ?

« Cela étant dit, poursuivit-il sans laisser à Gal le temps d'intervenir, je suis ici en tant que responsable des ressources de l'Etat, dépositaire d'un pouvoir financier donc, que j'entends utiliser avec le maximum de parcimonie. D'autant plus que ce bien a été volé au Vatican, ajouta-t-il avec dédain. Dans ces conditions, il est exclu que nous supportions seuls le coût de sa récupération. Pas question de gaspiller aussi facilement l'argent du contribuable. Vous comprenez, n'est-ce pas ?

Il avait évoqué le trésor du Temple en le qualifiant de « bien ». Indubitablement, c'était une façon d'évoquer quelque chose dont il ne connaissait pas la nature exacte, ce qui le plaçait à ses propres yeux en situation d'infériorité par rapport à lui, Gal Knobel, un violoniste étranger à la diplomatie israélienne... Ainsi s'expliquait son agressivité à son égard : une mission opaque dont il ne saisissait ni les tenants ni les aboutissants, sous la responsabilité d'un individu étranger à toute structure et hiérarchie.

– Eh bien, au moins les choses ont le mérite d'être parfaitement claires, après une telle entrée en matière, fit Gal à la fois sidéré et amusé par ce qu'il venait d'entendre. Garçon ! fit-il en s'adressant au serveur. Une bière, lui demanda-t-il une fois qu'il se fut approché. Et à Gemini : vous prendrez bien quelque chose ? C'est sur mes deniers, ajouta-t-il ironiquement.

– Une San Pellegrino, je vous prie, commanda le diplomate légèrement pincé.

En attendant que le serveur apporte les boissons, Gal observait son interlocuteur avec une certaine perplexité. Comment un tel personnage allait-il agir face à la Monterosa ? Un rond-de-cuir face à l'une des patronnes de la mafia les plus redoutées… En bon diplomate qu'il était certainement, il se comporterait comme il le faudrait sans doute. Il lui avait réservé son acrimonie. Peut-être était-il un musicien qui avait raté sa vocation et qui lui en voulait d'autant plus de jouer sur les deux tableaux : le violon, et donc la musique à laquelle il avait renoncé, et la diplomatie sur laquelle il s'était rabattu ? Gal devait imprimer à leur conversation une tournure plus positive, sans quoi ils risquaient de courir au désastre. Il lui fallait se monter le plus conciliant possible.

– Je suis entièrement d'accord avec vous quant à la nécessité d'utiliser l'argent de l'Etat avec la plus grande retenue, commença-t-il avec le maximum de tact. Quant au Vatican, il est prévu que la Curie s'engage également. Mais soyez certain que ce qui a disparu et que nous tentons de récupérer a infiniment plus d'importance pour la nation d'Israël que pour le Vatican.

– J'aimerais justement être au courant, ne put s'empêcher de le couper Gemini que cet aveu d'ignorance mettait à la torture.

Gal soupira pour masquer son sourire. L'amertume de son interlocuteur était compréhensible : il avait été envoyé avec le minimum d'informations possible, comme un simple exécutant. Toujours dans un souci de ne pas ébruiter l'affaire.

– Imaginez les plus anciens objets du culte judaïque auxquels vous pourriez penser, et vous aurez une idée assez proche de la vérité.

– Au Vatican…

– Les curiosités de l'histoire, commenta Gal. Et comme vous, je suis désolé d'avoir à traiter avec la mafia. Mais, hélas, ce sont les circonstances qui commandent. Des circonstances d'autant plus fâcheuses qu'ils détiennent désormais l'un des nôtres.

– Je vous demande pardon ? demanda le petit diplomate en sursautant dans son fauteuil.

Gal lui détailla alors les récents événements. Et Gemini semblait de plus en plus ennuyé d'être impliqué dans une affaire aussi trouble. A tel point que Gal se demanda si l'ambassade avait vraiment dépêché l'homme de la situation. Par mesure de précaution, il préféra ne pas lui dévoiler le plan de Shai dont le commando s'apprêtait à investir la propriété de Massa Lubrense pendant qu'ils seraient en train de négocier avec la Monterosa. Divulguer pareille information à quelqu'un qui avait passé sa vie derrière un bureau, c'était risquer de tout foutre en l'air. Gemini n'était là que pour payer, mais toute la difficulté consistait à lui faire comprendre que son rôle était crucial et qu'il avait tout à y gagner.

– La vie d'un des nôtres est donc entre vos mains, ajouta Gal. C'est une lourde responsabilité, mais une réussite de la négociation serait inévitablement portée à votre crédit, à vous seul. Ce qui vous permettrait de transformer une situation pourrie en tremplin.

Il avait conscience de ne pas y aller avec le dos de la cuiller mais le temps leur était compté – il ne leur restait que quelques heures avant la réunion – et il devait absolument convaincre son interlocuteur. Gemini dont il aurait presque pu voir le cerveau fumer tant il semblait peser le pour et le contre, estimant déjà les retombées éventuelles pour sa carrière. Petit fonctionnaire aussi prévisible qu'une toupie.

– Que me proposez-vous ? demanda-t-il enfin.

L'affaire était dans le sac. A moins qu'il se mette à déconner face à la Monterosa, ce que l'on ne pouvait totalement exclure.

45

Le taxi s'arrêta devant l'adresse indiquée, le restaurant de poissons Da Alfonso situé à proximité immédiate du port. Le cardinal, Samuel Gemini et Gal en descendirent. L'endroit ne payait pas de mine et Gal s'en approcha avec circonspection. Il voulut ouvrir la porte mais elle était fermée à clef et l'établissement plongé dans la pénombre. A 18 heures, il devrait déjà être ouvert et le personnel occupé à préparer le dîner. Et si la Monterosa avait changé d'avis ?

Salvatore était pourtant formel depuis son coup de fil avec la chef de clan. Elle n'avait pas hésité une seconde et c'était elle qui avait fixé le lieu et l'heure du rendez-vous.

Il se tourna vers ses deux compagnons indécis, tout en sachant qu'il ne pouvait pas compter sur eux pour lui apporter une réponse : le cardinal n'avait sans doute qu'une très maigre expérience de ce genre de situation, et le diplomate encore moins. Le simple fait de se rendre avec eux à cette réunion ne le mettait pas très à l'aise, et il avait conscience que tous trois, le prélat en soutane, le diplomate dont toute la personne affichait son état de bureaucrate, et lui-même formaient une curieuse délégation pour négocier la restitution du trésor du Temple et celle d'un otage avec une famille mafieuse.

– Et maintenant, que faisons-nous ? demanda le cardinal.

– Nous attendons. J'ai bien peur de n'avoir que ça à vous proposer, répliqua Gal qui appréciait le contraste entre le flegme de l'ecclésiastique et la nervosité du diplomate.

En fait, celle-ci s'était accrue avec l'arrivée du cardinal Baruso lorsqu'il avait constaté l'entente qui régnait entre le violoniste et le prélat et qui n'avait pu que renforcer son sentiment d'exclusion.

– Mais enfin que se passe-t-il? s'énervait régulièrement le diplomate que, chaque fois, Gal tentait de ramener à la raison.

Ils patientaient ainsi devant la vitrine du restaurant depuis une petite dizaine de minutes lorsqu'une Mercedes noire déboucha sur le quai et, en une accélération, couvrit la distance qui les séparait et s'arrêta devant eux. Le chauffeur, un homme à queue de cheval, en descendit et leur ouvrit la portière arrière.

– Bien sûr, fit Gal pour lui-même, qui avait immédiatement compris que la réunion n'aurait pas lieu dans ce restaurant : une mesure de sécurité élémentaire de la part d'une femme comme Lucrecia Monterosa.

– Mais ce n'est pas ce qui était prévu ! s'insurgea Gemini qui refusait de se plier à cette procédure.

– Montez, intima Gal. Et rassurez-vous, il ne nous arrivera rien. Mettez-vous à leur place : lorsque l'on est responsable d'un clan mafieux, ne pas prendre ce genre de précautions serait suicidaire. Allez, montez, je me porte garant de votre sécurité, fit-il avec un regard de connivence à l'intention du cardinal qui, au contraire, ne paraissait pas surpris.

Une fois qu'ils furent assis à l'arrière, le chauffeur appuya sur l'accélérateur et la limousine bondit sur la chaussée dans un silence digne des douze cylindres que le capot abritait. En se retournant, Gal constata qu'un motard les suivait, pour décourager toute filature. Puis il reporta son attention sur le chemin emprunté par le chauffeur qui avait quitté la zone portuaire et les quais pour s'enfoncer dans la ville. A côté de lui, assis au milieu, Gemini transpirait alors que le cardinal paraissait calme. Ils étaient pris dans la circulation chaotique de Naples. L'insonorisation de la Mercedes atténuait les bruits de la ville.

Gal se demandait où on pouvait bien les conduire, lorsque le chauffeur s'arrêta et que sa portière s'ouvrit. Un homme la lui tenait, du genre mafieux comme le chauffeur, et, lorsqu'il sortit, il découvrit la façade néoclassique de Teatro San Carlo qui le dominait. L'homme leur fit signe de le suivre et se dirigea vers l'entrée du bâtiment. Gal appréciait l'attention dont avait fait preuve la Monterosa. Un bon point en sa faveur. Même si elle n'avait pas choisi ce lieu à son intention particulière – le théâtre lyrique le plus ancien d'Europe où notamment Rossini avait produit tant de ses œuvres –, mais plus certainement par égard pour l'homme d'Eglise qu'elle ne voulait sans doute pas effrayer en l'entraînant dans un lieu trop à l'écart, le violoniste qu'il était ne pouvait qu'y être sensible. Gemini aussi semblait rassuré à l'idée de pénétrer dans cet édifice où, selon son idée du moins, ils seraient en sécurité. Ce qui n'était qu'une vue de l'esprit : si la Monterosa avait décidé de les enlever, voire de les éliminer, le Teatro San Carlo ferait aussi bien l'affaire que n'importe quel autre endroit. Trop souvent la mafia avait démontré sa capacité à procéder à une exécution dans des endroits beaucoup plus fréquentés encore. Mais ils n'avaient rien à craindre : la Monterosa avait accepté cette rencontre pour négocier.

Leur guide traversa l'imposant hall de l'Opéra d'un pas rapide et ils s'engagèrent à sa suite dans l'escalier qui menait au premier étage. Ils pénétrèrent dans un grand salon avant d'emprunter une porte dérobée donnant sur un étroit couloir. Déjà Gal pouvait sentir que Gemini perdait son assurance récemment retrouvée. Après une quinzaine de mètres, l'homme ouvrit une porte et les invita à entrer dans une sorte de salle de réunion qu'occupait une grande table avec une vingtaine de chaises disposées autour.

Assise face à la porte, Lucrecia Monterosa était entourée de quatre hommes aux costumes sombres portant des cravates de soie aux couleurs criardes. Celui qui était assis à sa droite devait avoir l'âge du cardinal, celui à sa gauche à peine moins, les deux autres étaient plus jeunes, entre trente et quarante ans. A l'apparition du cardinal, elle se leva et ses hommes en firent autant. Au grand étonnement de Gal, elle prit la peine de contourner la table pour saluer le prélat avec une certaine déférence. Puis elle lui adressa un léger signe de tête ainsi qu'à Gemini avant de regagner sa place.

– Je suppose que vous êtes le violoniste, dit-elle dans sa langue natale en s'adressant à Gal tandis que tous trois s'asseyaient en face de leurs « hôtes » qui les observaient sans la moindre aménité.

– Pour vous servir, lui répondit Gal dans la même langue.

– Et vous ?

– Je suis Samuel Gemini, premier secrétaire de l'ambassade d'Israël à Rome, fit celui-ci sur un ton qui clamait toute l'importance qu'il s'accordait.

– Bien. Les présentations étant faites, il semblerait que nous ayons un problème, enchaîna la Monterosa avec une voix derrière laquelle perçait son autorité naturelle.

– Et de taille, renchérit Gal qui ne voulait pas laisser paraître la forte impression que cette femme produisait sur lui. Mais il n'existe pas de problèmes qui ne puissent être réglés, ajouta-t-il pour enfoncer le clou.

Les traits réguliers du visage austère de Lucrecia Monterosa se crispèrent en une grimace qu'elle réprima aussitôt. Elle ne devait pas être habituée à ce genre d'intervention lorsqu'elle parlait. Gal se rappela ce que Salvatore Rezano lui en avait dit : elle dirigeait son clan d'une main de fer. Le journaliste lui avait également parlé de sa beauté. Une beauté glaçante dont l'attrait était décuplé par le pouvoir qu'elle représentait et l'aura de crime et de danger qu'elle dégageait. Une mante religieuse qui devait en fasciner plus d'un, mais dont il était préférable de ne pas s'approcher de trop près.

Au-delà de ces détails, Salvatore lui avait surtout dit que Lucrecia n'était sans doute pas au courant de la nature exacte de ce que Plotnik l'avait chargée de receler, sinon elle n'aurait jamais accepté un tel « fardeau ». Son attitude vis-à-vis du cardinal et la rapidité avec laquelle elle avait accepté cette rencontre semblaient confirmer l'intuition du journaliste. Il y avait là une carte à jouer.

Mais peut-être était-elle au courant, depuis qu'elle avait « interrogé » Perron.

– Avant d'entrer dans le vif du sujet, osa Gal, je voudrais m'assurer que Javier Perron est toujours en vie.

– Javier Perron… C'est donc ainsi qu'il se nomme, il semblait accorder si peu d'importance à son nom qu'il ne l'a pas mentionné, fit-elle avec un sourire dédaigneux. Mais peut-être n'est-ce qu'un nom d'emprunt. Luigi ?

Le dénommé Luigi, des yeux translucides et le teint étonnamment pâle pour un Italien, sortit de l'une des poches intérieures de sa veste un Polaroïd qu'il tendit à travers la table. Gal s'en saisit.

– Dans le feu de l'action, mes hommes l'ont un peu secoué, commenta la Monterosa tandis que Gal découvrait le visage tuméfié de Perron entravé sur une chaise. Les revers de la guerre, n'est-ce pas ? Mais il devrait retrouver figure humaine d'ici quelques jours. Vous n'avez donc pas à vous inquiéter pour lui, ajouta-t-elle avec une nonchalance indiquant qu'elle était habituée à pire.

Cette petite diversion avait jeté un froid et augmenté le stress de Gemini qui ne pouvait s'empêcher de jeter des coups d'œil horrifiés au Polaroïd. Pour la première fois, il était dans la fosse aux lions, autrement plus dangereuse que le marigot des intrigues d'ambassade. Il ne fallait surtout pas s'arrêter sur cette impression. Au risque de tout faire capoter.

– Commençons, décida la Monterosa d'une voix tranchante. Nous n'avons qu'une heure pour régler une affaire épineuse.

Une heure, songea Gal : ils souhaitaient sans doute être rentrés à temps pour accueillir l'hélicoptère de Plotnik, sinon pourquoi si peu de temps pour régler un problème aussi grave ? Pourrait-il la convaincre en une heure ? Il regarda par la fenêtre. Dehors, la nuit tombait. Il devait faire vite.

46

Les derniers rayons du soleil rasaient la surface de la mer à l'horizontale, faisant scintiller des millions de vaguelettes comme autant de diamants. Trois hommes se trouvaient à bord de l'embarcation de pêche qui venait de sortir du port de Naples et avait mis le cap au sud, direction Massa Lubrense : Amram, *alias* Ikmet Katzim le « Turc », Enzo Lippi l'« Italien » et Ignacio Lopez l'« Argentin ». Ils venaient d'embarquer en tenues de pêcheurs qui, à une certaine distance, pouvaient faire illusion. Mais les filets remisés en vrac au fond du bateau masquaient des armes ainsi qu'un matériel de plongée ultrasophistiqué comprenant, outre la panoplie classique, un système fermé de recyclage du gaz carbonique rejeté en oxygène qui présentait l'insigne avantage de ne pas produire de bulles remontant à la surface et permettait aux plongeurs d'approcher leur objectif avec une discrétion absolue.

Le ciel s'obscurcissait enfin et les étoiles étaient de plus en plus nombreuses, mais toujours pas de lune. Les éléments étaient avec eux. Et ils en avaient bien besoin.

Tandis que l'embarcation fendait les flots au rythme tranquille du teuf-teuf du moteur, insensible à l'air frais venant du large, Ikmet Katzim était tendu. La mission était particulièrement délicate : il s'agissait de neutraliser les gardes affectés au ponton – en espérant que la surveillance n'avait pas été renforcée et qu'ils ne seraient toujours que deux –, sans les tuer, mais en les anesthésiant. Dans l'absolu, il n'aimait pas verser le sang inutilement, mais cela représentait une gageure qui nécessitait l'absence du moindre grain de sable dans la mécanique. Sans compter que l'ignorance dans laquelle ils étaient concernant Perron ne faisait que compliquer les choses. Au téléphone, les mafiosi leur avaient assuré qu'il était toujours en vie, mais ils devaient se contenter de leur parole.

L'idée était de dépasser le port de Massa Lubrense, puis de longer la falaise et de jeter l'ancre à quelques centaines de mètres de l'objectif pour le rejoindre ensuite à la nage. Jusque-là rien de très dangereux ; les choses se compliqueraient à proximité du ponton, lorsqu'il s'agirait de neutraliser les hommes en espérant ne pas être repérés par le garde situé au sommet de la falaise.

Ikmet Katzim consulta sa montre : 20 h 30. Bien qu'il fasse déjà presque noir comme dans un four, il considérait que c'était très tôt pour entreprendre ce type d'opération commando. Il préférait agir au cœur de la nuit, à l'heure où la fatigue s'installe chez la plupart des gardes et où leur vigilance s'émousse. Les événements les avaient forcés à agir dans la précipitation. Peut-être, après tout, était-ce le bon moment, se dit-il pour ne pas partir vaincu : à l'heure du dîner, au moment où ils s'y attendraient le moins.

De toute façon, ils n'avaient pas le choix et seraient fixés dans moins d'une heure.

L'autre équipe aussi devait être à pied d'œuvre : les cinq autres membres du groupe commandés par Peter De Rook qui avait l'avantage de connaître les lieux. Comme De Rook et Perron la veille, ils devaient gagner les vignes en Vespa puis parcourir à pied les deux derniers kilomètres qui les séparaient de la villa. Par rapport à la mission de reconnaissance, cette incursion comportait une difficulté supplémentaire : à cette heure, la route serait beaucoup plus fréquentée. Ensuite, il leur faudrait franchir le mur d'enceinte, neutraliser les gardes responsables de ce côté de la propriété, avant de contourner la maison en évitant le parking et le bâtiment abritant certainement le trésor, pour s'occuper de ceux de la terrasse et leur ouvrir la voie.

Une mission-suicide, en somme.

47

Dans la salle de réunion du Teatro San Carlo, flanqué du cardinal et du diplomate, Gal faisait toujours face à Lucrecia Monterosa entourée de ses quatre conseillers et lieutenants. Quatre hommes aux mains tachées de sang, dominés par une femme aux traits de marbre et au regard de glace qui en avait autant que tous les quatre réunis, bien qu'elle n'eût jamais dû en verser la moindre goutte elle-même. A elle seule, elle dirigeait un empire bâti sur le crime, dont elle avait hérité, mais que, par sa poigne, son sens des affaires et son absence de scrupules, elle avait su développer au-delà de toute attente. Un empire dont elle avait diversifié les activités dans des secteurs plus respectables que la drogue et le racket.

Il ne fallait pas se fier à la beauté de son visage et à son air respectable, ni même à ses manières charmantes face au cardinal : Lucrecia Monterosa était une femme impitoyable, une prédatrice qui n'hésitait pas à faire abattre ses concurrents.

Gal représentait un imprévu et un sérieux obstacle qui mettait en péril le contrat qu'elle avait conclu avec Plotnik. Or, au-delà même des gains directement liés à ce contrat, cette affaire représentait certainement pour la famille Monterosa, toujours d'après Salvatore Rezano, une ouverture sur la Russie et les pays de l'ancien bloc soviétique que le milliardaire pouvait offrir. Un marché colossal avec lequel elle avait commencé à tisser des liens encore ténus, mais que Plotnik pouvait lui ouvrir en grand.

Elle avait sans doute depuis découvert la nature exacte du « colis » qu'elle était chargée de remettre à Plotnik, et cette découverte ne s'accordait pas très bien avec le crucifix qu'elle portait au cou. Mais renoncer à ce marché représentait un tel manque à gagner que Gal allait devoir déployer des trésors de persuasion pour la convaincre.

Comme nombre de ses « confrères » qui faisaient baptiser leurs enfants et assistaient à la messe lors des grandes fêtes religieuses, ses arrangements avec la religion étaient de telle sorte qu'elle conciliait sans problème sa foi et le crime sous toutes ses formes. Ainsi, malgré l'organisation *in extremis* de cette rencontre, elle pouvait finalement décider d'honorer son contrat et de remettre le trésor au Russe.

Sous le feu de ces regards de tueurs, seule la présence apaisante du cardinal Baruso encourageait le violoniste, mais c'était à lui de jouer.

– Je suppose que vous connaissez désormais la nature de ce dont Evgueni Plotnik vous a confié la responsabilité, maintenant que vous avez pu parler avec Perron, entama Gal en pesant chacun de ses mots. Ce qui explique les efforts fournis pour tenter de récupérer ce bien qui, en réalité, ne peut appartenir à personne en particulier, mais à tout un peuple.

Alors que son visage immobile ne manifestait aucune émotion, les mains de la Monterosa, de longues mains aux doigts secs et nerveux reposant sur la table, paraissaient concentrer toute la tension qui l'habitait. Elle intervint :

– Vous faites irruption dans une affaire en cours et vous voudriez sur-le-champ tout interrompre. Les choses ne sont pas si simples, nous avons des engagements que nous devons respecter.

– Certes, reprit Gal encouragé par cette amorce de dialogue, mais des engagements pris avec un homme qui n'a pas hésité à dévaliser le Vatican pour servir ses propres intérêts. Un homme prêt à utiliser les reliques les plus précieuses, les plus symboliques, au mépris de tout un peuple et de la paix entre les religions, pour satisfaire sa seule ambition. J'ai bien conscience de ce que sont les affaires, mais il existe certains symboles avec lesquels on ne peut agir comme avec une vulgaire marchandise. Au risque de conséquences incalculables.

– Les conséquences d'un non-respect de notre parole seraient très calculables, coupa l'homme à la droite de la Monterosa. Mais ils ont vraiment une telle importance symbolique, ces objets ?

Gal se tourna vers le cardinal qui se racla la gorge.

– Le trésor du temple de Jérusalem équivaut pour le peuple hébreu aux fragments de la Croix ou du saint suaire. Et je doute que vous accepteriez pareil marché concernant ces trésors, n'est-ce pas ? Surtout que le christianisme trouve ses origines dans le judaïsme. Il s'agit donc d'une question de respect pour ce qu'il y a de plus sacré en ce monde, hormis la vie peut-être, se permit-il en sachant que cette dernière remarque les dépassait.

L'ecclésiastique parlait d'une voix tranquille, presque douce, sous laquelle perçait une autorité – bien que d'un genre différent – comparable à celle de la Monterosa. Et même si les cinq personnes assises en face de lui ne pouvaient comprendre ce langage, la plus importante d'entre elles, qui saurait imposer son point de vue et semblait avoir quelque estime pour ce qu'il représentait, devait y être sensible.

L'homme à sa droite voulut intervenir, mais elle le coupa dans son élan :

– Dario !

Gal en profita pour poursuivre sur le terrain préparé par le cardinal.

– Je comprends que rompre ce contrat passé avec Plotnik vous causerait un préjudice important, mais être impliquée dans le vol de ces symboles au Vatican vous en causera un encore plus grand. Je veux parler de la perte de votre honneur, ce n'est sans doute pas quantifiable, mais je suis sûr que vous en mesurez la valeur.

Les belles mains de la Monterosa s'étaient crispées, comme si son esprit s'était arrêté sur cette idée et qu'elle y réfléchissait. Les autres aussi semblaient gamberger. Bien que la mafia eût déjà exécuté des prêtres qui, par leurs sermons accusateurs, étaient devenus trop gênants, il restait encore certains principes sur lesquels ils ne pouvaient pas transiger. Certaines limites au-delà desquelles ils auraient l'impression de renoncer à toute humanité. Gal devait évoluer sur cette corde raide. En essayant de ne pas penser à ce qui était en train de se passer à la villa, aux risques insensés que Katzim et son commando prenaient et à ce qui se passerait s'ils échouaient, il voulut enfoncer le clou. Dehors, il faisait nuit noire et il ne leur restait plus beaucoup de temps.

– C'est au Vatican de rendre ce trésor à Israël. Ce serait de la part du Saint-Siège un geste en faveur de la reconnaissance et du dialogue entre les religions. Or là, en participant à ce vol, vous agissez pour le compte d'un individu qui ne cherche qu'à utiliser ce trésor pour prendre le pouvoir.

– Des reliques de cette importance ne peuvent être utilisées à des fins personnelles, renchérit le cardinal. Surtout si elles sont entachées de sang. Songez qu'il y a eu des morts au Vatican dans cette affaire. Croyez-moi, l'histoire l'a toujours démontré, on ne peut utiliser ainsi la puissance divine. Il s'agit d'un des pires blasphèmes, qui ne peut entraîner que le chaos.

– Vous auriez au contraire tout à gagner à rendre ce trésor au Vatican, plaida Gal.

– Et qu'aurions-nous à gagner ? aboya le dénommé Dario qui fulminait.

– La reconnaissance du pape, répliqua Gal en le regardant avant de porter son attention sur la Monterosa. Celle d'Israël également, qui préfère encore le trésor derrière les murailles du Vatican que sur son territoire mais entre les mains d'un être incontrôlable. Je ne serais pas étonné non plus que vous gagniez le respect des autres familles…

– Tout cela est bien joli, reprit le même Dario, mais nous sommes engagés vis-à-vis de Plotnik qui nous a déjà versé une somme importante et nous doit encore l'équivalent. Nous ne pouvons pas nous dédire ainsi, il en va de notre honneur, sans compter ce que ça nous ferait perdre, ni les éventuelles représailles.

– Attends, fit Lucrecia Monterosa en posant sa main sur l'avant-bras du mafioso. Qu'est-ce que vous nous proposez ?

Intérieurement, Gal poussa un immense soupir de soulagement. Contrairement au cinquantenaire à sa droite, parce que plus réaliste, plus intelligente, qualités grâce auxquelles elle s'était maintenue au pouvoir après la mort de son père, elle était prête à négocier. Restait à lui fournir les bons arguments.

– A part l'argent, qu'est-ce qui vous a poussés à accepter de vous attaquer au Vatican sans connaître la nature du butin ?

– L'accès au marché russe, répliqua avec agressivité le dénommé Dario. Un gigantesque marché où l'on peut se fournir en diamants, pétrole et minerais, et qui constitue un débouché fabuleux…

– Plotnik nous avait dit qu'il s'agissait d'œuvres d'art volées par les Allemands à des Juifs et confiées au Vatican alors qu'ils savaient que la défaite était proche, intervint Lucrecia Monterosa. Dans ces conditions, nous n'avions pas l'impression de voler le Vatican, ajouta-t-elle en regardant le cardinal.

– Nous devrions, dans un premier temps, être en mesure de vous dédommager du manque à gagner, décréta Gal.

– Tout dépend du montant, intervint pour la première fois Gemini d'une voix de fausset.

– S'il vous plaît, le coupa-t-il en rêvant de l'étrangler.

– Et la somme que nous a déjà versée Plotnik…, fit-elle en le regardant dans les yeux, ignorant superbement le diplomate.

– Ne vous inquiétez pas pour Plotnik, c'est le problème d'Israël, nous nous en chargerons.

– Il y a autre chose…

Gal tressaillit. Ses beaux yeux sombres le scrutaient comme si elle cherchait à lire au plus profond de lui.

– Je vous écoute…, avança-t-il prudemment.

– Ne pas honorer ce contrat reviendrait pour nous à renoncer au marché russe que Plotnik s'apprêtait à nous ouvrir, comme vous l'a dit Dario. S'il considère que nous l'avons trahi, il fera tout pour nous en exclure. Vous comprenez le problème.

Encore une fois, Salvatore avait vu juste.

– Plotnik n'est pas tout-puissant.

– Mais nous perdrions un temps précieux.

– Ne surestimez pas non plus ses capacités. Vous avez vu le destroyer de la marine italienne mouillant entre Massa Lubrense et Capri, ne croyez pas qu'il va s'en sortir comme ça, bluffa Gal qui avait gardé cet argument en réserve.

– Dans ce cas, pourquoi ne pas attendre que le transfert ait eu lieu pour l'intercepter ensuite ?

– Pour éviter tout risque. On ne sait jamais quelle serait la réaction d'un tel homme s'il se voyait acculé. Il pourrait être tenté d'envoyer le trésor par le fond. Mégalomane comme il est, il pourrait très bien préférer être celui qui a englouti le trésor après l'avoir arraché au Vatican plutôt qu'un vulgaire cambrioleur, même de haut vol, pris la main dans le sac. Question de réputation. Vous imaginez la perte ?

– Alors qu'avez-vous à proposer, en échange de la Russie ?

– Nous pourrions vous proposer l'Asie.

Tous les protagonistes se tournèrent vers Samuel Gemini.

– Expliquez-vous, lui ordonna la Monterosa.

– Cela fait des années qu'Israël développe des relations industrielles et commerciales avec la Chine, notamment dans le domaine militaire. Nous fournissons des pièces détachées pour leurs avions ainsi que toute la technologie pour l'avionique. Nous intervenons également dans la construction de leurs chars d'assaut. Ces accords développés avec les plus hautes autorités militaires du pays nous ont ouvert de nombreuses portes. On commence à parler du libéralisme chinois, mais vous savez que c'est un pays encore sous la direction du Parti. Le plus grand marché du monde…

« En ce qui concerne les revenus générés par toute activité commerciale en Chine, poursuivit Gemini sur sa lancée, nous avons des accords bancaires avec Singapour, plaque tournante de la finance en Asie. L'Etat hébreu dispose là-bas de têtes de pont. Et peut très bien accorder certaines facilités… en fonction de services rendus. Je suis persuadé que vous y trouveriez votre compte.

Gal regardait le petit diplomate en essayant de masquer sa stupéfaction. Un brillant élément en effet, qui cachait bien son jeu et venait de mettre dans le mille, à en juger par les yeux de la Monterosa qui brillaient d'un étrange éclat.

– Lucrecia, fit le dénommé Dario en se penchant vers son oreille.

– Messieurs, dit-elle en s'adressant aux trois hommes assis en face d'elle, pourriez-vous avoir l'obligeance de nous laisser quelques minutes ?

– Bien entendu, acquiesça le cardinal en se levant, aussitôt suivi par Gal et Gemini.

Dans le couloir, après que la porte se fut refermée derrière eux, Gal ne put s'empêcher de faire part à Gemini de sa stupéfaction :

– Vous avez été magnifique. Votre petit discours a été décisif. Vous cachiez bien votre jeu, dites-moi.

– Si vous m'aviez mis au courant plus tôt. C'est ce secret qui est extraordinaire. Le trésor du Temple !

– Calmez-vous, le tempéra Gal. L'Etat d'Israël n'est pas au courant, lui glissa-t-il à l'oreille. Vous avez été dépêché ici à votre insu par l'organisation chargée de veiller sur le trésor. Elle a des ramifications jusqu'au sommet de l'Etat…

– Le trésor du Temple, répéta le diplomate, extatique.

Il avait l'impression d'être dans le secret des dieux.

La présence de leur guide qui devait monter la garde les empêchait de parler aussi librement qu'ils l'auraient souhaité, mais tous trois pensaient à la même chose : au commando de Shai qui devait être en train d'investir la propriété, et à la façon dont ils annonceraient sa présence à la Monterosa et à ses hommes.

En priant pour que là-bas les choses se déroulent comme prévu et que la Monterosa et ses lieutenants avalent cette nouvelle pilule…

48

Les trois plongeurs longeaient la falaise à environ cinq mètres de profondeur depuis près de cinq minutes, lorsqu'ils constatèrent que la paroi rocheuse s'ouvrait enfin sur leur gauche, indiquant l'entrée de la crique aménagée en port privé pour la villa Monterosa. Les choses sérieuses commençaient.

Par acquit de conscience, ils remontèrent à la surface le long de la roche et, après avoir vérifié la présence de l'embarcadère, ils replongèrent à environ trois mètres. Nageant côte à côte pour ne pas se perdre, ils se dirigèrent vers le ponton auquel était amarré le hors-bord. Ikmet Katzim le premier trouva l'un des piliers de soutènement. Alors, à l'abri du plancher, ils refirent surface. Là, ils se débarrassèrent de leurs bouteilles ainsi que de leurs armes protégées de l'eau par des sacs étanches, qu'ils attachèrent à l'un des piliers de béton. Ils étaient enfin à pied d'œuvre, libres de leurs mouvements.

Au-dessus de leurs têtes, ils entendaient des murmures et le grincement des planches de bois ployant sous les pas des gardes. Vraisemblablement deux, mais il fallait s'en assurer de visu. En prenant garde à ne pas provoquer de remous, Katzim nagea jusqu'au bateau à l'abri duquel il avait le recul nécessaire pour les observer. Ils étaient deux en effet, marchant d'un pas tranquille d'un bout à l'autre du ponton, soixante pas dans un sens, soixante pas dans l'autre, l'aller-retour effectué en deux minutes et dix secondes. Il s'en assura plusieurs fois de suite pour être sûr. Tous deux portaient un AK47 en bandoulière, canon dirigé vers le sol. L'un d'eux fumait.

Le moins risqué consistait à gagner l'extrémité du ponton côté terre ferme d'où il serait plus facile de se hisser sur le plancher. Là, ils attendraient que les deux hommes aient fait demi-tour pour les attaquer par-derrière.

Une nouvelle fois, Katzim consulta sa montre. Si tout s'était passé normalement, l'autre groupe devait déjà avoir franchi le mur et commencé à neutraliser un certain nombre de gardes. La tranquillité des deux sur le ponton laissait supposer qu'en haut tout était calme. Au moins en apparence.

Alors, Katzim rejoignit ses deux hommes et, ensemble, toujours à l'abri du ponton, ils commencèrent à nager vers le rivage. Ils progressaient lentement pour éviter le moindre remous qui aurait pu les trahir. Au-dessus d'eux, ils entendaient toujours à intervalles réguliers les pas des deux gardes, la rumeur de leur conversation et le grésillement d'un talkie-walkie. Leur liaison avec la villa. L'absence d'un tel dispositif eût été trop belle.

Enfin ils parvinrent aux rochers marquant la limite du rivage. Là, ils ôtèrent leurs palmes. Il y avait suffisamment d'espace pour qu'ils puissent se tenir hors de l'eau accroupis sur la roche avec le sommet du crâne frôlant les planches de bois. Juste de quoi limiter les ruissellements d'eau lorsqu'il faudrait se hisser sur le ponton et se ruer sur leurs cibles.

Les mafiosi passèrent une première fois, mais Katzim et les deux commandos n'étaient pas prêts. Il fallait attendre le prochain passage. Heureusement, le bruit des pas indiquait leur position et palliait l'absence de vision. Quant à eux, vêtus de leurs combinaisons noires, ils se fondaient dans l'obscurité. Deux agents devraient suffire pour les neutraliser, mais ils avaient décidé de se ruer sur le ponton tous ensemble au cas où.

Enfin, ils entendirent les pas approcher, puis plus rien, comme s'ils s'étaient immobilisés. Un éclat de rire fusa. Puis un autre. Et les pas reprirent dans leur direction avant de s'immobiliser à nouveau, cette fois carrément au-dessus d'eux, à quelques centimètres à peine de leur crânes. Avec leurs fusils pointés vers le sol, une rafale et c'en était fini d'eux, songea Katzim. Il sentait venir une crampe. Il avait envie d'en finir.

Quand il entendit les pas reprendre en direction du large, il s'agrippa des deux mains au plancher et sortit prudemment la tête. Les deux gardes lui tournaient le dos à un mètre à peine. Alors, tandis que Lopez faisait de même de l'autre côté, il se hissa sur le plancher et, en une seconde, ils étaient accroupis derrière leurs cibles toujours occupées à discuter. Avec une synchronisation parfaite, ils se redressèrent et, chacun tenant son poignard par le fourreau, ils leur assenèrent un grand coup de manche sur l'occiput. Les deux hommes s'effondrèrent. Aussitôt, ils les traînèrent au pied de la falaise où Lippi les attendait déjà avec des entraves et des bâillons. Premier obstacle franchi, se dit Katzim en soufflant.

A présent, il était convenu que Lippi resterait de faction en bas avec le talkie-walkie, tandis que Lopez et lui graviraient l'escalier pour rejoindre l'autre équipe au sommet.

Dans la propriété, De Rook et ses hommes, qui étaient parvenus à franchir le mur sans encombre, avaient déjà neutralisé cinq gardiens, les trois qui patrouillaient le long de l'enceinte et les deux en poste au portail d'entrée. Ils se dirigeaient telles des ombres à travers le parc arboré pour rejoindre la terrasse dominant la mer afin de faire la jonction avec l'équipe de Katzim. Tout s'était passé comme prévu, les hommes de main de la mafia n'étant pas habitués à des adversaires aussi bien entraînés, mais le plus dur restait à faire.

49

Gal, le cardinal et Gemini avaient regagné la salle de réunion depuis un quart d'heure et s'étaient engagés dans une discussion plus technique où il était essentiellement question d'argent, de circuits financiers et de réseaux bancaires entre différents pays dont l'Italie, Israël et Singapour. Une négociation au cours de laquelle Gal se mit en retrait et Gemini, au contraire, révéla tous ses talents.

– Nous sommes donc d'accord, conclut enfin Lucrecia Monterosa. Mais il reste encore un point à régler.

– Je vous écoute, répliqua Gal à qui elle s'était adressée.

– Le trésor. Vis-à-vis de Plotnik comme de l'extérieur, nous ne pouvons pas nous contenter de simplement le restituer. Ce ne serait pas compris… Plotnik est décidé à venir le récupérer par hélicoptère cette nuit. Nous pouvons toujours prétexter que ce n'est pas le bon moment, mais ensuite…

Gal ne put réprimer un sourire gêné.

– Ça aussi, nous l'avions prévu.

Lucrecia Monterosa haussa les sourcils.

– A l'heure qu'il est, un commando doit avoir investi votre propriété, déclara-t-il en priant pour ne pas provoquer de clash. Leur objectif premier est la récupération de Perron. Pour l'instant, ils doivent être en position d'attente et d'observation, mais avec votre accord, il leur suffit d'attendre l'arrivée de l'hélicoptère pour en prendre le contrôle et s'en servir pour repartir avec le trésor…

Cette fois, la femme et les quatre hommes en face de lui le regardaient avec stupéfaction. Il ne fallait surtout pas qu'ils aient l'impression de perdre la face. La Monterosa déglutit. Par précaution, Gal préféra ne rien ajouter.

– Cette fois, c'en est trop ! rugit l'homme assis à la gauche de la femme. On ne peut pas le laisser dicter notre conduite par ces étrangers ! Envoyons des renforts !

– Massimo…

Un silence de mort s'installa dans la pièce. Gal n'osait croiser le regard de la Monterosa tout en essayant de deviner à son expression ce qui allait suivre. Mais son visage demeurait de marbre. De sa décision dépendait toute la suite. Il avait tablé sur une réaction de femme, plus posée, moins sanguine que celle d'un homme, mais s'il avait commis la moindre erreur d'appréciation, tout était foutu.

– Tu veux un bain de sang ? demanda-t-elle finalement au dénommé Massimo. On ne se fait rien dicter du tout. C'est la situation qui a changé. Et Plotnik qui a cherché à nous leurrer. Alors, on s'adapte.

– On s'adapte ! On baisse notre froc, oui !

– On ne baisse rien du tout. On prend la meilleure décision possible pour nous. Fais-moi confiance.

L'homme accusa le coup. Lucrecia Monterosa avait maîtrisé la situation. Pour l'heure en tout cas. Elle était plus tempérée que ses lieutenants et son analyse de la situation beaucoup plus efficace que leurs réactions viriles.

– Eh bien, je vois que vous avez en effet tout prévu, finit-elle par dire, faisant appel à toute sa maîtrise pour garder une contenance. Alors je propose que nous allions…

Elle était déjà debout, initiant le mouvement. Les autres l'imitèrent.

– Pour conclure…, fit une voix trompeusement caressante.

Gal se tourna vers le dénommé Luigi, l'homme aux yeux translucides qui lui avait tendu le Polaroïd au début de la réunion.

– Comment avez-vous fait pour remonter jusqu'à nous ?

– Il s'agit d'un trésor sur lequel est exercée une surveillance continue depuis deux millénaires. Alors il n'est pas étonnant que nous n'en ayons jamais vraiment perdu la trace, répondit Gal qui savait très bien que ce n'était pas la réponse souhaitée, mais avait aussi parfaitement conscience de ce qu'une dénonciation signifierait.

– Ne t'en fais pas pour ça, Luigi, intervint alors avec une voix atone le dénommé Massimo. Monsieur le violoniste fréquente la fille de ce luthier vénitien qui travaillait pour les Zantoni. A partir de là, c'est facile, ajouta-t-il avec un sourire sinistre à l'intention de Gal devenu livide.

– Ne…

– Ne vous inquiétez pas pour cette personne, le rassura aussitôt Lucrecia. Il ne lui sera fait aucun mal. Ce n'est pas à elle que nous en voulons, ajouta-t-elle comme il ne semblait pas encore convaincu.

Sur ce, elle quitta la pièce aussitôt suivie par les quatre mafiosi.

– J'ai eu très peur, glissa Gemini à l'oreille de Gal.

– Et moi donc.

Lucrecia Monterosa les attendait dans le couloir.

– Mais dites-moi, qui êtes-vous donc ? demanda-t-elle à Gal lorsque celui-ci fut près d'elle.

– Si je vous répondais un simple violoniste, vous ne me croiriez pas.

50

En liaison radio depuis son yacht situé à quelques dizaines de milles nautiques à l'ouest, en dehors de toute zone territoriale, Plotnik avait annoncé l'arrivée de l'hélicoptère pour 2 heures du matin. A présent, il était 1 h 55 et les occupants de la villa Monterosa étaient sortis sur la terrasse dominant la mer pour guetter l'arrivée de l'appareil. Avec cette nuit noire où seules scintillaient les étoiles, c'est d'abord au bruit qu'ils percevraient sa présence. Ils entendraient le fracas des pales, léger bourdonnement à peine perceptible dans un premier temps, puis grondement comme le tonnerre d'un orage qui approche, et vacarme infernal lorsqu'apparaîtrait enfin la silhouette trapue du Kamov.

Pour être le plus discret possible et éviter de laisser sa signature sur les radars, il devait certainement voler très bas, à quelques mètres à peine des flots, tous feux éteints ; seuls les cadrans lumineux du tableau de bord devaient nimber le cockpit d'un halo à peine visible de l'extérieur.

La vaste pelouse qui s'étendait entre la villa et la falaise était cernée d'une douzaine de torchères dont les flammes délimitaient un héliport improvisé d'une trentaine de mètres de diamètre. Ce cercle de feu dominant cette mer d'encre aurait aussi bien pu accueillir quelque cérémonie occulte. Tout était en place.

Gal observait les étoiles. A quelques dizaines de mètres à l'extrémité gauche du parapet se dressaient les silhouettes de

Katzim et De Rook. Comme lui, ils guettaient l'approche du Kamov. Il avait l'impression d'avoir accompli un miracle et n'en revenait pas que les hommes du commando soient parvenus à prendre la place de ceux du clan Monterosa. D'ailleurs, tant que tout ne serait pas terminé et qu'il aurait la chance de saisir le violon de David, il n'y croirait pas encore.

Percerait-il grâce à cet instrument vieux de plus de deux mille ans le secret des Stradivarius ? Par moments, il en doutait. Découvrir ce mystère nécessiterait certainement des analyses en laboratoire, tout un travail qui lui échapperait : en aucun cas le secret n'apparaîtrait à la simple vue, au simple contact de l'instrument.

On n'en était pas encore là…

Le secret des Stradivarius, et au-delà celui du son… Cette quête insensée qui l'avait entraîné à Venise, au Vatican, à Jérusalem et à cette petite synagogue de Safed dans le massif désertique de Galilée, et maintenant jusqu'à cette villa de rêve sur la côte amalfitaine, fief d'une des figures les plus puissantes de la mafia. Le secret du son… Etait-il seulement possible de le percer ? N'était-ce pas tout simplement une question d'onde, de fréquence ?

– A quoi pensez-vous ?

Tiré de sa rêverie, Gal se tourna vers le cardinal, qui, comme lui, contemplait les étoiles.

– Je pensais à ce proverbe selon lequel, dans le voyage, l'important n'est pas la destination finale, mais le voyage en lui-même et le chemin que l'on emprunte pour l'atteindre.

– Et le vôtre est plus tortueux que vous ne l'imaginiez, remarqua le prélat avec un sourire qui imprégnait chacun de ses mots. C'est souvent le cas, remarquez, mais je reconnais qu'il vous a été réservé pas mal de détours. C'est une chance. Vous avez dû être touché par la grâce.

– Si c'est un spécialiste comme vous qui l'affirme, me voilà rassuré, fit Gal en riant. Mais je dois dire que je me satisferais de plus de simplicité. Surtout, j'ignore toujours si j'atteindrai mon but.

– C'est ce qui fait tout le charme, n'est-ce pas ? répliqua l'ecclésiastique d'une voix douce. Mais en ce qui vous concerne, vous l'avez déjà atteint, votre objectif. Et vous le savez très bien.

– Comment ça ?

Cette fois, le cardinal ne répondit que par un sourire. Et Gal dut s'en contenter : le prélat s'était éloigné, se dirigeant vers Katzim et De Rook. Il reporta son attention vers le large. Devant lui, s'étendait la voûte céleste que traversaient des avions de ligne dont on apercevait les feux clignotants qui traçaient des droites discontinues à 30 000 pieds d'altitude, mais encore nulle trace de l'hélicoptère.

– Ce M. Gemini est très surprenant. Au premier abord, il a l'air d'un petit fonctionnaire, mais il s'est révélé d'une acuité extraordinaire sur toutes les questions concernant les circuits financiers.

Gal se retourna. Lucrecia Monterosa l'avait rejoint. Elle portait désormais sur son chemisier blanc un épais cardigan qui devait être gris, ainsi qu'un châle dont elle avait enveloppé ses épaules. La flamme vacillante de la torchère la plus proche donnait à son visage un éclat orangé et jouait avec les angles de ses traits de marbre soudain animés d'une vie propre. Gemini était resté avec elle et deux de ses conseillers à l'intérieur de la villa pour s'accorder sur les derniers détails. La réunion devait être terminée.

– Moi aussi, il m'a surpris, fit Gal pour ne pas la laisser sans le moindre écho.

– Vous autres pouvez vous vanter d'avoir accompli quelque chose d'extraordinaire, dit-elle quand elle fut arrivée à sa hauteur, elle aussi tournée vers le large et les lueurs dc Capri que l'on distinguait au loin. Et je peux vous assurer qu'il m'a fallu toute ma persuasion pour convaincre le conseil de rompre le marché conclu avec Plotnik, et ça ne peut pas ne pas laisser de séquelles au sein de l'organisation. Un problème que j'aurais à résoudre ultérieurement, ajouta-t-elle plus bas, comme si, sur ce point précis, elle ne s'adressait qu'à elle-même.

Gal voulait bien la croire. Devant le Teatro San Carlo, à l'issue de la réunion qui avait eu lieu quelques heures plus tôt, les attendaient trois Mercedes noires, identiques à celle qui les avait amenés à l'Opéra, le cardinal, Gemini et lui. Tous trois à l'arrière de l'une d'entre elles que précédaient les deux autres, à bord desquelles avaient pris place la Monterosa et les quatre mafiosi. Et ce petit convoi avait longé la mer en passant par

Torre del Greco, Torre Annunziata et Castellamare di Stabia, puis le village de Massa Lubrense qu'ils avaient traversé avant de gagner la villa.

Le portail n'était plus gardé par des hommes du clan Monterosa, mais par deux membres du commando de Shai. A cet instant, alors qu'en troisième position leur voiture était à moins de dix mètres de la grille derrière les deux autres, Gal avait simultanément ressenti deux sensations diamétralement opposées : un immense soulagement en constatant que le commando était parvenu à investir les lieux, et une crainte au moins aussi grande face à la réaction des occupants des deux Mercedes qui les précédaient. Il était alors sorti de la voiture pour rejoindre celle de Lucrecia Monterosa qui était avec le dénommé Dario et il y avait eu un petit moment de flottement au cours duquel la situation aurait pu déraper. Il avait dû déployer des trésors de diplomatie pour que cette prise de contrôle ne soit pas considérée comme une humiliation. Finalement, le convoi s'était engagé sur le chemin goudronné traversant la propriété jusqu'à la villa.

Une fois sur le parking, les gardes affectés à la maison et au bâtiment abritant le trésor avaient été mis au courant de ce qui s'était passé à leur insu : la neutralisation, par un commando, des hommes chargés de la surveillance du mur, de la terrasse et du ponton. Nouveau flottement : le résultat de l'opération révélait les béances du système de sécurité. Et même si les auteurs de ce coup étaient des commandos surentraînés, il allait sûrement y avoir des représailles en interne, une fois les choses rentrées dans l'ordre.

– Mais je suis satisfaite, reprit Lucrecia Monterosa d'une voix plus claire. Vous m'avez convaincue. C'est un miracle, je ne sais pas encore exactement comment vous vous y êtes pris, j'aurai le temps d'y réfléchir, mais vous m'avez convaincue. Je m'en serais voulu d'avoir participé à l'exploitation de ces reliques. Ça aurait fini par me peser sur la conscience. Et puis Plotnik nous avait trompés. Dès lors… le marché était faussé.

Ne faisant pas un geste de peur de rompre le charme, Gal l'écoutait, conscient de la rareté de telles confidences de la part de cette femme qui ne pouvait jamais se permettre d'ôter sa cuirasse. Devant lui, pourtant, elle baissait la garde. Parce qu'elle n'avait aucune chance de jamais le revoir ? Ou parce que, au contraire, elle espérait plus ? Comme tous les gens de pouvoir, elle était seule, et peut-être cette solitude était-elle moins évidente à porter pour une femme. Se dévoiler ainsi était une façon de s'offrir, mais il la regardait comme on peut contempler ces femmes séduisantes et désirables que l'on n'approchera jamais, que l'on ne fera que croiser, mais qui, pourtant, laisseront une empreinte indélébile.

– Je pense que nous avons eu beaucoup de chance d'avoir affaire à vous.

– Que voulez-vous dire ?

– Qu'un homme n'aurait pas eu la même perception de la situation que vous.

Il la sentit sourire.

– Mais c'est vous qui avez fait preuve de véritable courage en acceptant de changer vos plans, reprit-il. Il était sans doute plus facile d'aller à l'affrontement. Ce que vos hommes étaient prêts à tenter.

– La plupart du temps, les hommes ont des réactions dictées par leurs impulsions, qui ne sont pas toujours les meilleures conseillères… Ils sont souvent assez prévisibles. C'est ce que m'avait dit mon père, quand il me préparait à prendre sa succession. Même s'il en avait conscience, je ne suis pas sûre qu'il aurait réagi comme je viens de le faire. L'orgueil… Ça fait souvent faire des bêtises.

L'orgueil… Elle venait en tout cas de prendre une décision d'une rare audace, en acceptant cette situation *a priori* humiliante, avec la neutralisation de sa garde dans sa propre maison. D'une rare audace et d'une grande intelligence, puisque, avec le nouvel arrangement proposé par Gemini, elle était sur le point d'en tirer un meilleur parti que ce qui était prévu au départ.

– Vous pensez que Plotnik sera dans l'hélicoptère ?

Le charme était rompu. Elle était passée à autre chose.

– J'adorerais voir sa tête. Mais j'en doute. Je l'imagine plutôt attendant à bord de son yacht. Mais nous n'allons pas tarder à être fixés, puisqu'il arrive, répondit Gal dont l'oreille exercée avait perçu la première le bourdonnement de l'appareil.

51

Le bourdonnement enflait dans le silence de la nuit, de plus en plus perceptible, de plus en plus présent. Le pilote avait dû contourner Capri et filait droit sur la villa, à une altitude certainement inférieure à celle du sommet de la falaise. Il remonterait de quelques dizaines de mètres avant la paroi et ne surgirait qu'au dernier moment.

Au jugé, Gal estimait qu'il en avait pour une minute à peine. Il était temps pour lui de se mettre sous le couvert des arbres bordant la terrasse afin de ne pas être vu au cas où Plotnik se trouverait dans l'appareil et donnerait l'ordre au pilote de rebrousser chemin en l'apercevant. Lucrecia Monterosa, au contraire, devait se tenir dans la lumière des torchères pour signifier que la voie était libre. C'est uniquement lorsque l'hélicoptère serait posé, moteur coupé, et que les passagers en seraient sortis que le piège se refermerait.

Gal était à l'abri sous un palmier où le cardinal l'avait rejoint. Flanquée de Katzim et De Rook qui, de loin, pouvaient passer pour des hommes du clan Monterosa, Lucrecia se tenait à côté d'une torchère qui lui permettait d'être reconnue même depuis l'hélicoptère, faisant face à l'héliport et au large. Ainsi les occupants de l'appareil n'auraient aucune difficulté, une fois au sol, à croire qu'elle était leur otage. Trois autres soldats du commando se tenaient à la périphérie immédiate de la zone d'atterrissage. Les membres du conseil Monterosa avaient refusé de se prêter à ce qu'ils qualifiaient de mascarade et avaient préféré rentrer dans la villa.

Comme elle l'avait signifié à Gal, Lucrecia Monterosa avait imposé son point de vue en dépit de fortes oppositions, mais elle aurait du fil à retordre par la suite. A ceci près que sa tâche serait d'autant plus facilitée que, grâce à l'entremise de Gemini, le clan Monterosa y aurait gagné au change. Par rapport au marché russe déjà en partie exploité par certaines familles italiennes, la Chine semblait un territoire vierge, d'autant plus avantageux qu'il paraissait représenter une réserve infinie de consommateurs. Si les promesses de Gemini se vérifiaient, elle aurait gagné sur toute la ligne non seulement en ayant évité un bain de sang, mais en ayant favorisé le développement de son empire vers l'Extrême-Orient. Un coup de maître dû à la finesse de son analyse, qu'une réaction plus masculine, plus virile, n'aurait pas permis. Même si le trésor du Temple valait bien des sacrifices, Gal trouvait particulièrement ironique qu'un Etat comme Israël puisse être prêt à favoriser le développement international d'activités mafieuses. C'était certainement semer des graines qui, d'ici quelques années, produiraient des arbres aux fruits amers dont il serait difficile de se débarrasser.

Dans un grondement assourdissant, le Kamov surgit enfin de l'obscurité comme s'il avait bondi de sous la falaise. Toutes les personnes présentes sur la terrasse se plaquèrent les mains sur les oreilles. Pendant quelques secondes, l'appareil parut s'immobiliser au-dessus du disque de pelouse délimité par les torchères dont les flammes s'agitaient sous la rotation des pales du double rotor. Lucrecia Monterosa fit un signe de la main droite et l'hélico se posa délicatement sur l'herbe. Quelques secondes plus tard, le pilote coupait le moteur et le vacarme diminua.

La portière du Kamov s'ouvrit. Deux hommes en descendirent. L'un était un colosse au visage plat, au teint pâle, à la peau grêlée et aux cheveux blonds rasés ; l'autre avait une tête de moins, les cheveux grisonnants, la cinquantaine épaisse et, malgré la différence de taille, paraissait avoir l'ascendant. Les deux plus proches collaborateurs de Plotnik – Gal avait vu leurs photos dans la presse israélienne – que le Russe avait envoyés chercher le trésor.

Le colosse était russe, un ancien officier des forces spéciales qui gérait les affaires du milliardaire en Russie. L'autre était israélien, possédait une formation d'expert-comptable et la réputation de jongler avec les millions, les devises, les normes comptables et la légalité : un spécialiste des montages financiers peu orthodoxes dont Plotnik prisait particulièrement les compétences. Ses deux âmes damnées trempant dans toutes ses affaires et combines. Les avoir envoyés à sa place pouvait sous-entendre que l'instinct légendaire de Plotnik l'avait dissuadé de s'exposer.

Tandis que les pales tournaient encore au-dessus de leurs têtes, ils s'approchèrent de Lucrecia Monterosa en se baissant avant de se redresser une fois à distance respectable de l'appareil.

– Evgueni Plotnik nous a chargés de récupérer le conteneur, fit l'Israélien avant même de saluer Lucrecia Monterosa.

– Je crains, hélas, que vous soyez venus pour rien, répliqua-t-elle avec morgue. Comme vous pouvez le constater, je n'ai plus le pouvoir chez moi et ces messieurs en ont décidé autrement.

– Qu'est-ce que ça signifie ? s'insurgea l'Israélien.

– Ça signifie que nous avons pris le contrôle de la situation et que vous avez perdu la partie, Plotnik, Arcadi Aviner, fit Katzim en désignant le Russe, et toi, Simon Dayan. *Game over*, tu comprends ça ? Ça signifie aussi que vous allez nous laisser le Kamov dont nous avons besoin pour transporter ce que vous comptiez emporter. Mais pas au même endroit. Retour au Vatican, les œuvres d'art volées par les nazis, si tu vois ce que je veux dire, Dayan.

A l'évocation de l'hélicoptère, le colosse s'était retourné. Trois commandos de Shai en avaient fait sortir le pilote dont les mains étaient menottées dans son dos. Fou de rage, le Russe dégaina un Glock, mais au moment où il allait le pointer sur Katzim, De Rook le tenait déjà en joue avec son Uzi.

– Je te conseille de lâcher ça vite fait, parce qu'à cette distance, inutile de te détailler les dégâts que provoquerait une rafale de mon arme sur ta personne.

Avec un regard de haine, le colosse s'exécuta et son arme atterrit dans l'herbe à ses pieds.

– Et maintenant, les mains dans le dos, poursuivit De Rook qui s'approchait tout en sortant d'une de ses poches une paire de menottes. Et toi aussi, Dayan. On va vous attacher tous les deux et vous allez rejoindre le pilote. Mais c'est promis, on vous libérera pour que vous puissiez regagner le yacht de Plotnik à la nage.

– Mais qui êtes-vous ? hurla Dayan.

– Les gardiens du Temple, intervint Katzim. Pas question de laisser un individu comme Plotnik disposer ainsi du trésor.

– Mais vous n'avez rien compris ! Vous préférez que ça reste au Vatican ?

– C'est vous qui n'avez rien compris.

– Appelez au moins Plotnik ! On doit pouvoir s'arranger !

– Bien sûr qu'on va s'arranger, répliqua Katzim en riant.

Aviner voulut résister lorsque De Rook lui passa les menottes, mais ce dernier lui donna un coup de pied derrière le genou qui le fit tomber en avant. Une fois plaqué au sol, il sentit la pression du métal sur ses poignets ramenés dans son dos.

– Et vous ! Qu'est-ce qui s'est passé ? demanda Dayan à Lucrecia Monterosa.

Elle haussa les épaules.

– Vous le voyez bien, intervint Gal qui avait quitté l'abri du palmier pour les rejoindre. Nous avons pris le contrôle de la propriété et nous vous attendions pour profiter de votre hélicoptère. Exceptionnellement, Mme Monterosa a perdu le pouvoir chez elle et toute sa garnison a été neutralisée. Vous ne pensiez tout de même pas que nous allions laisser filer ainsi le trésor ?

– Qui êtes-vous ? aboya Dayan qui agitait en vain les bras dans son dos.

– Les menottes vous gênent ? C'est que nous ne sommes pas en Israël et vous ne trouverez personne à corrompre pour vous sortir de là. Il arrive toujours un moment où il faut payer. Mais rassurez-vous, ce qui se passe ici ne porte pas à conséquence : dans quelques heures, vous serez libres et pourrez recommencer vos combines comme avant.

– Qui êtes-vous ? répéta Dayan au comble de l'exaspération.

– Je suis Gal Knobel. Vous saluerez Plotnik de ma part. Je suis sûr qu'il sera ravi d'avoir de mes nouvelles. La dernière fois que nous nous sommes vus, c'était au King David. Il était plein de projets et de rêves de grandeur.

En provenance de l'hélicoptère, on entendait une voix saturée de friture qui s'impatientait dans la radio.

– C'est lui qui vient aux nouvelles, n'est-ce pas ?

Dayan émit un grognement. Ne pouvant résister à la tentation, Gal s'approcha du cockpit, puis il mit le casque audio sur ses oreilles et s'empara du micro. L'initiative pourrait lui valoir quelques ennuis par la suite, mais l'occasion était trop belle pour ne pas la saisir.

– C'est vous, Plotnik ?

– Qui êtes-vous ? hurla la voix du milliardaire saturée de grésillements.

– Gal Knobel, le violoniste, vous vous rappelez ?

– Mais qu'est-ce que vous faites là ? Passez-moi Dayan ! Immédiatement !

– Je crains qu'il ne puisse pas vous parler. Aviner non plus.

– Passez-moi Lucrecia Monterosa !

– Elle non plus ne peut pas vous parler. Elle est notre otage. A part moi, personne ne peut vous parler, Plotnik.

– Mais que se passe-t-il ? Qu'est-ce que vous racontez ? Passez-moi Aviner !

– Vous auriez dû vous déplacer vous-même pour voir ce qui se passe, plutôt que de rester sur votre yacht. Changement de programme. Le trésor, il va vous falloir faire une croix dessus.

– Tu es un homme mort, Knobel ! hurla le petit homme dans son micro. Tu es mort ! Où que tu te caches ! Il n'y a pas un endroit où tu seras à l'abri.

– Nous sommes tous des morts en sursis. Mais c'est trop aimable à vous de me le rappeler.

– J'aurai ta peau, Knobel ! Je te jure que j'aurai ta peau !

– Adieu Plotnik, fit Gal que ces menaces commençaient à fatiguer, avant de se débarrasser des écouteurs et de reposer le micro.

Et il imaginait le milliardaire fou de rage et impuissant sur son yacht, à quelques dizaines de milles marins à peine. L'idée le faisait encore sourire, pourtant l'homme devait être assez rancunier pour tenter de mettre sa menace à exécution. Il haussa les épaules : ce ne serait pas la première fois qu'il vivrait avec une menace de mort sur la tête. Question d'habitude. Et puis quelqu'un d'aussi affairé que Plotnik possédait suffisamment de ressources pour se trouver d'autres chats à fouetter. Même s'il venait de faire s'écrouler l'un de ses plus grands rêves.

– Votre patron a l'air particulièrement contrarié, dit-il aux deux hommes qui le regardaient, ivres de haine. Je serais vous, je l'éviterais pendant quelque temps.

Malgré les menottes qui lui entravaient les mains dans le dos, Aviner voulut se ruer sur lui, mais l'un des hommes de Shai, qui veillaient sur eux, eut le réflexe de placer son pied en travers de son chemin, et il s'étala de tout son long dans l'herbe en jurant.

Gal se dit que son passif dans le clan Plotnik ne faisait qu'augmenter. Mais il n'était pas à ça près.

– On s'occupe du chargement ?

Gal se retourna vers Katzim.

– Ça me paraît une bonne idée.

Le conteneur avait en effet été remisé dans le garage. Par mesure de précaution, avec l'assentiment de Lucrecia, les hommes formant la garnison du clan Monterosa avaient été enfermés dans un bâtiment servant de remise agricole, sous la garde de deux membres du commando. De cela aussi, Lucrecia Monterosa devrait certainement répondre dans les heures, les jours, voire les semaines et les mois à venir. Mais il ne fallait prendre aucun risque et ils ne sortiraient que lorsque l'hélicoptère se serait envolé avec son chargement.

Par acquit de conscience, ils ouvrirent le conteneur et Katzim, le cardinal et Gal en vérifièrent le contenu : un certain nombre de caisses en bois avec le sceau du Vatican. Ils firent sauter le couvercle de deux d'entre elles à l'aide d'un pied-de-biche. Ils découvrirent les trompettes en argent ainsi que la table d'oblation en or. Pour des raisons propres à chacun, leur vision provoqua chez les trois hommes une vive émotion. Il s'agissait bien des objets du culte rapportés de Jérusalem à Rome par l'empereur Titus, ces reliques qui avaient échappé au peuple juif depuis près de deux mille ans, elles réapparaissaient enfin. Elles représentaient l'alliance avec Dieu, des millions de personnes avant eux en avaient rêvé, et ils étaient les premiers à pouvoir les contempler.

Mais Gal comprenait qu'il ne pouvait pas être question d'ouvrir toutes les caisses et par conséquent de s'assurer de la présence du violon de David. On ne disposait pas d'assez de temps pour ça. Il prendrait donc son mal en patience.

Les mafiosi avaient prévu un Fenwick pour transporter le chargement jusqu'à l'hélicoptère. L'un des hommes de Shai se mit aux commandes de l'engin, le manœuvra et souleva le conteneur de quelques dizaines de centimètres au-dessus du sol puis recula, fit demi-tour et traversa le parking avant de s'engager sur le chemin contournant la maison jusqu'à la terrasse. Sur la pelouse, il contourna le Kamov jusqu'à se retrouver juste derrière l'appareil où il déposa le conteneur. Avec les trois autres membres du commando restés autour de l'héliport, sous l'œil impuissant des hommes de Plotnik, ils entreprirent de l'arrimer à l'hélico au moyen des câbles prévus à cet effet. Ça passerait comme une lettre à la poste, le Kamov avait été conçu pour transporter des charges bien plus lourdes que celle-ci.

Katzim était tendu, il avait hâte que tout soit terminé et que l'hélico ait décollé. Même si la situation était sous contrôle, ils étaient en territoire ennemi, en toute illégalité, et la Monterosa avait imposé une décision qui ne faisait pas l'unanimité dans son propre camp. La tension était donc à son comble parmi ses hommes et ils n'étaient pas à l'abri d'un dérapage, d'un revirement de la Monterosa, de l'arrivée impromptue de renforts mafieux… Alors il recommanda à ses hommes la plus grande vigilance. Ce n'était pas le moment de laisser la situation leur échapper. Si près du but…

Restait un détail à régler.

– Monseigneur ?

Le cardinal en soutane s'approcha de l'homme en tenue de combat.

– J'aurais besoin de vous un instant.

– Je suis à vous, fit le prélat que toute cette situation, et son heureuse issue, avait galvanisé.

– Laissez-moi vous expliquer le déroulement des prochains événements. Par la radio de l'hélicoptère, j'ai contacté l'ambassade d'Israël à Rome, qui nous a obtenu une autorisation de vol de nuit pour gagner Rome avec cet appareil. Je souhaiterais que vous contactiez le Vatican pour prévenir de notre arrivée, puisque nous avons prévu de rapporter le trésor au Vatican.

– Rien de plus facile.

– Je souhaiterais autre chose également de votre part.

– Je vous écoute.

– J'aurais besoin de votre signature.

– Ma signature ? fit l'homme d'Eglise en haussant les sourcils.

– Cela fait des années qu'Israël réclame au Vatican la restitution de ces reliques et que le Vatican persiste à nier être en leur possession. Shai considère que l'heure n'est pas venue de rapporter ces trésors en Israël. Le temple pour les accueillir n'est pas encore construit et la situation sur place est trop instable pour prendre quelque risque que ce soit. C'est pourquoi nous avons décidé de restituer le trésor au Vatican. Le premier choix de Shai, lorsque la papauté a quitté Avignon pour regagner Rome, était le bon : à part cet incident, le Vatican a su conserver le trésor pendant sept siècles et nous considérons qu'il représente toujours le meilleur abri. En revanche…

– En revanche ?

– En revanche, j'aurais besoin que vous attestiez le fait que nous vous remettons ces reliques originaires du temple de Jérusalem… Cela afin de détenir la preuve que le Vatican les conserve bien à l'abri de ses murailles. Ce qui permettra d'éviter des dénégations embarrassantes pour tout le monde. Nous vous avons préparé un document que vous voudrez bien signer en plusieurs exemplaires… Afin qu'à l'avenir tout malentendu soit dissipé. Votre signature fera l'affaire.

– C'est peu cher payé pour le service que vous nous avez rendu. Et je vous sais gré de vous contenter de ma signature. Sachez que je l'apposerai avec enthousiasme et détermination. Vous savez… le Vatican est, par de nombreux aspects, une organisation très particulière, unique même, qui pour cette raison est l'objet de nombreux fantasmes. Mais il ne s'agit pas d'une organisation monolithique et sa voix officielle ne reflète que rarement celle de tous les courants qui la constituent. Alors montrez-moi ces documents…

Trois quarts d'heure plus tard, le sifflement du moteur du Kamov perçait à nouveau le silence de la nuit, son double rotor entrait en action entraînant la rotation de plus en plus rapide de ses pales, et l'appareil s'arrachait au sol avec à son bord, outre le pilote faisant partie du commando, Ikmet Katzim, le cardinal Baruso, Gal ainsi que Peter De Rook. Quand il fut à quelques mètres au-dessus du sol, les câbles tendus au maximum mais le conteneur toujours sur le gazon, le pilote augmenta la puissance et l'appareil prit de l'altitude, emportant avec lui dans les airs son précieux chargement, direction Rome et le Vatican.

52

Le Kamov n'était pas un appareil rapide, et le conteneur qu'il transportait suspendu au bout de quatre filins d'acier l'obligeait à ne pas forcer l'allure. Deux heures furent nécessaires pour gagner Rome. Deux heures au cours desquelles quelques mots à peine furent échangés. Chacun était perdu dans ses pensées, récapitulant pour lui-même les derniers événements ou se préparant à ce qui allait suivre : l'arrivée au Vatican, la remise du conteneur aux autorités vaticanes… et, pour Gal, l'accès tant attendu au violon de David. Il ne pouvait s'empêcher de considérer cette perspective avec appréhension, se demandant ce qu'il allait en tirer. « J'espère que vous n'avez pas oublié votre promesse », s'était-il juste permis de rappeler au cardinal Baruso, et l'ecclésiastique, d'un sourire, lui avait signifié qu'il n'avait pas à s'en faire.

A quelques centaines de mètres sous leurs pieds, défilait la campagne italienne plongée dans l'obscurité, dont on ne devinait que les reliefs, le miroitement grisâtre et vaguement phosphorescent d'un étang, d'un cours d'eau, le tracé des routes balayées par les phares de rares véhicules, les agglomérations trahies par leurs lampadaires… La nuit avait été longue, et ce vol de nuit dans le vacarme du moteur et des pales brassant l'air au-dessus de leurs têtes était, pour chacun, l'occasion de revenir à une réalité plus normale.

Ni Katzim ni De Rook n'étaient du genre expansif, et l'un et l'autre avaient été confrontés à des situations délicates au cours desquelles, pour la sécurité de l'Etat d'Israël, ils avaient mis leur vie en jeu. Mais ce qu'ils avaient accompli cette nuit était un véritable tour de force.

D'abord, ils avaient récupéré Perron sain et sauf. Au-delà du sauvetage de Perron, ils avaient surtout réussi ce pour quoi ils s'étaient tenus prêts toute leur vie : récupérer le trésor du Temple. Au nez et à la barbe de la mafia. Au nez et à la barbe de Plotnik surtout, dont ils profitaient à présent de l'hélicoptère. Un retour à la case départ, mais avec la preuve cette fois que le Vatican détenait le trésor. Au moins devait-on ça au milliardaire qui avait voulu être sacré « roi ».

Un certain équilibre était rétabli.

Le cardinal aussi s'estimait satisfait : il avait eu l'idée d'utiliser Gal et ses contacts dans les services secrets israéliens pour récupérer le trésor. Les choses s'étaient déroulées comme il l'avait espéré. C'était une coïncidence, ou une chance extraordinaire, que juste au moment du vol le violoniste ait eu besoin d'avoir accès au violon de David. Il avait su en tirer parti. Avec très peu d'atouts dans son jeu, il avait joué et gagné.

Les documents que Katzim lui avait fait signer étaient d'un prix très raisonnable en regard du service rendu. Parce qu'il avait toujours été conscient du risque que Shai décide de rapatrier le trésor en Israël.

Il avait tablé sur le fait qu'ils ne seraient pas prêts à renoncer à la sécurité que représentait le Vatican. Il savait que ce qui leur importait avant tout, c'était la sécurité de ces reliques, et que le Saint-Siège confirme la preuve de leur existence. D'ailleurs, n'y avait-il pas une certaine logique au fait que ces reliques symbolisant l'origine du judaïsme et l'alliance avec Dieu soient conservées au Saint-Siège, cœur du catholicisme qui en était lui-même issu ?

L'obtention de cette preuve par Shai, l'organisation secrète dédiée au trésor et à la reconstruction du Temple, allait certainement provoquer quelques remous au Vatican et lui valoir quelques inimitiés supplémentaires, mais il saurait en faire son affaire.

Gal s'était envolé avec le souvenir de Lucrecia Monterosa dont il avait observé la fine silhouette éclairée par une torchère qui rapetissait tandis que le Kamov prenait de l'altitude. Jusqu'à ce qu'elle disparaisse complètement, comme un jour il n'en resterait qu'un souvenir lointain dans son esprit. C'était grâce à son intelligence de la situation que le retour du trésor au Vatican était possible. Son intervention s'était révélée déterminante. Mais elle lui était apparue bien isolée, seule à côté de cette torchère, le visage levé vers l'appareil, et alors qu'elle se réduisait progressivement à un point, il lui avait semblé prémonitoire de l'avenir qui l'attendait : de plus en plus isolée, de plus en plus seule, et finalement victime des guerres intestines ravageant son propre clan. Née dans une famille qui s'était élevée par le crime, pour finir victime à son tour. Comme il était écrit dans la Bible, qui a tué par le fer périra par le fer. Elle n'avait pas eu le choix, en somme.

Mais pour Gal, le présent c'était Fiorenza, qu'il allait serrer dans ses bras dans quelques heures à peine ; c'était aussi cet instrument biblique, objet de tant de fantasmes, et ce vers de Michel-Ange qui lui revenait à l'esprit et qu'il murmura pour lui-même : *« Solo e nudo (niche) resto prigion d'un cor di virtu armato. »* Qu'est-ce que cela pouvait bien signifier ?

Il était 6 h 30 lorsque les faubourgs de Rome apparurent enfin. Encore une petite dizaine de minutes de vol et l'on distinguerait les collines et le cours sinueux du Tibre. Le Kamov entamerait son approche sur le Vatican et l'héliport d'où s'envolait régulièrement le pape.

L'ambassade d'Israël ayant prévenu les différentes autorités compétentes, le survol de la Ville Eternelle à cette heure matinale ne posait aucun problème. Cette heure où le jour n'était pas encore levé, où la plupart des Romains étaient encore dans leurs lits, et qui convenait au souci de discrétion du Vatican.

Enfin, la place Saint-Pierre fut en vue, vaste étendue déserte dans la ville, puis l'hélicoptère contourna la cité du Vatican afin d'approcher le jardin où se trouvait l'héliport. Le vent provoqué par la rotation des pales agitait les pins parasols avec autant de violence que si une tempête s'était abattue sur la ville. Avec le vacarme que renvoyaient les façades des différents bâtiments séculaires, toute la Curie devait être réveillée, et l'on apercevait des lumières qui s'allumaient et des silhouettes qui apparaissaient dans les encadrements des grandes fenêtres.

Au sol, un certain nombre de personnes étaient déjà rassemblées autour de l'héliport. Des gardes suisses en tenue d'apparat, d'autres en uniforme, des prêtres en soutane. Le cardinal Baruso souriait, songeant à l'avance au comité d'accueil.

– Vous pouvez être certain qu'à peine rentrés en possession des reliques, ils les mettront à l'abri dans la chambre forte et feront comme si elles n'en étaient jamais sorties.

Mais il avait parlé à voix basse et le bruit était trop assourdissant pour qu'il ait pu être entendu.

Concentré sur ses commandes, le pilote posa délicatement le conteneur sur le sol puis, une fois les câbles détachés, entreprit d'atterrir en plein sur le H du terrain. Il avait tout juste terminé la manœuvre, coupé le moteur et ouvert la portière du cockpit que des gardes suisses et des ecclésiastiques s'affairaient autour du conteneur. Comme s'il s'agissait de faire disparaître au plus vite l'objet du délit.

– Alors, ce voyage ? s'enquit Emilio à peine le cardinal et Gal eurent-ils posé les pieds sur le sol.

– Cela fait plaisir d'être si attendu, fit ironiquement Gal en désignant les hommes qui avaient déjà ouvert le conteneur et en sortaient les différentes caisses les unes après les autres.

– Vous les trouvez trop attachés aux biens de ce monde ?

Emilio était rentré à Rome la veille, pendant que se tenait la fameuse réunion au Teatro San Carlo. Ils avaient parié sur une réussite et il avait regagné le Vatican pour préparer le terrain en prévenant les différents alliés du cardinal au sein de la Curie. Salvatore était avec lui et mitraillait la scène avec son appareil photo, ce qu'il n'aurait jamais pu faire dans le jardin de la villa Monterosa.

– J'espère que le violon de David sera mis de côté…, fit Gal qui s'inquiétait de cette précipitation à tout faire disparaître.

– Ne vous en faites pas pour ça, répliqua Emilio. Des instructions ont été données en ce sens.

En quelques minutes, le conteneur fut vidé et les caisses emportées dans les entrailles du Vatican. Comme si Plotnik n'avait jamais orchestré et financé ce casse. Mais cette absence de publicité voulue par le Saint-Siège était aussi la meilleure façon de desservir le milliardaire qui, bien qu'ayant perdu, aurait trouvé un moyen d'en tirer parti sur le plan politique en Israël.

La seule chose intrigante était la présence de cet hélicoptère et de ces trois commandos en tenue de combat au milieu des gardes suisses et des ecclésiastiques. Katzim faisait ses adieux au cardinal. Gal se dirigea vers eux. Ils se serrèrent la main, puis les trois membres de Shai remontèrent dans l'hélicoptère dont le sifflement du moteur ne tarda pas à se faire entendre. Alors le groupe demeuré au sol s'égailla autour de l'héliport tandis que les pales tournaient de plus en plus vite jusqu'à ce que l'appareil finisse par s'arracher à la loi de la pesanteur.

Gal se serait bien envolé avec eux, ces hommes qui ne tarderaient pas à rentrer dans leurs pays d'adoption et qu'il ne reverrait sans doute jamais, mais il avait à faire.

Un secret, un violon et une femme l'attendaient.

Et peut-être aussi un tueur.

53

– Comment ça, pas de violon ? rugit Gal qui, sous le coup de la stupéfaction, s'était arrêté de marcher en retenant le prélat par le bras.

Le cardinal secoua la tête avec un air profondément désolé. Gal le croyait sincère, pas un instant il ne fut tenté de soupçonner l'ecclésiastique d'avoir voulu le duper, il ne pouvait pas concevoir une chose pareille. Pas après tout ce qu'il avait entrepris pour retrouver l'instrument, les démarches auprès des services secrets, les kilomètres parcourus, les problèmes résolus… Pas après tous les risques qu'il avait courus.

– Mais vous m'aviez promis ! Souvenez-vous ! Vous ne pouvez pas ! Vous ne pouvez tout simplement pas ! Qu'est-ce que ça signifie ?

Il s'emportait rarement mais, cette fois, il était vraiment pris de court.

Un peu plus de vingt-quatre heures étaient passées depuis qu'ils avaient atterri sur l'héliport du Vatican. L'inventaire des différents éléments du trésor avait été établi. Il avait retrouvé Fiorenza qui l'avait rejoint depuis Venise. Leurs retrouvailles avaient été passionnées. Elle semblait avoir oublié la façon dont elle avait obtenu les informations, et tous deux attendaient fébrilement le moment où ils pourraient avoir accès au violon de David et, peut-être, percer enfin le secret des Stradivarius.

Le matin même, le cardinal et lui s'étaient donnés rendez-vous dans le jardin de la Villa Médicis auquel l'un et l'autre avaient accès. Un endroit sûr où ils ne risqueraient pas d'être surveillés par les hommes du cardinal Schmidt, que l'issue du casse avait rendu ivre de rage : ni vu ni connu, sans la moindre vague occasionnant des remous à l'extérieur, avec la discrétion à laquelle une organisation comme le Vatican, hostile à ce genre de publicité, est très attachée.

Gal, qui attendait avec impatience les nouvelles, s'y était rendu à pied depuis son nouvel hôtel, le Due Torri, où il s'était installé pour ne pas faciliter la tâche du tueur certainement toujours à ses trousses. Car, dans son esprit, tant qu'il était en mouvement il restait à l'abri. Mais dès qu'il s'arrêtait quelque part, comme à Rome, il était à nouveau menacé. Et les services secrets israéliens n'avaient toujours pas levé le petit doigt pour lui… Dans ces conditions, changer d'hôtel était la moindre des précautions.

– Cela signifie, hélas, que le violon ne se trouvait pas dans le conteneur. Et donc pas non plus au Vatican avant le casse, si l'on se fie à la parole de Lucrecia Monterosa.

Et puis si un objet avait dû être subtilisé, ce n'était certainement pas un instrument de musique vieux de près de trois mille ans qui ne devait pas ressembler à grand-chose de monnayable.

Gal soupira. La réalité faisait son chemin dans son esprit. Les deux hommes reprirent leur déambulation dans les allées bordées de buis taillés.

– Alors, si je comprends bien, vous ne connaissiez pas la liste précise des reliques du Temple conservées au Vatican. Et vous vous êtes engagé à la légère. Vous m'avez envoyé au casse-pipe sans garantie, constata-t-il avec une certaine amertume.

– J'en suis sincèrement confus, admit le cardinal. Et je vous prie d'accepter mes excuses les plus plates. Je dois dire qu'à partir du moment où vous m'avez dit être à la recherche du violon de David qui devait se trouver au Vatican avec les autres reliques du temple de Jérusalem, je ne me suis pas posé plus de questions que ça : je pensais que le violon s'y trouvait.

Gal ne prit pas la peine de relever. L'argument était indigne du cardinal et ce dernier en était conscient. Précis, rigoureux et autoritaire, ce n'était pas le genre d'homme habitué à être ainsi pris en défaut. La situation lui était particulièrement désagréable. Aveuglé par la nécessité de retrouver le trésor et voyant en Gal la personne la mieux placée pour accomplir un tel tour de force, il s'était laissé emporter par l'urgence et n'avait pas hésité à promettre plus qu'il ne pouvait tenir.

Gal laissa échapper un éclat de rire désabusé. Comment pouvait-il être aussi naïf ? Les promesses n'engagent que ceux qui les écoutent, il avait suffisamment pratiqué les services de renseignements pour le savoir, et le cardinal était un politique comme un autre – une condition *sine qua non* pour être parvenu à ce niveau dans la hiérarchie de l'Eglise –, de par sa position de futur pape potentiel, comme tous les autres cardinaux. Alors il n'avait à s'en prendre qu'à lui-même, pour avoir accepté ce marché avec autant de légèreté, sans autre garantie que la parole de cet homme qu'il ne connaissait que depuis quelques jours.

– C'est curieux, voyez-vous, j'ai l'impression d'avoir fait tout cela pour rien, et pourtant je ne parviens pas à vous en vouloir.

– Peut-être justement parce que vous n'avez pas fait tout cela pour rien, osa le cardinal.

Soudain Gal fut assailli par le souvenir de Vittorio Goffriller agonisant dans sa loge au Châtelet et trouvant tout juste la force de lui remettre l'enveloppe. Souvenir auquel vint aussi vite se substituer celui de Fiorenza apparue pour la première fois dans son appartement à Paris, puis dans son atelier de lutherie à Venise, lorsqu'elle l'avait convaincu de reprendre le flambeau et de se lancer à son tour à la recherche du secret des Stradivarius. Fiorenza qui s'était sacrifiée avec cet homme de la mafia pour obtenir ces informations décisives. Qu'allait-il bien pouvoir lui dire ? Qu'elle avait fait cela pour rien ? Pour que le Vatican puisse récupérer quelques reliques dont elle n'avait jamais entendu parler ? Elle-même se souciait peu de savoir que le trésor se trouvait à Rome ou à Jérusalem…

– Non, je n'ai sans doute pas fait tout ça pour rien, admit Gal en songeant à l'attestation selon laquelle le trésor avait été confié au Vatican qu'avait obtenue Shai. Mais je connais en revanche une jeune femme qui a fourni beaucoup d'efforts et de sacrifices et serait en droit de se dire que c'est en pure perte.

– A qui faites-vous allusion ? s'inquiéta le cardinal.

– Laissez tomber. C'est sans importance.

Qu'aurait-il pu répondre d'autre au cardinal qui ne pourrait rien faire pour elle. Etait-ce pourtant sans importance ? Gal constatait, comme à plusieurs reprises au cours de son existence, que la raison d'Etat faisait peu de cas des individus. A cet instant, il avait l'impression qu'il fallait tout reprendre à zéro.

– Dites-moi...

– Je vous écoute.

– *Solo e nudo (niche) resto prigion d'un cor di virtu armato...* Qu'est-ce que ça vous évoque ?

– De quoi s'agit-il ? s'enquit le cardinal.

– D'un vers de Michel-Ange. Mais, au-delà, il s'agit d'un vers qui aurait été choisi pour la signification cachée qu'il renfermerait. Un vers auquel le mot « *niche* » a été ultérieurement ajouté. J'entends par une main différente de celle de Michel-Ange.

Le cardinal s'était arrêté. Pour mieux réfléchir sans doute.

– Eh bien... je dirais qu'il s'agit d'une parabole de toute existence, finit-il par dire après quelques secondes de silence. On naît seul et nu, et l'on a beau déployer les plus grands efforts pour s'élever, pour échapper à notre condition, on reste toujours prisonnier...

– Prisonnier ?

– Prisonnier de notre enveloppe corporelle. Comme dans un sarcophage, en quelque sorte.

– Un sarcophage ?

– Ou une armure, si vous préférez. Mais je pense au sarcophage parce qu'on y est moins libre de ses mouvements que dans une armure.

Gal le regardait, ne sachant que penser de cette interprétation.

– Et maintenant je vous prie de m'excuser, mais je vais devoir vous laisser.

– Bien sûr, fit Gal qui ne put s'empêcher de penser qu'il avait été utilisé comme un pion. Un pion dont on n'avait plus besoin à présent que la partie était terminée.

– Sachez que je suis profondément désolé pour le violon de David. Et que je serai prêt à faire pour vous tout ce qui est en mon pouvoir. Une partie du Vatican, dont moi-même, vous est éternellement reconnaissant.

– Je saurai m'en souvenir, dit Gal avec un sourire.

– Dieu vous bénisse.

Gal regarda l'homme d'Eglise s'éloigner dans les allées du jardin qui entourait la Villa Médicis. Il était certainement sincère, mais en quoi pourrait-il avoir besoin de lui ? Prenant sur lui pour lutter contre la déception, il se dirigea vers la sortie pour regagner son hôtel où devait l'attendre Fiorenza. Avec une unique préoccupation à l'esprit : comment allait-il lui annoncer la nouvelle ? Et comment allait-elle réagir ?

Sa chambre était vide. Elle avait dû aller faire une course. Ce qui lui donnait un répit avant de lui annoncer la vérité. Mais il était désemparé et cette solitude imprévue ne fit qu'accroître sa désillusion. Il aperçut son violon posé sur la commode. En d'autres occasions, l'instrument aurait pu lui apporter un certain réconfort, mais il se sentait trop seul et avait surtout besoin de parler à quelqu'un. Il avisa le téléphone. Personne ne savait où il se trouvait et il n'y avait aucune chance que le téléphone se mette soudain à sonner. C'était à lui de se manifester. Mais auprès de qui ? Il passa en revue les amis avec lesquels il avait récemment été en contact et songea aussitôt à Francesco. C'était une idée. Avec sa bonne humeur et sa faconde, il saurait le réconforter. Il chercha son numéro dans son carnet et le composa. Moins d'une minute plus tard, il l'avait au bout du fil.

– Alors, cette quête ? demanda immédiatement le colosse.

– Ne m'en parle pas. J'ai l'impression d'avoir été une marionnette entre les mains d'un des plus grands maîtres en la matière. Et tout ça pour des prunes !

– Qu'est-ce que tu racontes ? Présente-moi cette personne, que je rencontre celui qui a été capable de te berner !

Gal ne put retenir son rire. Le simple fait de parler à Francesco allégeait le fardeau de sa déception.

– Il est au Vatican. Une excellente école pour les marionnettistes.

– C'est seulement maintenant que tu le découvres ? Dis-moi, tu t'intéresses toujours au son ? Parce que j'ai quelque chose pour toi.

– Je t'écoute, fit Gal qui savait que son ami ne parlait jamais à la légère.

– Des vignes cultivées au son de Mozart, ça t'intéresse ?

– Je ne comprends pas.

– La musique, diffusée en permanence dans les vignes pour leur épanouissement. Ça se passe dans un vignoble que possède un ancien homme d'affaires reconverti dans la viticulture. Il m'a chargé des relations publiques de son vignoble et je dois y retourner demain. Tu m'accompagnes ?

– Où est-ce qu'il se trouve, ton vignoble ?

– Sur la commune de Montalcino, près de Sienne.

Après Venise, Jérusalem et Rome, Sienne, sourit Gal intérieurement. Autant continuer à voir du pays.

– Pourquoi pas ?

Pourquoi pas en effet… La musique de Mozart pour l'épanouissement du raisin ? Il n'avait jamais entendu parler d'une chose pareille. S'agissait-il là d'une propriété du son récemment découverte ? Voilà qui répondrait peut-être à ses interrogations sur le pouvoir du son et aurait le mérite de lui changer les idées. Et il était prêt à parier que Fiorenza serait partante.

54

Gal avait raccroché et allait s'emparer de son violon lorsque la sonnerie du téléphone l'en détourna. Fiorenza, se dit-il, ce ne pouvait être qu'elle, à moins qu'il s'agisse d'Emilio qui appelait pour le soutenir après son entrevue avec le cardinal. Il décrocha.

– Tu as la bougeotte, dis-moi.

– Ron ? s'étonna-t-il en reconnaissant l'officier du renseignement basé à Paris. Je ne te demande pas comment tu m'as retrouvé...

– J'ai appris que tu avais fait du bon travail... Chapeau, l'artiste. Décidément tu m'étonneras toujours.

Il n'en dirait pas plus, les compliments n'étaient pas son genre, mais il ne l'appelait pas pour ça. Jamais il n'aurait fait l'effort de retrouver son hôtel pour le féliciter.

– Qu'est-ce qui t'amène ?

– La police te cherche. Un certain commandant Stains, responsable de l'enquête sur le meurtre de Vittorio Goffriller dans ta loge au Châtelet.

– Qu'est-ce qu'il me veut ? demanda Gal en revoyant le gros policier le soumettre à une batterie de questions à peine avait-il achevé son concert et recueilli le dernier souffle du luthier.

– Il voudrait te parler de sa fille, je crois. Tu devrais l'appeler.

– Fiorenza ?

– Appelle-le. Ça avait l'air assez urgent.

La carte de visite que lui avait donnée le flic se trouvait dans son portefeuille. Il composa son numéro et, avec une sourde angoisse, attendit d'obtenir la ligne. Qu'est-ce que ça signifiait ?

– Commandant Stains ?

– Lui-même.

– Bonjour commandant, ici Gal Knobel. Je vous appelle de Rome. Vous me cherchiez, je crois.

– Vous tombez bien. L'enquête est bouclée. Il ne reste plus qu'à mettre la main sur le coupable, ce qui *a priori* devrait être l'affaire de la police transalpine. Un certain Filippo Bossi, un Italien, comme la victime. C'était Goffriller qui était visé, et non pas vous. Ça doit vous rassurer.

Gal enregistra l'information qui, en effet, supprimait cette épée de Damoclès au-dessus de sa tête.

– Comment avez-vous fait ?

– Il a été filmé à plusieurs reprises par les caméras de surveillance du Châtelet juste au moment des faits. Vous avez même dû le croiser dans les couloirs. C'est un de nos collègues travaillant à l'office central chargé des vols et trafics d'œuvres d'art qui l'a reconnu. Une sorte de miracle parce qu'il n'y avait aucune raison pour qu'il visionne ces bandes. Filippo Bossi appartient à la mafia et est fiché chez nous comme un trafiquant de faux Stradivarius après avoir été impliqué dans une affaire remontant à trois ans. Ses empreintes ont été retrouvées dans votre loge et sur le corps de Vittorio Goffriller. Sa culpabilité ne fait aucun doute.

– Mais pourquoi vouliez-vous me parler de sa fille ? lui demanda Gal, au moment où la porte de la chambre s'ouvrait.

– Parce qu'il semblerait que les faux Stradivarius provenaient de l'atelier de Goffriller, répliqua le flic tandis que Fiorenza refermait la porte derrière elle. Or, il se trouve que sa fille a été la maîtresse de ce Bossi. Je tiens ces renseignements de la police italienne auprès de qui j'ai voulu en savoir plus. D'après eux, elle serait impliquée, poursuivit-il au moment où Fiorenza se penchait sur Gal pour l'embrasser. Je vous raconte tout ça parce que vous m'aviez annoncé que vous comptiez la rejoindre à Venise pour les funérailles de son père. Et je me demandais si, de votre côté, vous n'en auriez pas appris davantage.

– Qui est-ce ? demanda Fiorenza en enlevant son trench-coat.

De la main Gal lui fit signe d'attendre.

– On peut supposer qu'un différend entre les deux hommes aurait poussé le trafiquant à régler son compte à son fournisseur.

On a lancé un mandat d'arrêt international contre Bossi, mais en attendant, sa fille pourrait peut-être nous éclairer.

Gal était déchiré entre ce que le flic lui annonçait au bout du fil et la vision de Fiorenza qui animait la chambre sans se douter qu'il était question d'elle.

– Alors, le violon ? lui demanda-t-elle en chuchotant sans pouvoir contenir son excitation. Tu le vois quand ?

– Impliquée comment ? Impliquée dans quoi ? demanda Gal au policier. Il s'efforçait de ne pas mettre la puce à l'oreille de la jeune femme tout en lui faisant signe de patienter.

Tant qu'il n'avait qu'à poser des questions et écouter les réponses du flic, la présence de Fiorenza ne le gênait pas, mais il devait contenir son excitation. Ces révélations ranimaient les soupçons qu'avaient fait naître en lui les rumeurs rapportées par Francesco à propos des Goffriller et lui rappelaient la conversation houleuse qu'il avait eue ensuite avec Fiorenza dans son atelier. La confiance qu'il lui avait accordée ne reposait pas sur grand-chose et déjà, alors que le flic n'avait encore rien dit, il la sentait se lézarder.

– Qu'elle soit impliquée dans la fabrication des faux Stradivarius, les Italiens le tiennent pour certain. Qu'elle le soit dans la mort de son père demeure une hypothèse sérieuse.

– Comment ça ? demanda Gal, soudain livide.

– Comme Vittorio Goffriller a été assassiné, il y a une enquête autour de sa mort. Les Italiens ont commencé à fouiller dans sa vie. Ils se sont notamment adressés à son notaire. C'est là qu'ils ont trouvé quelque chose d'intéressant.

– Je vous écoute, le pressa Gal qui était survolté et trouvait le flic beaucoup trop lent à son goût.

– Vittorio Goffriller avait rédigé un testament, une lettre dans laquelle il justifiait ses recherches sur le secret de fabrication des Stradivarius. En résumé, il s'agit d'une sorte de *mea culpa* où il regrette d'avoir trempé dans ce trafic de faux et, pour se dédouaner, il projette de livrer le secret, une fois qu'il l'aura percé, ce qui, d'après lui, était imminent, au musée Stradivari à Crémone. Ça vous dit quelque chose ?

– Mon Dieu, ne put s'empêcher de murmurer Gal pour lui-même.

Fiorenza lui jeta un regard interrogateur qu'il ignora. Tout devenait tellement clair. Si le vieux luthier avait légué le secret des Stradivarius au musée, il serait devenu public et aurait perdu toute sa valeur pour ceux qui tiraient profit du trafic de faux, Filippo Bossi et Fiorenza. Etant donné la valeur marchande d'un faux Strad – aux alentours d'un million de dollars –, en partant du principe qu'ils pouvaient en fabriquer et en écouler cinq ou six par an, cela représentait un affaire de cinq ou six millions de dollars chaque année. Une affaire que le vieux, pris de remords sur la fin de sa vie, s'apprêtait à couler par un simple legs à un musée. Un naufrage prémédité que Bossi et Fiorenza ne pouvaient accepter. Dès lors, il restait quelques zones d'ombre mais le mobile du crime était magnifique.

Fiorenza était dans la salle de bains dont la porte était entrouverte. Elle faisait couler de l'eau. Le fait de ne plus l'avoir sous les yeux le soulageait tant sa présence, soudain, l'oppressait. Le commandant Stains ne pouvait se douter de ce que ces révélations avaient fait surgir sous ses yeux. Un paysage dévasté par le mensonge et la trahison.

– Gal ? Qu'est-ce que tu fais ? Raccroche ! lui cria-t-elle depuis la salle de bains.

– Je vous prie de m'excuser, je vais devoir vous laisser, dit-il au flic. J'ai pris bonne note de ce que vous venez de m'apprendre. Je vous tiens au courant dès que j'ai du nouveau. Ce qui ne devrait pas tarder, ajouta-t-il d'une voix sourde après avoir raccroché.

55

Pour la cinquième fois en une heure, Filippo Bossi se leva précipitamment et alla regarder par la fenêtre. Les portières de la voiture qu'il venait d'entendre sur le parking claquèrent et un homme et une femme d'allure inoffensive s'en éloignèrent. Il respira. Il n'était pas tranquille depuis qu'il avait appris ce qui s'était passé chez les Monterosa. Le bruit avait vite circulé. Ce qui avait filtré n'était certainement pas exactement conforme à la réalité, à ce qui s'était passé derrière les murs de la villa de Massa Lubrense, cela correspondait à ce qu'eux-mêmes avaient bien voulu laisser sortir. Ils faisaient bonne figure mais, pour eux, rien n'avait eu lieu comme prévu.

Et il avait alors mesuré la gravité de son erreur.

Car il en était le principal responsable.

Et les membres du clan Monterosa l'avaient forcément compris : le problème était venu du violoniste qui était remonté jusqu'à eux. Rien de plus simple à partir de là de faire le lien avec Fiorenza. Et, par conséquent, avec lui.

Tout finissait toujours par se savoir.

Les Monterosa ne pouvaient pas laisser ça sans réagir. C'était une question d'honneur et de réputation. Ils allaient devoir punir celui qui avait parlé.

Et il n'avait toujours aucune nouvelle de Fiorenza. Jamais il n'aurait dû lui parler. Non seulement il n'allait rien en tirer, puisqu'elle n'avait pas trouvé ce qu'elle cherchait, mais surtout il avait mis sa vie en danger. Un jour, sa mère lui avait dit en riant que les femmes le perdraient, son beau Filippo avec sa gueule d'ange. Elle ne savait pas à quel point.

Sa gueule à présent était déformée par la peur. C'est tout juste s'il consentait à descendre prendre ses repas dans la petite salle à manger où il était pourtant seul.

Depuis deux jours, il se terrait dans cette pension perdue dans la Campanie où il espérait que personne ne viendrait le retrouver. C'était se jeter dans la gueule du loup que de se réfugier sur ce territoire depuis longtemps mis en coupe réglée, ce territoire qui avait vu grandir la plupart des affranchis. Mais il avait justement tablé sur le fait qu'on le croirait plutôt parti au diable, à l'étranger, sur la Côte d'Azur par exemple, où il se serait senti encore plus menacé.

Avec Fiorenza, il avait cru pouvoir mettre sur pied un business parfaitement huilé, mais, aujourd'hui, il déchantait : ses perspectives de gains lui semblaient définitivement envolées. Quant au reste…

Par moments il s'accrochait à l'ultime espoir qui lui restait : qu'ils n'aient pas l'idée de remonter jusqu'à lui. Il se disait alors qu'il lui suffirait d'attendre quelques semaines, le temps que les choses se tassent, pour ressortir au grand jour. L'avenir alors lui apparaissait moins noir, son cœur s'allégeait, mais cela ne durait jamais longtemps et le retour à la réalité le laissait plus sombre et angoissé qu'avant.

Tout finissait toujours par se savoir.

Il n'ignorait pas, en s'engageant dans cette voie du crime et de l'argent facile, que sa vie serait luxueuse, qu'il mènerait une existence de seigneur, mais qu'elle risquait de s'achever dans le sang, bien avant qu'il en ait goûté tous les fruits. A présent que la fin lui semblait imminente, à trente-cinq ans, il trouvait ça affreusement tôt.

Soudain, il entendit des pas dans le couloir et tressaillit. Depuis deux jours, le moindre bruit le faisait bondir : une voiture dont le contact était coupé sous sa fenêtre, une voix inconnue s'élevant à la réception, des pas dans la pension à une heure où généralement personne ne circulait… Il y avait mille moyens de retrouver sa trace. L'hôtelier lui-même pouvait l'avoir vendu… Tout dépendait de sa situation, des liens qui l'attachaient aux Monterosa, ou à une famille elle-même liée à ce clan.

Son lit était jonché de magazines qu'il avait lus et relus, et il n'avait pas allumé la télévision dont le son l'empêcherait de distinguer les bruits du dehors. Cette immobilité dans cette chambre était pire que tout. Elle favorisait sa peur et finissait par le rendre fou. Il se demandait parfois comment ils s'y prendraient après l'avoir trouvé. Cette perspective lui asséchait instantanément la gorge.

Ils ne se contenteraient pas d'une exécution rapide. Il connaissait le sort réservé aux balances, il en avait suffisamment ri, mais, aujourd'hui, ça le terrifiait. Il avait de grandes chances de finir carbonisé, après avoir subi d'autres sévices.

Soudain, on frappa et il se liquéfia. Qui pouvait-ce être à une heure pareille ? Et puis il n'avait entendu aucun pas dans le couloir. Son seul réflexe fut de faire le mort et d'aller à pas feutrés se cacher dans la salle de bains, son pistolet dans la main. Mais il avait beau le serrer fort, il était agité de tremblements. Son pistolet qu'il n'avait jamais utilisé. La seule personne qu'il avait tuée, c'était Vittorio Goffriller, un vieil homme… Il n'était pas fait pour cette violence, il avait fait des études grâce auxquelles il espérait pratiquer une autre sorte de business, une autre sorte de crime, plus sophistiqué, mais aujourd'hui il était rattrapé.

Puis il vit la poignée s'abaisser. Il leva son arme vers la porte, avant d'entendre le bruit des pas décroître dans le couloir. Il poussa un soupir de soulagement et reposa son Beretta sur la table.

Deux minutes plus tard, la porte de sa chambre vola en éclats et deux hommes se jetèrent sur lui avant qu'il ait eu le temps d'attraper son pistolet. Cette fois, il était cuit.

56

Assis sur son lit, Gal avait eu le temps de ruminer ce que lui avait appris le commandant Stains. D'encaisser le choc de la nouvelle. Pendant que Fiorenza se pomponnait dans la salle de bains. Fiorenza qui l'avait trahi. D'un bout à l'autre. Il avait eu beau retourner le problème dans tous les sens, c'était la seule conclusion à laquelle il parvenait. Il n'y avait plus l'ombre d'un doute. Il n'était pas allé directement la trouver dans la salle de bains parce qu'il se demandait comment l'aborder. La nouvelle agissait en lui comme un séisme, avec des ondes de choc successives. Chaque détail de leur relation lui apparaissait sous un jour nouveau, chacune de ses réactions s'éclairait à la lumière du mensonge et de la trahison. Ainsi il avait fourni tous ces efforts, parcouru toutes ces distances et pris tous ces risques pour une cause très différente de ce qu'il imaginait, une cause bassement mercantile et criminelle. Pis : son association avec Fiorenza avait été scellée à son insu par un assassinat qu'elle avait, au mieux, couvert et, au pire, commandité.

Cette simple idée l'avait tout d'abord abattu puis il s'était ressaisi : Fiorenza avait finalement chuté tout près du but, et il s'était lancé dans cette quête avant tout pour lui-même, parce que cela correspondait à ses interrogations sur le pouvoir du son. Ce qu'il en avait retiré, c'étaient des bénéfices immatériels, très différents de ce qu'il escomptait. Quant au reste, à ce qu'elle et lui avaient vécu ensemble, cela ne regardait qu'eux. Leur histoire avait été émaillée d'espoirs et de joies, mais la fin promettait d'être beaucoup moins lumineuse. Mais franche.

– C'était qui ? demanda Fiorenza en réapparaissant enfin dans la chambre.

– Un oiseau de mauvais augure.

Aussitôt, le visage de la jeune femme se rembrunit.

– Il faut qu'on parle, Fiorenza. Il faut que tu m'expliques deux ou trois choses, mais je te préviens, tu as très peu de latitude.

– C'est ce coup de fil ? C'était qui ? répéta-t-elle, soudain aux abois.

– Le commandant Stains, chargé de l'enquête sur l'assassinat de ton père.

– L'assassinat ? Qu'est-ce que tu racontes ? C'était donc vraiment lui qui était visé ? Tu pensais que c'était toi…

– C'est ce que tu m'as laissé penser. Parce que ça t'arrangeait que je ne soupçonne pas que ton père était la cible. Enfin, ton père… Ton père adoptif, plus exactement, poursuivit-il comme la révélation de Francesco lui était subitement revenue à l'esprit. Ce qui a dû rendre la chose plus facile, ajouta-t-il en la regardant droit dans les yeux.

Elle secouait la tête avec l'air de ne pas comprendre. Il se leva et s'approcha d'elle, l'air menaçant.

– Filippo Bossi, ton amant, l'intention de ton père de léguer au musée Stradivarius de Crémone le fameux secret, ce qui aurait ruiné votre business. Un business à quoi… cinq ou six millions de dollars par an, n'est-ce pas ? Tu vois, je sais tout. Raconte le reste. Je te demande juste de remplir les cases vides.

Son visage se décomposa et elle fondit en larmes. Mais Gal en avait trop vu pour se laisser attendrir. Sa confiance était brisée. Sans esquisser un mouvement dans sa direction, il la regarda froidement en attendant qu'elle se reprenne. Voyant que c'était peine perdue, que ses larmes ne pourraient rien changer, elle les essuya.

– Je ne voulais pas qu'il meure, hoqueta-t-elle. C'est vrai qu'il m'avait adoptée mais je l'aimais comme un père. Je lui dois tout. Je n'ai jamais connu le mien, alors… C'est Filippo qui a eu l'idée. Les choses ont mal tourné. Il devait juste lui voler ses documents.

– Tu mens ! Qu'est-ce qui me prouve que c'est lui qui a eu l'idée ?

– Il m'a forcée ! J'étais coincée. C'est vrai que nous avons été amants, mais c'était fini depuis longtemps. Je l'avais quitté, ça l'avait rendu fou, il ne l'a jamais accepté, et, là, il tenait sa vengeance.

– Comment veux-tu que je te croie après tout ça ?

Elle gémissait et se tordait les mains.

– En admettant que c'est lui qui a eu l'idée, c'est parce que tu lui avais parlé des intentions de ton père de léguer le secret au musée, assena Gal rageusement. Parce que toi seule étais au courant. Ton père avait dû s'en ouvrir auprès de toi mais pas auprès de ce Filippo ! Alors tu lui en as parlé afin qu'ensemble vous réfléchissiez à une solution pour contrecarrer les plans du vieux ! Je me trompe ?

Elle secoua la tête, l'air affolé.

– Mais ça n'a pas marché, enchaîna-t-il, encouragé par son absence de réaction qui avait valeur d'aveu. Et non seulement le vieux était mort, mais, en plus, vous n'aviez pas obtenu ce que vous convoitiez. Un désastre. C'est là que tu entres en jeu. Avec un sang-froid et un sens de la comédie dont j'aurais dû me méfier…

On se rapprochait de la vérité mais elle lui mentait peut-être encore. Comment être certain que l'idée était du mafioso et non pas d'elle ? Qu'elle l'avait quitté comme elle l'affirmait ? Si c'était vraiment le cas et qu'il la menaçait, pourquoi ne lui en avait-elle pas parlé ? Et qu'est-ce qui lui garantissait que leur intention n'était pas de tuer Vittorio ? N'était-ce pas la seule façon d'avoir les coudées franches, de le réduire définitivement au silencc ?

Une fois de plus, elle était presque convaincante, mais elle lui avait déjà tellement menti. Son crédit était épuisé.

– Alors tu es venue me trouver en espérant que ton père avait eu le temps de me remettre l'enveloppe qui n'était plus sur son cadavre et que Filippo, dans la panique, n'avait pas récupérée. Et lorsque tu en as eu la confirmation, tu as décidé de poursuivre le travail qu'il avait entrepris. Tu as décidé de faire appel à moi, de m'utiliser, comme ton père en avait eu l'intention. Quand tu as découvert le contenu de l'enveloppe, tu as déchanté tellement ça t'a paru incompréhensible. Tu t'es rendu compte que tu avais vraiment besoin de moi.

– Arrête, je t'en prie. Ne salis pas tout…

– Salir quoi ? Notre histoire ? J'ai l'impression que ton père se méfiait aussi de toi pour t'avoir si peu impliquée dans ses recherches. Il faut croire qu'il avait raison, continua Gal avec un ricanement amer. Mais tout n'était peut-être pas perdu, puisque j'étais là. Pourquoi ne m'as-tu pas parlé des démarches de la police, de la découverte du testament chez le notaire, ce testament dans lequel ton père manifestait son intention de léguer le secret au musée Stradivarius ?

– Parce que tu m'aurais soupçonnée !

De nouvelles larmes étaient apparues sur le visage de Fiorenza, mais il ne pouvait s'empêcher de penser qu'il s'agissait de comédie.

– C'est auprès de Filippo Bossi que tu as obtenu le nom de Monterosa… C'était le fait de coucher avec ton amant, le sacrifice que tu as consenti pour obtenir cette information… Avoue !

Elle secoua la tête en tentant de se dégager, et Gal, dégoûté, finit par la lâcher.

– Laisse-moi t'expliquer…, le supplia-t-elle.

Même ainsi elle était belle. Mais elle avait perdu tout attrait à ses yeux.

– Va-t'en.

– Gal !

– Je ne veux plus entendre parler de toi.

D'un mouvement vif, Gal traversa la pièce, ouvrit le placard où se trouvait le sac de Fiorenza et y entassa tous ses vêtements. Puis il se dirigea vers la salle de bains et fit la même chose avec ses affaires de toilette avant de revenir dans la chambre et de jeter le bagage sur le lit. Elle le regardait, immobile, sans réaction, le visage défait.

– Tu as joué et tu as perdu. Il faut t'y faire. C'est la vie. Allez, ne m'oblige pas à te mettre dehors. Va donc retrouver ton Filippo. Je suis sûr que vous avez des tas de choses à vous dire. Mais dépêchez-vous parce que la police est sur ses traces, comme elle va certainement te rechercher toi aussi. Elle a quelques questions à te poser et se montrera plus inquisitrice que moi, ajouta-t-il avec une pointe de méchanceté.

Il avait ouvert la porte et attendait qu'elle sorte. Son sac à la main, elle se tenait devant lui. La finesse de sa silhouette et la régularité de ses traits ne lui étaient d'aucun recours.

– Gal…

– Va-t'en.

Alors elle passa devant lui et s'engagea dans le couloir avant de se diriger vers l'ascenseur sans se retourner, un peu voûtée.

– Et essaie quand même de faire attention à toi, murmura-t-il pour lui-même avant de refermer la porte avec un pincement au cœur.

57

– Où est passé le violoniste ?

La pression du jet d'eau avait cessé et Emilio croyait entendre la musique. *Le Messie* de Haendel qu'ils avaient mis sur sa chaîne, à plein volume, après avoir fait irruption chez lui. Pour étouffer les bruits, histoire de ne pas alerter les voisins. Un quart d'heure plus tôt, un jeune prêtre avait sonné chez lui avec un message de la part du cardinal Hauser. Naturellement, il ne s'était pas méfié et lui avait ouvert.

Derrière la porte, se tenaient trois individus qui l'avaient maîtrisé avant qu'il ait pu tenter quoi que ce soit ni même proféré un son. Ensuite, ils l'avaient entraîné dans la salle de bains où ils l'avaient installé dans la baignoire, sur cette chaise provenant de la cuisine. Un prêtre en soutane, ou un homme déguisé en prêtre, et deux autres individus en costumes sombres. Il avait immédiatement pensé à des hommes du cardinal Schmidt, mais, très vite, il n'avait plus eu le temps de penser à quoi que ce soit.

La chevelure et le visage ruisselant d'eau, Emilio peinait à reprendre son souffle. Assis sur la chaise, les mains entravées dans son dos, il avait l'impression que son cœur et ses poumons étaient sur le point d'exploser. Il tentait d'aspirer goulûment l'air mais, à chaque inspiration, le tissu dans lequel on lui avait enveloppé la tête collait à ses lèvres et à ses narines, accentuant la sensation d'étouffement. Il n'allait pas tenir longtemps à ce rythme. Aveuglé par l'étoffe, il entendait des pas sur le carrelage de la salle de bains et des voix autour de lui. Ils devaient être tous les trois dans l'espace réduit. On lui posait des questions mais il était trop occupé à survivre pour les entendre.

– Je répète ma question, fit la voix teintée d'un léger accent allemand. Où est le violoniste ?

Alors qu'il allait répondre, tapant des pieds au fond de la baignoire pour manifester son intention de parler, il entendit le jet de la douche que l'on venait d'actionner. Pour s'y soustraire, il voulut reculer mais, avec le dossier de la chaise, c'était peine perdue. Et le jet lui passa sur le torse avant de remonter sur son visage. Trop vite pour qu'il ait le temps d'inspirer. Projetée de face, insistante, l'eau traversait l'étoffe et lui pénétrait dans les yeux, les oreilles, les narines et la bouche qu'il ne pouvait s'empêcher d'ouvrir pour tenter d'aspirer un souffle d'air. Mais il n'avalait que de l'eau et chaque fois avait l'impression de boire la tasse. Il avait beau se débattre, rien n'y faisait. Aurait-il voulu hurler que ses cris auraient été étouffés par toute cette eau froide et par le tissu. De toute façon, les voisins étaient absents. Personne ne l'entendrait crier, personne ne l'entendrait mourir, se dit-il, tétanisé.

Enfin on coupa le jet, mais ce n'était pas pour autant qu'il pouvait mieux respirer. Son torse, auquel adhérait sa chemise trempée, se soulevait comme le soufflet d'une forge.

– Une dernière fois, lui demanda-t-on plus calmement, où est le violoniste ?

Il suffoquait. Pourquoi s'obstiner à se taire ? Ils avaient déjà largement entamé sa résistance. Il n'était pas préparé à ça. Et puis Gal s'en sortirait bien… Parler n'était pas le condamner… Il s'était sorti de situations beaucoup plus périlleuses… Alors, il craqua :

– Près de Sienne, à Montalcino…

– Où ça près de Sienne ? le pressa la voix pleine d'excitation.

– Il Paradiso di Frassina, haleta-t-il, gêné par le tissu qui l'étouffait. C'est un vignoble. Sur la commune de Montalcino.

– Il est parti quand ?

– Ce matin. Il doit y rester deux jours.

– Bien, tu vois quand tu veux, fit la voix sur un ton enjoué. Et maintenant, il nous reste un dernier détail à régler.

L'homme avait à peine achevé sa phrase qu'Emilio sentit une violente pression sur sa gorge. Avec terreur, il comprit qu'il allait mourir et s'apprêta à passer dans l'au-delà.

– Arrête !

Un autre homme avait parlé, et aussitôt la pression autour de son cou se relâcha.

– Tu as eu ce que tu cherchais. Maintenant, laisse-nous nous occuper de lui.

Puis Emilio entendit des pas sur le carrelage et les voix diminuèrent, très vite couvertes par la musique que continuait à diffuser la chaîne. Enfin, à bout de forces, il se sentit sombrer. Sa dernière pensée fut pour Gal dont il espérait ne pas avoir provoqué la perte.

58

Le soleil était près de disparaître derrière les collines fermant l'horizon, les vendangeurs empilaient les derniers paniers chargés de grappes à l'arrière du pick-up et les enceintes Bose réparties dans les vignes diffusaient les ultimes accords du *Concerto pour piano n° 9 en mi bémol majeur*. Les rayons irisaient la vigne d'une lumière dorée et le spectacle de ces hommes et de ces femmes arpentant d'un pas tranquille les rangées de vigne au son de la musique de Mozart avait quelque chose de féerique et d'apaisant. Surtout après les quelques jours frénétiques que Gal venait de vivre. Rien de tel que le travail de la vigne allié à Mozart pour tenir à distance l'amertume provoquée par la fourberie du cardinal et la trahison de Fiorenza. Ne serait-ce que pour cette raison, Gal savait gré à Francesco de l'avoir entraîné dans cet endroit. D'autant qu'il trouvait là une réponse concrète à ses interrogations sur le pouvoir du son, sur son influence sur la matière. Végétale en l'occurrence, vivante donc.

Tandis que la luminosité déclinait de plus en plus vite, Gal reconnut le *Quatuor à cordes n° 6 en si bémol majeur*. C'était ainsi vingt-quatre heures sur vingt-quatre, sept jours sur sept : les cinquante haut-parleurs Bose, montés sur des piquets à environ deux mètres du sol, diffusaient en permanence les œuvres de Mozart qui se succédaient jour et nuit sur les 1,5 hectare du clos consacré à la « Mozart Selection ».

Le propriétaire des lieux qui, pour l'heure, faisait visiter son domaine à une délégation de scientifiques russes travaillant sur les propriétés du son, avait donné vie à un rêve qu'il caressait depuis des années. C'était un ancien avocat qui avait renoncé à son activité pour acheter ces terres et se consacrer à la création et à l'exploitation d'un vignoble. Avec cette obsession qui aurait pu le faire passer pour un idéaliste ou un doux rêveur : irriguer la vigne avec de la musique, persuadé que cette dernière favoriserait la croissance et l'épanouissement de ses plants. Quelques années plus tard, le succès était au rendez-vous et plus personne ne se serait risqué à le qualifier d'utopiste. Après l'intérêt que lui avaient manifesté les médias d'Italie puis d'ailleurs, des milliers de visiteurs se pressaient chaque année sur la propriété, de nombreux viticulteurs venaient chercher auprès de lui des conseils, curieux de cette façon hors normes de cultiver la vigne, et il écoulait sa production dans le monde entier. Jusqu'à cette délégation de chercheurs russes que Gal pouvait observer, à quelques centaines de mètres en contrebas, guidés par le viticulteur. Ces scientifiques travaillaient sur un sujet hautement sensible, à en juger par les agents qui les accompagnaient et qu'à leur simple allure – carrure, costume, coupe de cheveux et regard inquisiteur –, il aurait reconnus entre mille.

L'intuition du viticulteur avait depuis reçu l'appui de l'université de Florence et, après plusieurs années de recherche en laboratoire sur l'action des ondes de la musique sur les plantes, il avait été démontré que celles-ci favorisent la croissance des feuilles et des grains, entraînant une maturité plus précoce du raisin, et qu'elles protègent contre les parasites et autres nuisibles, ce qui, en évitant le recours aux engrais, permet unc agriculture biologique. Mais si les effets bénéfiques de ces ondes avaient été démontrés, l'explication tardait. Le mystère demeurait entier.

– Etonnant, n'est-ce pas ? Je trouve toujours très réjouissant de voir un rêve prendre vie. Je dois dire qu'au début le projet de Roberto m'apparaissait comme un pari un peu fou.

Gal se tourna vers Francesco qui paraissait aussi à l'aise au milieu de ces vignes qu'au bord du Grand Canal. Roberto Caviglioni revenait justement vers eux, à la tête de la délégation de chercheurs. Quelques bribes de russe leur parvenaient.

– Sais-tu sur quoi ils travaillent ? lui demanda Gal.

– Je doute que ça puisse avoir le moindre rapport avec la vigne. Je les verrais plutôt travailler dans l'armement, sur le son qui tue ou qui rend fou, quelque chose de ce genre. Tu as remarqué les porte-flingues ? Si tu veux mon avis, ce détour par le vignoble a surtout pour eux valeur de récréation. Je sais qu'ils dorment ici ce soir et que nous devrions dîner avec eux.

– Comme ça, je pourrai les cuisiner, plaisanta Gal.

– Tu parles russe ?

– Un peu. On va voir si le vin de ton ami Roberto permet de délier les langues.

– J'oubliais ton ancienne vie, fit Francesco avec un air entendu. Le vin de Roberto te mettra de la musique dans la tête. Bien que tu n'en aies peut-être pas besoin.

– Moi peut-être pas, mais les Russes certainement.

L'obscurité progressait. En regagnant la maison, ils croisèrent un groupe de visiteurs qui se dirigeaient vers le parking. La plupart étaient chargés de cartons et de sacs contenant des bouteilles. En ayant su mettre la magie de la musique de son côté, Roberto Caviglioni s'était vu accorder les faveurs de la fortune.

59

Tapi dans les vignes à une centaine de mètres de la maison, Matthias Ruff réprima une exclamation de triomphe qui, de toute façon, aurait été couverte par la musique. Cette musique que, même à près de minuit, on continuait de diffuser dans ces plantations.

A travers le prisme grossissant de ses jumelles, il venait de repérer la silhouette de Gal Knobel découpée dans l'encadrement d'une fenêtre au premier étage. La dernière sur la gauche de la façade, au bout d'un couloir donc, et un peu isolée par rapport au reste de la maison. Il l'avait ouverte et restait là à regarder la nuit étoilée et à prêter attention à ce coin de Toscane inondé de Mozart. Dans son dos, la chambre était éclairée, et, par conséquent, il lui apparaissait à contre-jour, mais les jumelles lui permettaient de distinguer son visage. Il avait l'air détendu, peut-être heureusement surpris par cette musique que l'on jouait pour les étoiles. Et c'était une drôle d'impression de le dévisager ainsi à son insu comme s'il n'avait été qu'à quelques mètres, alors qu'il s'apprêtait à le tuer. Quelles pensées pouvaient lui valoir ces yeux pensifs ? Cet homme qui avait su l'émouvoir et lui avait ainsi échappé une première fois.

L'espace d'une seconde, Ruff fut tenté d'agir sur-le-champ : immobile dans ce cadre de lumière, le violoniste représentait une cible idéale. Il suffisait de s'avancer suffisamment pour le mettre en joue et l'abattre. Après cette trop longue traque. Une occasion qui ne se représenterait pas.

Mais il avait à peine commencé à avancer courbé en deux à l'abri d'une rangée de vigne, son Glock muni d'un silencieux dans sa main droite prêt à faire feu, que le violoniste sortit du cadre et que la lumière en provenance de la chambre disparut : il venait de fermer les rideaux. Mais pas la fenêtre, remarqua Ruff en s'arrêtant. Il devait donc dormir en profitant de l'air de la campagne, ce qui lui éviterait d'avoir à découper la vitre au diamant, avec tous les risques de se faire repérer. Cette fois, les éléments étaient de son côté.

Par précaution, il recula jusqu'à son emplacement initial : il devait attendre encore au moins une heure après que le violoniste eut éteint pour être sûr qu'il se soit endormi. Le prêtre ne lui avait donc pas raconté d'histoires. Le violoniste s'était bien rendu dans ce vignoble près de Sienne. Il en avait eu la confirmation cinq heures plus tôt en le croisant devant le corps de bâtiment dominant les vignes, alors que lui-même était mêlé à un groupe de visiteurs. Knobel ne connaissait pas son visage. Il avait pu le détailler sans éveiller chez lui le moindre soupçon. L'avantage de l'anonymat.

Le voir l'avait soulagé sans pour autant l'étonner : il avait reconnu les accents de vérité chez l'ecclésiastique brisé après le traitement qu'il lui avait fait subir. Le supplice de la douche. Pratique, facile – un simple pommeau de douche suffisait –, rapide et efficace. Très peu le supportaient plus d'un quart d'heure. Le petit curé avait résisté une dizaine de minutes, ce qui n'était pas si mal, mais une fois qu'il avait cédé, il était incapable de bluffer et de l'orienter sur une fausse piste.

Il aurait préféré le tuer, histoire d'éviter le risque qu'il parvienne à alerter le violoniste. Les hommes du cardinal Schmidt l'en avaient empêché. Le prélat voulait la peau du violoniste mais sans dommages collatéraux. Surtout pas un prêtre du Vatican dont l'assassinat aurait entraîné une enquête. Il avait dû s'incliner.

C'était sans doute mieux ainsi : cela lui avait évité une mort supplémentaire sur sa conscience qui en supportait déjà tant. Et il y avait très peu de risques pour que le père Pardi ait retenu autre chose de lui que son léger accent allemand. Et encore : avec la suffocation et l'affolement, rien n'était moins sûr. Pas de quoi l'inquiéter. Restaient les deux autres qui, eux, connaissaient jusqu'à son nom et que le petit prêtre pourrait certainement reconnaître. Eux pourraient parler. Mais le risque zéro n'existait pas. Il avait dû se faire à cette raison.

Croiser le violoniste ainsi, à le frôler, avait été instructif. C'était la première fois qu'il l'approchait d'aussi près. Cette proximité avait eu la vertu de reléguer le virtuose au second plan derrière l'individu. Sans son instrument, une cible comme une autre. Il ne se laisserait plus mystifier par la musique comme au Châtelet. Même s'il en sortait de tous ces haut-parleurs plantés au milieu des vignes. Un de ces airs de Mozart qu'il ne reconnaissait pas. Dans l'obscurité, ça avait un côté fantasmagorique, cette mélodie que l'on diffusait ainsi dans ce désert, avec la vigne pour unique auditoire. Ce contrat s'inscrivait décidément sous le signe du violon.

Cette nuit, en couvrant les autres bruits et ceux qu'il était susceptible de produire, la musique le servait.

Après avoir croisé Knobel, il avait pris sa voiture et quitté le domaine viticole en même temps que les autres clients chargés de bouteilles, avec l'idée de revenir à pied quand la soirée serait plus avancée. Cette visite en simple touriste lui avait permis de repérer les lieux, l'endroit où dormaient les vendangeurs dans un bâtiment à part, à côté des chais, les chambres où séjournaient les hôtes, parmi lesquelles celle du violoniste, au premier étage de la maison principale, ainsi qu'une échelle, appuyée sur une cuve, qui allait lui permettre d'y accéder. L'absence de chien et de système d'alarme dont, malgré son attention, il n'avait trouvé nulle trace, l'avait rassuré : sa tâche n'en serait que simplifiée. Une fois tout le monde endormi, il pourrait s'approcher de sa cible sans risque d'être repéré.

Il était enfin à pied d'œuvre.

60

En cette nuit d'automne, l'air toscan était trop délicieux pour fermer la fenêtre, sans compter la musique dont un simple filet lui parvenait, assourdie par la distance et l'écran que formaient les rideaux. Une douce berceuse avant de s'endormir.

Avec les Russes, le dîner promettait d'être animé et cette promesse fut plus que tenue. Roberto Caviglioni, leur hôte, était comme tous les gens passionnés : captivant. Ayant réalisé son rêve et n'ayant plus rien à prouver, il s'était montré un conteur charmant, attentif à tous les convives réunis autour de la table, un maître de maison parfait. Intrigué par les travaux des scientifiques, Gal, quant à lui, s'était opportunément rappelé ses notions de russe et, à grand renfort de la cuvée « Mozart Selection », avait tenté de les faire parler. Il n'avait pas réussi à en tirer grand-chose, si ce n'est que, comme Francesco et lui le soupçonnaient, ils travaillaient pour l'industrie militaire et avaient entrepris des recherches sur le son en vue de l'utiliser comme une arme. Il avait déjà entendu parler de tels projets, mais face à une délégation de chercheurs se consacrant à cette question, on quittait le domaine des fantasmes ou des élucubrations. L'idée que l'on puisse utiliser le son pour tuer était troublante pour lui qui en avait toujours fait un vecteur de communication et de lien entre les hommes.

Mais de leurs recherches précises, il n'en avait pas appris davantage et en avait été quitte pour égayer l'assemblée avec son instrument sur lequel il avait joué des airs tsiganes tandis que les Russes, pris de boisson, éclataient de rire, gesticulaient, buvaient toujours plus et battaient la mesure en claquant des mains. Le violon rend fou et peut enivrer autant que la vodka. Surtout les âmes slaves.

Après une heure de ce régime, il était monté se coucher et les autres n'avaient pas tardé à en faire autant. Leurs pas lourds et leurs rires avaient retenti quelques minutes dans le couloir et le silence avait fini par s'abattre sur la maison. Tout juste troublé par le doux murmure de Mozart qu'une fenêtre entrouverte permettait de percevoir en tendant l'oreille. Le vignoble s'appelait Il Paradiso di Frassina et portait bien son nom.

Il en eût fallu plus pour distraire Gal de son amertume. D'un bout à l'autre de cette affaire, il avait été manipulé, par des gens différents, pour des raisons différentes, pour une première cause supérieure et pour une seconde crapuleuse, et il avait risqué sa vie sans même parvenir à ses fins. En ayant servi la cause du cardinal, du Vatican et de Shai d'un côté, et en ayant à son insu ou presque contribué à démasquer Fiorenza de l'autre. Cette idée le faisait parfois sourire, tant le décalage entre l'image qu'elle lui avait présentée de l'orpheline éplorée soucieuse d'achever l'œuvre de son père et la réalité était grand : une intrigante qui s'était servi de lui en jouant la comédie de l'amour et en invoquant une ambition des plus nobles dissimulant des aspirations criminelles. Dire qu'il avait eu peur pour elle… L'aveuglement dont il avait été victime lui arracha un rire grinçant. Et pourtant il ne parvenait pas à lui en vouloir. Le fait qu'elle ait perdu la rendait plus fragile.

Quant au cardinal… Il avait beau jeu de lui soutenir qu'il avait atteint son objectif. Lui, le cardinal, avait atteint le sien. Et le violon de David était toujours introuvable, pour peu qu'il en restât encore quelque chose, alors que le trésor avait regagné le Vatican.

En somme, parmi tous les personnages qu'il avait croisés au cours de cette affaire, mis à part Salvatore Rezano et Emilio, deux croisés en leur genre, le plus honnête paradoxalement était sans doute Lucrecia Monterosa. Une criminelle, certes, mais qui s'était montrée attachée à certains principes au premier abord contraires à ses propres intérêts.

C'est entouré par cette assemblée de personnages ligués entre eux pour le tourmenter qu'il s'était finalement endormi, tranquillisé par la seule nouvelle positive à laquelle il avait eu droit ces derniers jours : contrairement à ses craintes, ce n'était pas lui qui était visé au Châtelet.

61

Les vendangeurs avaient fini par s'endormir. Plus aucun bruit ne filtrait du bâtiment où ils logeaient et qui, jusqu'à minuit moins le quart, avait retenti de leurs chants et de leurs rires. Hormis les deux lanternes de la façade, plus une lumière n'était allumée dans la maison principale. Tout le monde devait avoir sombré dans le sommeil. Avec les quantités de vin ingurgitées, à en juger par le concert d'exclamations qui lui était parvenu dans la vigne, ils devaient tous s'être effondrés sur leurs lits. La seule chose qui l'intriguait et pouvait représenter pour lui un danger, c'était la présence de ces agents russes encadrant les scientifiques. Ils étaient quatre, très certainement armés, et ne resteraient pas sans réagir si les choses s'envenimaient. A moins qu'eux aussi aient participé à la beuverie...

Les chais n'étaient pas fermés à clef et l'échelle, toujours appuyée contre la cuve, légère et facile à déplacer. Il la posa sous la fenêtre de la chambre du violoniste, tira son Glock de sa poche et, attentif à ne pas faire grincer le métal, commença à gravir les barreaux. Parvenu au sommet de l'échelle, il s'aperçut que la fenêtre était entrouverte à l'espagnolette. Il inspira. L'ouvrir nécessitait un certain doigté et une grande concentration pour ne pas faire le moindre bruit. Une fois la fenêtre ouverte, il n'aurait plus qu'à en enjamber le rebord, écarter les rideaux, ajuster Knobel sur son lit et tirer.

Pour avoir les deux mains libres, il posa son arme sur le parapet et, glissant ses doigts entre les montants, agrippa la poignée. De la vigne, dans son dos, lui parvenait toujours la musique. Le *Requiem*, cette composition au moins la reconnaissait-il. C'était de circonstance.

Après quelques secondes de tâtonnement, il tourna la poignée et la fenêtre s'ouvrit en grand. Il se hissa sur le parapet et, accroupi dans l'encadrement de la fenêtre, écarta les rideaux tout en posant un pied puis l'autre sur le sol de la chambre. Le lit était perpendiculaire à la fenêtre, nimbé par le clair de lune. Knobel y était allongé. Il n'avait encore jamais tué quelqu'un dans son sommeil. Mais il l'avait déjà raté une fois et ne pouvait prendre aucun risque.

Alors qu'il s'apprêtait à lever son arme, brusquement les couvertures se soulevèrent. A deux reprises, il fit feu. Au jugé. Les détonations étouffées par son silencieux. Ses projectiles traversèrent l'étoffe et claquèrent en se fichant dans le mur qu'ils perforèrent. Soudain, il ressentit un violent choc dans les jambes, qui le déséquilibra et le fit tomber. Réveillé par le clair de lune et la musique qu'en ouvrant la fenêtre il avait fait pénétrer dans la chambre, le violoniste avait dû se jeter à bas de son lit de son côté et lui rouler dans les jambes. Il avait lâché son Glock. Dans la pénombre, il chercha à le récupérer mais il l'entendit glisser sur le sol hors de sa portée. Il voulut s'en rapprocher mais reçut un coup sur la tempe. Il se retourna et se jeta sur le violoniste qui l'avait empoigné au col. Un bruit sourd ainsi que le vacarme aigu provoqué par du verre brisé retentirent dans la chambre. Dans la lutte, ils avaient fait tomber une table ou un guéridon où devait être posé un vase ou une carafe. Le boucan ne pouvait pas être passé inaperçu. Quelqu'un allait rappliquer d'une minute à l'autre. Il voulut se dégager pour frapper mais Knobel s'accrochait toujours à lui. Ruff perçut des coups frappés contre la porte et des appels. La porte s'ouvrit et la lumière du couloir inonda la chambre. Un des chercheurs russes en pyjama se tenait dans l'encadrement. Il poussa un hurlement, et on entendit d'autres portes s'ouvrir et des bruits de pas dans le couloir. La surprise détourna une fraction de seconde l'attention du violoniste. Ruff en profita pour se dégager et attraper son arme. Il voulut se retourner pour l'abattre mais, sur sa gauche, devina un homme qui s'apprêtait à lever une arme sur lui. A l'instinct, il tira dans sa direction, creusa un impact dans le bois du chambranle et préféra sauter par la fenêtre avant de se faire canarder.

A bout de souffle, Gal cherchait à recouvrer ses esprits. C'est à Mozart qu'il devait la vie sauve. Dans son sommeil agité, il avait été réveillé par l'augmentation soudaine du volume sonore puis par celle de la luminosité lorsque les rideaux avaient été tirés. Juste à temps pour distinguer une silhouette découpée dans la fenêtre et rouler au bas de son lit. Il avait eu ce réflexe en devinant son arme. C'était sa seule chance de survie : aller au corps à corps. S'il avait roulé de l'autre côté, il eût suffi au tueur de contourner le lit pour l'abattre. Il n'aurait gagné qu'un répit de trois ou quatre secondes. Alors qu'en allant à son contact il avait pu s'en sortir. L'enseignement prodigué par les services de renseignements avait du bon…

– Qu'est-ce qui s'est passé ?

Gal se retourna. Francesco et Roberto Caviglioni avaient tous les deux l'air affolé.

– On a cherché à me tuer.

– Je l'ai vu, fit le chef de la délégation russe, qui, le premier, était apparu dans la chambre. Il n'ira pas loin. Nos agents sont déjà à ses trousses. Nous vous devons bien ça, après la musique que vous avez jouée pour nous.

– C'est votre musique qui m'a sauvé. Quand il a ouvert la fenêtre, ça m'a réveillé. Le *Requiem*. On peut dire que vous avez le sens de l'à-propos ! parvint à plaisanter Gal.

– Je vais allumer les projecteurs ! Et monter le volume au maximum. A partir d'un certain niveau, les décibels affolent plus qu'ils n'apaisent. On va le rendre fou et on devrait l'avoir, décida Roberto avant de quitter précipitamment la chambre.

Moins de deux minutes plus tard, la lumière parut jaillir de partout dans les vignes.

Ebloui par le faisceau lumineux qui venait de surgir dans la nuit, Ruff poussa un juron. Il se retourna et découvrit que la vigne entière était éclairée comme en plein jour. Il fallait absolument qu'il sorte de là sinon il était cuit. Un sifflement retentit sur sa gauche. Il leva la tête au-dessus de la vigne et aperçut un des agents russes. Un autre lui répondit par un sifflement identique sur sa droite. C'est comme ça qu'ils communiquaient entre eux, les salopards. Il allait bientôt être pris en tenailles.

Puis il perçut la musique dont le volume avait augmenté. Toujours ce foutu *Requiem* que, ironie du sort, il avait l'impression qu'on jouait pour lui. Il se trouvait à l'emplacement exact d'où il avait épié le violoniste un peu plus tôt dans la soirée. Maintenant, il fallait cavaler. D'ici quelques instants, l'un des Russes passerait dans l'alignement de la rangée où il se trouvait et ne manquerait pas de le repérer. Il voulut accélérer le pas mais sa cheville droite lui arracha un hurlement, heureusement couvert par la musique qui le rendait fou. Il s'était mal réceptionné en sautant par la fenêtre. Il serait toujours temps de s'en préoccuper une fois sorti de ce guêpier. Et cette musique toujours plus forte qui lui tirait des larmes de rage. Fiché au sommet d'un piquet un haut-parleur le dominait. A bout de nerfs il tira dessus. L'appareil émit un ultime grésillement disharmonieux avant de rendre l'âme. Mais il y en avait des dizaines d'autres et la musique continuait à monter de partout. C'était ce maudit violoniste. Deux fois de suite, il l'avait raté. Ça ne lui était jamais arrivé. Il était fini. Il n'avait plus qu'à disparaître et raccrocher les gants. Mais non ! Il rêvait ! C'est au milieu de ces vignes qu'il allait disparaître, avec ce *Requiem* que l'on diffusait avant même ses funérailles. Eliminé par ces Russes qui sifflaient pour se repérer entre eux, comme s'il s'agissait d'un jeu, comme s'ils se moquaient de lui. Et avec ces projecteurs, il ne pouvait se cacher nulle part. Il allait crever sous les balles russes, comme son grand-père à Stalingrad.

Affolé par cette perspective, son échec et la musique qui lui vrillait le cerveau, cette musique qui annonçait sa propre mort avec une solennité insupportable, il ajusta un autre haut-parleur et le fit voler en éclats.

Cette fois, il était repéré. Une silhouette apparut à l'extrémité de la rangée où il se terrait. A l'instinct, il la mit en joue, pressa deux fois sur la détente mais rata sa cible. Paniqué, il se retourna. Un autre agent se tenait à une trentaine de mètres derrière lui à l'autre extrémité de la rangée. Avec sa cheville qui le faisait souffrir, il pouvait à peine mettre un pied devant l'autre. Soudain des larmes crevèrent la frontière de ses paupières et roulèrent le long de ses joues. Mais il ignorait si c'était la musique poussée toujours plus fort, la douleur, le désastre de cette mission ou sa fin imminente qui provoquait ces larmes. Combien de cartouches lui restait-il ? Pas assez pour se défendre. Tout s'était toujours passé si proprement... Pourquoi avait-il fallu que, cette fois, tout parte en sucette ? La fois de trop ? La musique, un adversaire hors de sa portée ? Brouillée par ses larmes, il crut distinguer la silhouette d'un des agents grandir dans son champ de vision. Et le *Requiem* qui n'en finissait pas de le narguer. Alors il leva les yeux vers les étoiles, appliqua le silencieux fixé au bout de son arme dans sa bouche et pressa sur la détente. Le ploc de la détonation retentit à peine et son corps s'affala entre deux sillons.

62

– Alors, comme ça, les agents dormants sont retournés sous leurs couvertures. Aux quatre coins du monde. Très impressionnant. Et dire que je ne connaissais pas l'existence de cette organisation. A croire que j'étais le seul. J'ai l'impression que tout le monde était au courant, que ce soit ici en Israël, à Venise ou au Vatican.

Gal venait de s'installer face à Avi Ronner dans son bureau à la Kiria, là où il avait commencé à suivre la piste de Shai.

– Disons que tu as su frapper aux bonnes portes, repartit l'officier du renseignement avec un sourire. C'est Ricardo Mediani qui a été la clef, d'après ce que j'ai compris. Un chercheur à qui rien n'échappe, celui-là. Mais tu sais comme moi qu'il est impossible de conserver un secret à partir du moment où plus de deux personnes sont au courant. Or, dans le cas de Shai, rien que le bras armé compte quoi ?... une vingtaine de membres ?

A ce moment, Gal se demanda si son interlocuteur en faisait lui-même partie. Il semblait en connaître tellement sur l'organisation. L'épisode du jeu de piste à partir du mur des Lamentations lui avait fait croire le contraire, mais comment être sûr ?

– Et même si l'on peut compter sur la discrétion de chacun, comme je sais pouvoir compter sur la tienne, crut-il nécessaire d'ajouter, même si aucun d'entre eux n'a laissé intentionnellement filtrer quoi que ce soit d'important, il suffit d'un détail ici et là pour que les gens à l'affût commencent à faire des recoupements. Alors depuis le temps, tu penses... Mais toi aussi tu m'as impressionné, pour un violoniste. Je dois t'avouer qu'en t'envoyant au Kotel, je ne m'attendais pas que tu ailles beaucoup plus loin. Je comprends l'intérêt que te portait Eve.

– Je n'y étais pas pour grand-chose, c'était mon violon, répliqua Gal faussement modeste, en qui l'allusion à la jeune femme provoqua une bouffée de mélancolie.

Il avait cru se distraire de son souvenir obsédant dans les bras de Fiorenza, mais la tournure prise par les récents événements avait produit l'effet inverse, tant Eve en comparaison lui apparaissait comme un idéal à jamais perdu.

– Le grand perdant dans l'histoire, c'est Plotnik, reprit Ronner sur un ton plus enjoué. Il a bien essayé de récupérer l'affaire à son avantage en se faisant passer pour l'unique véritable patriote ayant tenté de rapporter le trésor en Terre sainte. On lui a vite fait comprendre qu'à ce jeu il n'avait rien à gagner et tout à perdre. Un échec de cette ampleur entacherait son image de baraka à laquelle il tient plus qu'à tout. Or, crois-moi, on a les moyens de raconter l'histoire à son désavantage.

– Tu sais qu'il a juré ma mort ? J'ai eu une petite conversation fort agréable avec lui *via* la radio de son hélicoptère. Tu l'aurais entendu, il était fou de rage. Il avait complètement perdu les pédales.

– Tu ne t'es sûrement pas fait un ami, admit Ronner. Mais je doute fort qu'il passe à l'acte. Il a trop d'ennuis pour ça, et maintenant que tu m'as mis au courant, ce serait prendre trop de risques.

– Les menaces de mort… j'en ai connues d'autres, fit Gal qui, à cet instant, revit la silhouette de Ruff se découpant dans le clair de lune tandis que, comme dans un mauvais rêve, les harmonies entêtantes du *Requiem* lui parvenaient aux oreilles. Un miracle qu'il ait ouvert l'œil à cet instant. Grâce à la musique, sa bonne étoile. Et Ruff qui, quelques minutes plus tard, se faisait sauter la cervelle au milieu des vignes arrosées par ce même *Requiem*…

« Au fait, comment a-t-il récupéré son hélico ?

Le visage de Ronner se fendit d'un sourire.

– Amram l'a laissé à l'aéroport de Naples. Et Plotnik a écopé d'une amende particulièrement salée pour avoir survolé le territoire italien de nuit sans autorisation. Une humiliation supplémentaire. Une plaisanterie qui, au total, lui aura coûté une petite fortune

– L'homme est un joueur. C'est l'échec plus que la perte financière qui doit lui coûter. D'autant que tous ses efforts auront finalement profité au pays, puisque le Vatican ne peut plus nier l'existence du trésor, et que ses ambitions politiques sont définitivement ruinées.

Ronner éclata de rire.

– Il aura rendu un immense service à la nation et ne peut même pas en faire état ! Il aura vraiment perdu sur tous les tableaux.

– Alors... Pourquoi m'as-tu fait venir jusqu'ici, en Israël, à la Kiria ? finit par demander Gal qui ne comprenait toujours pas les raisons de sa présence dans ce bureau. Je suppose que tu as quelque chose à me dire... Quelque chose de particulièrement important pour justifier un tel voyage.

Le suicide de Ruff avait simplifié les choses vis-à-vis de la police judiciaire italienne dépêchée sur le domaine dès le lendemain à l'aube. Tout aurait été beaucoup plus compliqué s'il avait été abattu par les Russes, ou si Gal lui-même, au cours de leur corps à corps, était parvenu à le tuer. Alors que, là, il n'avait eu qu'à répondre à quelques questions et à se tenir à la disposition de la police pour les besoins de l'enquête. Il avait l'habitude.

Ce qui l'avait surpris, une fois l'excitation et la poussée d'adrénaline retombées, dès qu'il avait été en mesure de réfléchir aux événements, c'était l'irruption du tueur dans sa chambre, dans ce vignoble perdu de Toscane. Comment avait-il pu retrouver sa trace ? La réponse n'avait pas traîné : dès le lendemain, il recevait un coup de fil d'Emilio qui lui racontait la séance de torture et sa séquestration dans son propre appartement par des hommes de main du cardinal Schmidt, du moins c'est ce qu'il soupçonnait. Ces derniers l'avaient certainement relâché après avoir appris la mort de Ruff et compris qu'il avait raté son coup. Le malheureux était désolé d'avoir craché le morceau et de l'avoir ainsi mis en danger. Mais Gal ne pouvait pas lui en vouloir. La résistance à la torture était une chose très peu partagée. Et, après tout, il avait échappé aux balles du tueur. Echaudé par tout ce qu'il venait de vivre, il avait juste envie de rentrer chez lui à Paris et de retrouver ses élèves.

Alors, quand Ronner lui avait demandé de venir le retrouver à la Kiria, il avait vraiment fallu qu'il insiste pour le convaincre.

– As-tu trouvé ce que tu cherchais ?

La question le renvoyait au cardinal justement, qui avait eu le culot de l'affirmer. Mais non, il n'avait pas trouvé ce qu'il cherchait, et peut-être l'avait-il plus trouvé dans ce vignoble toscan, où le son manifestait un pouvoir insoupçonné qui ouvrait d'immenses perspectives, que dans les caves du Vatican.

Son regard fut attiré par l'eucalyptus agité par le vent derrière la fenêtre. Non, il n'avait pas déniché le violon de David, qui était peut-être tombé en poussière depuis des siècles, il avait failli mourir, il avait surtout rencontré le mensonge et la trahison, ainsi qu'un trésor dont la valeur le dépassait, un enjeu supplémentaire de lutte entre les nations…

– C'est bien ce que je pensais, continua Ronner devant le silence du violoniste. Mais j'ai quelque chose pour toi, histoire que tu n'aies pas fourni tous ces efforts en vain. Parce que finalement, tu es le seul à n'en avoir rien retiré. Si je résume : le Vatican récupère son trésor, Shai remplit sa mission, la mafia parvient à tirer ses marrons du feu, le journaliste italien une exclusivité qui lui fait sa carrière, et toi, sans qui Plotnik serait peut-être parvenu à ses fins, *nada* ! N'est-ce pas ?

Gal haussa les sourcils. Où voulait-il en venir ? On lui en avait trop promis pour qu'il se laisse prendre au jeu une fois de plus. D'un autre côté, personne n'avait plus rien à lui demander et Ronner n'était pas du genre à parler pour rien.

– On t'attend à Safed. Dans la petite synagogue. Tu retrouveras le chemin ?

63

Gal claqua la portière de la Subaru de Lisa et s'engagea dans la ruelle aux maisons bleues. Ruelle bleue de cette bourgade entièrement bleue. Dans quelques minutes, il aurait rejoint la petite synagogue où on l'attendait. Le rabbin qui s'était adressé à lui la première fois ? Il n'en avait aucune idée, ni de la raison pour laquelle on lui avait donné ce rendez-vous. Il fallait vraiment que ce soit important pour l'avoir fait venir d'Europe. Mais de quoi pouvait-il être question ? Du violon ? On en avait perdu la trace…

La veille, de chez sa cousine, il avait appelé le commandant Stains, en liaison avec ses homologues italiens, afin de se tenir au courant des progrès de l'enquête. Filippo Bossi, l'assassin présumé de Vittorio Goffriller, avait été exécuté par la mafia. Son corps avait été retrouvé carbonisé dans son Audi abandonnée à proximité d'une décharge. Le sort classique réservé aux balances. L'affaire s'achevait comme elle avait démarré : dans le sang.

Quant à Fiorenza, elle avait été arrêtée par la police et inculpée pour complicité dans l'assassinat de son père. Elle avait joué et tout perdu : son père, son amant, mort pour avoir donné le clan Monterosa, son honneur et sa réputation, sa liberté. Il aurait presque éprouvé de la pitié pour elle. Quel aveugle il avait été, lui que son expérience d'agent avait entraîné à lire à travers les êtres… Mais Fiorenza, sa quête du secret des Stradivarius, qui masquait une avidité meurtrière, avait fini par lui brûler les ailes. Pour sa défense, il se plaisait à croire qu'elle avait été sous l'emprise de ce Filippo Bossi, qui avait exercé sur elle un chantage quelconque. C'était pour se rassurer : tous les deux formaient un couple qui n'avait pas prospéré longtemps dans le crime.

La petite synagogue se dressait devant lui. Il appuya sur la poignée. La porte céda et il la referma derrière lui avant de descendre les trois marches. Par rapport à l'extérieur où il faisait grand jour, la pièce était plongée dans une semi-pénombre. Apparemment dépourvue d'électricité, elle n'était éclairée que par une poignée de chandelles fixées dans un des lustres en métal accrochés à la voûte en pierre.

– Gal Knobel, vous voilà enfin… Ça fait longtemps que j'attends ce moment.

La voix venait du fond. C'était bien celle du rabbin à la barbe jadis rousse qui s'avançait à sa rencontre. Il paraissait beaucoup plus âgé que la dernière fois, plus petit, plus voûté. Etait-ce une illusion ? Il émanait de l'endroit une atmosphère de profond recueillement. Gal sentait le moment important, l'heure de vérité. Et pourtant, il n'avait toujours aucune idée de ce qu'on lui avait préparé. Sans doute parce qu'il n'osait l'espérer.

– Soyez le bienvenu, dit le rabbin en lui serrant les deux mains avec effusion.

– Il y a longtemps que vous attendez ce moment ? Nous ne nous connaissons pourtant que depuis quelques jours.

– Il s'est passé tant de choses depuis. Des événements dont, pour l'essentiel, vous êtes à l'origine. Des événements qui ont été si importants pour nous, capital même…, ajouta-t-il, pensif, comme s'il peinait à en mesurer la portée réelle. Ça étire le temps, il paraît plus long quand les jours sont si riches. Vous avez été un envoyé du ciel.

« Nous nous étions engagés vis-à-vis de vous, reprit-il plus vivement. Lorsque nous avons conclu ce marché il y a quelques jours, comme vous dites. A moi, il semble que c'était il y a une éternité. Le chemin grâce auquel nous nous trouvons en mesure de tenir notre promesse n'est pas celui auquel vous auriez pensé, mais seul le résultat importe.

Le vieux rabbin se dirigea vers une armoire aux panneaux de bois vermoulu qu'il ouvrit, tournant le dos à Gal dont le cœur à présent cognait fort dans la poitrine. Etait-ce seulement possible ? Le petit homme fit volte-face, plus vivement que ce à quoi il s'attendait.

– Voilà, fit-il en lui tendant une boîte recouverte de feutre. L'objet de votre quête, le violon de David. Ou ce qu'il en reste…

Les jambes et les mains légèrement tremblantes, ayant de la peine à maîtriser son émotion, Gal se saisit de la boîte. Il la posa sur une table et l'ouvrit. Elle contenait une partie de ce qui avait été jadis une caisse de résonance, à laquelle était toujours fixé le manche dont l'extrémité se terminait par une sorte de chevillier. L'ensemble donnait une idée assez précise de ce qu'avait été l'instrument entier. Pas exactement un violon, mais un instrument à cordes, à quatre cordes même, pas très éloigné des violons actuels. Avec précaution, Gal s'en empara et le retourna, le détaillant sans savoir ce qu'il cherchait. Cet assemblage de morceaux de bois qui l'avait tant fait courir… Un petit cartouche contenant deux hiéroglyphes égyptiens retint son attention. Il en ignorait la signification mais le détail attestait de sa provenance.

– Ce qu'il en reste en effet, murmura-t-il.

– Je vous demande pardon ?

– Vous avez évoqué le chemin grâce auquel vous tenez votre promesse, différent de celui que j'imaginais… Voulez-vous dire que le violon était déjà dans cette armoire ce fameux soir ?

Le rabbin lui renvoya un sourire énigmatique. Il n'aurait pas la réponse à cette question. Mais qu'importe : eux au moins tenaient leur promesse.

– Comment pouvez-vous certifier qu'il s'agit du violon du roi David ?

– C'est la seule relique du Temple que nos prédécesseurs, les fondateurs de Shai, sont parvenus à soustraire au pillage des légions de Titus.

Gal regardait l'objet en se demandant quel secret il pouvait receler. Il venait bien d'Egypte, comme il en avait eu l'intuition, mais après ? N'avait-il pas en définitive fait tout ce chemin pour rien ? N'était-ce pas une vaste mystification ? Comment un tel objet pouvait-il avoir un quelconque rapport avec les Stradivarius ? Dans sa tête, Gal se repassait le fameux vers de Michel-Ange, *« Solo e nudo (niche) resto prigion d'un cor di virtu armato »*, en se demandant pour la centième fois ce que cela pouvait signifier.

– Il arrive que l'on courre et mette sa vie en jeu pour une quête qui, une fois accomplie, se révèle décevante, intervint le rabbin. Cet instrument aura échappé aux légions romaines, mais pas aux vers, n'est-ce pas ?

– Qu'avez-vous dit ?

– J'ai dit que l'instrument a été rongé par les vers, qu'il n'a pas résisté au temps…

Gal exultait. Grâce au rabbin, il venait de trouver la clef de l'énigme : *solo et nudo*, suivi de *niche* ajouté entre parenthèses, c'était le ver, nu comme un ver, et en y adjoignant ce *niche*, cela donne *verniche*, ce qui en italien signifie vernis. Et le *cor di virtu armato* ne signifiait rien d'autre que ce sarcophage que le cardinal avait évoqué. Le sarcophage, et, par extension, la momie qui se trouve à l'intérieur. Ces momies préparées pour résister jusqu'à la fin des temps, pour demeurer intactes dans l'éternité.

Gal éclata de rire. Là résidait le secret tant recherché. Ces momies qui, en effet, avaient traversé les âges dans leur intégrité, tout comme les fresques de Michel-Ange dans la chapelle Sixtine et, après elles, les violons de Stradivari. Le secret résidait donc dans le vernis utilisé par les Egyptiens pour la momification, une substance conçue pour protéger des ravages du temps. Et Michel-Ange en avait récupéré la formule ? Par quel miracle ?

Son rire redoubla.

– Qu'est-ce qui vous fait rire ? lui demanda le rabbin, surpris.

– Un autre mystère à élucider. Comme si, en effet, j'avais fait tout ce chemin pour rien, ce qui n'est pas tout à fait exact. Mais n'en parlons plus.

Un mystère sur lequel il ne se pencherait pas cette fois, il avait déjà donné. A la limite, était-il possible de confier cet instrument entre les mains de chercheurs dans un laboratoire qui pourraient l'analyser en quête de ce fameux vernis égyptien utilisé pour l'embaumement des momies. Ce vernis qui, à la connaissance de Gal, contenait, entre autres, du propolis, du miel, du silicate et du karkadé. Mais à quoi bon ? L'instrument de David avait peut-être bénéficié du même procédé de conservation, mais il n'en avait pas moins été la proie des vers, comme l'avait souligné le rabbin.

Le secret n'était rien d'autre que la quête de l'éternité, celle que, depuis la nuit des temps, les hommes espéraient conférer à la matière, avec les pyramides, avec les momies, avec ces œuvres d'art que l'on voulait à l'abri des ravages du temps, ces œuvres à travers lesquelles leurs créateurs espéraient survivre...

Gal reposa ce qui restait de l'instrument dans sa boîte. Cet instrument grâce auquel David était devenu roi. David que Michel-Ange avait représenté de façon si merveilleuse, muni de sa seule fronde. Autre œuvre éternelle, qui pourtant disparaîtrait un jour, comme tout le reste, c'était écrit.

– Je vous remercie, dit simplement Gal au rabbin qui le regardait avec étonnement.

– C'est tout ?

Il ne comprenait pas que Gal ait pu prendre tant de risques pour en arriver là, pour prendre l'instrument dans ses mains quelques minutes et le reposer sans plus de commentaire.

– C'est tout, répliqua Gal avec un sourire. J'ai compris ce que je voulais comprendre. Le reste... Le reste n'a que peu d'importance.

Et, à cet instant, lui revint le commentaire du cardinal qui considérait qu'il avait déjà trouvé ce qu'il cherchait. Si ce n'était pas tout à fait exact au moment où le prélat l'affirmait, ça l'était aujourd'hui. Quant au secret du son, il l'avait en lui depuis qu'il avait touché son premier violon.

Alors il serra la main du rabbin, sortit de la synagogue, traversa le village de Safed et regagna la voiture de Lisa sur le terre-plein.

64

Gal avait fait le chemin de Safed à Tel-Aviv avec une sérénité qu'il n'avait sans doute jamais éprouvée auparavant. Il n'était pas certain de la valeur scientifique de ce qu'il venait de découvrir – y en avait-il seulement une ? –, mais il savait ce que ça représentait à ses yeux. Parvenu sur le parking de l'immeuble de sa cousine, il y gara sa voiture, en sortit puis gravit les escaliers jusqu'à chez elle en sifflotant. Il avait l'impression d'être débarrassé d'un fardeau qu'il portait à son insu depuis des années.

– Tu as trouvé ce que tu cherchais ? lui demanda Lisa en lui ouvrant la porte.

– Tu progresses, dis-moi, petite cousine. Je pensais que tu allais d'abord t'inquiéter pour ta voiture.

– Je me fous de ma voiture, le rembarra-t-elle. Raconte-moi plutôt ce que tu as trouvé à Safed.

– Laisse-moi d'abord entrer.

Gal prit sa cousine dans ses bras et l'embrassa sur les deux joues avec affection.

– Aussi étonnant que cela puisse paraître, j'ai trouvé dans cette petite synagogue qu'il existe un lien entre les momies égyptiennes, les fresques de la chapelle Sixtine et les Stradivarius.

– Tu te fous de moi ?

– Pas du tout. J'y ai surtout trouvé une chose vieille comme le monde et qui ne nécessitait pas tant de détours, crois-moi : c'est la volonté d'éternité, sans doute l'idéal, ou l'aspiration, appelle-ça comme tu veux, le mieux partagé sur cette terre.

– Mais le secret du son ?

Il rit. Elle avait l'air désespérée, comme si elle prenait soudain cette quête plus à cœur que lui.

– C'est une question d'ondes. Qui intéresse les scientifiques, les ingénieurs en armement et parfois les viticulteurs !

– Et tu as fait tout ça pour ça ?

– Mais c'est déjà pas mal, qu'est-ce que tu crois ? Me voici beaucoup plus avancé dans la connaissance.

– Mon cousin est devenu fou ! s'exclama-t-elle. Et dire que mes copines t'ont trouvé sensationnel ! Tu aurais pu toutes les emmener à Ayeleth Hashachar si tu avais voulu, et, au lieu de ça, tu préfères t'enfermer dans une vieille synagogue à la recherche de je ne sais quel secret qui remonterait à l'Egypte ancienne. Tu perds la tête…

– Et dire que Vittorio Goffriller est mort sans l'avoir découvert, fit Gal pensivement.

– Qui ça ? demanda Lisa, qui ne comprenait plus rien.

– Tu sais quoi ? Je pense que je vais faire un autre détour par l'Italie, pour rendre visite à une personne qui croupit derrière les barreaux, histoire de la mettre au courant. Je doute que ça l'aurait aidé à fabriquer ses Stradivarius, cela supposerait de trouver la composition exacte de la substance nécessaire à l'embaumement des corps. Mais après tout, c'est grâce à elle que je me suis lancé dans cette quête. Je lui dois bien ça.

Et, tandis que Lisa le regardait comme si elle doutait vraiment de sa santé mentale, il rajouta :

– Tu sais, ma petite chérie, comme disait un cardinal de ma connaissance, on naît seul et nu, en poussant un grand cri qui marque notre entrée dans le monde et dans la vie, et malgré tous nos efforts pour échapper à notre condition, malgré tout le bruit que l'on s'efforce de faire, de quelque façon que ce soit, pour marquer notre passage ici-bas, on finit dans un sarcophage, ou dans ce qui y ressemble. Au moment de notre mort, il y a bien les autres qui crient leur douleur, manière de se manifester pour le défunt, mais à la suite de quoi on retombe dans le silence Entre ces deux extrémités, la naissance et la mort, il y a le vernis, le vernis de la vie.

– Je ne te savais pas si philosophe. Et que vas-tu faire après ton détour par la case prison ?

– Rentrer à Paris, là où mes élèves m'attendent ! On est tous à la recherche du son !

Cet ouvrage a été composé et imprimé par
CPI Firmin Didot à Mesnil-sur-l'Estrée
pour le compte des Éditions Plon
76, rue Bonaparte
Paris 6ᵉ
en avril 2010

Dépôt légal : mai 2010
N° d'édition : 14538 – N° d'impression : 99386
Imprimé en France